德国学术
经典译丛 | 叶隽　主编

文艺复兴哲学中的
个体和宇宙

〔德〕恩斯特·卡西尔　著

李　华　译

商务印书馆
The Commercial Press

Ernst Cassirer

Individuum und Kosmos in der Philosophie der Renaissance

本书根据威斯巴登斯普林格专业媒介出版社 1927 年德文版译出

总　序

　　提到德国，首先让人想到的，或许不是宝马奔驰，不是贝肯鲍尔，而是德国天才，无论是俾斯麦还是马克思，无论是爱因斯坦还是弗洛伊德，无论是贝多芬还是瓦格纳，甚至那个魏玛，也不仅是歌德、席勒握手象征的伟大友谊，而是魏玛古典时代所代表的德国精神史上最伟大的创造时代，从康德、费希特到黑格尔、谢林、叔本华，从莱辛、维兰德、赫尔德到歌德、席勒、荷尔德林，当然还有洪堡兄弟、贝多芬、克劳塞维茨、施莱尔马赫……绝对是星光灿烂、日月争辉，难怪后来者感慨："那个时代，老天爷真的不拘一格降人才，世界文明史上少有这样伟大的时代，我们这些研读世界文明史的人，说起怦怦然而向往之……"[①]当然，在我看来，如果仅仅将此归结为个体的璀璨与光环，也是远远不够的，这其中最为重要的，还是那个土壤，就是孕育了这人类文明史上几乎是最杰出的天才群体的土壤。南橘北枳的故事大家都知道，所谓"橘生淮南则为橘，生于淮北则为枳，叶徒相似，其实味不同。所以然者何？水土异也"（《晏子春秋·内篇杂下》）。这里的要害在于，同一颗种子就是因为"水土不服"而有截然不同的果实。所以，追踪德国天才的形成史，就不得不归结到德国学术与德国

[①] 陈嘉映：《德国古典哲学与精神生活》，文池主编：《思想的声音——在北大听讲座》，第 1 辑，北京：中国城市出版社，2001 年，第 31 页。

大学的建立。

对于德国学术，人们自然心中充满敬仰之情，这不仅因为这个本属于德意志民族的一国之学术，却构建出了世界范围现代学术的典范，而且也因为德国学人的自觉传薪、世代相承，绘制了一幅人类知识史上最为绚丽的学术史图卷。有论者称："德国学术薪尽火传，代不绝人；德国的学术传统源远流长，有着丰厚的历史积累，从未被天灾人祸、战争和革命所破坏或中断。德国人既从中得到滋养，又不断给它增添新的内容，造就了德国学术博大精深，德国学者大师辈出。"[1]如果我们承认这概述了一个基本事实的话，那么问题就来了，德国学术为什么能够历尽忧患，而薪火不断、大师辈出？反之，中国则有钱学森之问："为什么我们的学校总是培养不出杰出人才？"这或许确实是一个值得深思的问题。

其根源所在，或当归之于德国的大学，尤其是现代大学的建立。我们现在多会提及德国的古典大学观，但其作为一种广义概念其实是包含了内部的不同思脉路径的，像洪堡、费希特、施莱尔马赫诸君虽聚于柏林，都以柏林大学之创建为依归，其思路不完全一致。这也很正常，真正的贤人君子，本就各有独立思考和自家理念，他们正是通过这种"和而不同"却又"彼此互补"实现了最有效的"大学精神"，即诞生于德国古典时代的大学精神，这才是一切创造性来源的根本所在。而这种精神，却并非凭空而来，而是有着深厚的德国文化土壤作积淀的，没有德国知识精英的世代接力，以及他们对真理问题的执着探索，是不可能有这样的"现代大学精神"之横空出世，并最终孕育出德国现代大学与学术之辉煌的！这其中，既有莱辛关于真理的认知，即"人的价

---

① 张汝伦：《学问的尊严》，《激情的思想》，济南：山东教育出版社，1999年，第266页。

值并非来自一个人所掌握或者妄自认为掌握的真理，而是他为探索真理所付出的真诚努力。一个人要增长自己的完美品格的力量，不能靠占有真理，只能靠探索真理"①，也有康德对于道德律的表述："有两样东西，我对它们的思考越是经常与持续，我的心灵就越是充满了日新月异、不断增长的震撼和敬畏：我头顶的浩瀚星空和我内心的道德法则。"②总体而言，这些来自文学、哲学的总体性和原创性思想为真正具有独立主体意识的德国学术奠定了基础，使得大致始于18世纪后半期的德国学术不但风骨独立，而且始终与文学、哲学等文化门类相关联："这是德国的学术与他们文学的和哲学的创造生息相通，同样从十八世纪后半期起取定一个新的，自己的方向，在这方向中德国的学术第一次和西方英法诸民族的精神完全分开了道路。随着赫尔德和莱辛，学术界就起始趋向一个德国民族所特有的精神发展，然后这种精神在德国理想主义和浪漫主义运动时期，在德国学术工作和思想方法中，创造了一种为理想而献身和以道德为基础的根本联合。人格地而又客观地造出来这种德国学术的道德性。一些运动被'绝对的无上命令'和严格的自制所锻炼，正在这运动里又重新表现出一个德国精神创造中普遍世界性的原则。赫尔德最先唤醒对于民族精神和民众文学的兴趣，所以在德国新发祥的语言学便很热心研究外国的文化和文学。"③所有日后来到德国留学，希望通过异域求知而实现自身

---

① 莱辛：《第二次答辩》，《历史与启示——莱辛神学文选》，朱雁冰译，北京：华夏出版社，2006年，第79—80页。
② 此处作者自译，另可参见康德：《实践理性批判》，关文运译，北京：商务印书馆，1960年，第164页。还有其他译本，康德：《实践理性批判》，韩水法译，北京：商务印书馆，1999年；康德：《实践理性批判》，李秋零译注，北京：中国人民大学出版社，2011年。
③ 式来贝（Georg Schreiber）：《德国学术与世界的关系》，姚可崑译，中德学会编译：《五十年来的德国学术》，第1册，北平：中德学会，无印刷时间，第24—25页。"绝对的无上命令"德文为Kategorischer Imperativ。

"凤凰涅槃"的各国精英们，无论是欧洲范围的英国人、法国人、俄国人，还是美国人、日本人、中国人所学习的德国大学精神，都源自这种对德国天才人物的精神向往，正如张君劢所意识到的："窃以为吾国人所当欣羡者，非徒曰德国科学家之众多也，非徒曰科学发明之层出不穷也，非徒曰获得诺贝尔奖金之数超于他国上也，所当注意者，尤在德国科学家之人格。彼等不争名，不争利，而一心以研究为事，乃德国科学之所以有今日也。"① 这其中尤其需要指出的是，在20世纪中期后之所以发生由德到美的世界学术中心的转移，除了纳粹德国导致的德国知识精英流亡之外，其中的另一个关键因素则需要追溯到19世纪时的万人留德："到1900年为止，横渡大西洋到欧洲伟大的学术研究中心，主要是德国的大学留学的差不多1万名美国学者，坚定地服膺于学术研究和以科研为基础的教学和学习的思想回到美国。"② 可见，德国天才绝不仅是成就了自身的卓越与发达，而且也给世界树立了一个"德国典范"的标尺，也才有了哈耶克所描述的"德国中心"的出现，"从那里，注定要支配20世纪的那些思想向东和向西传播。无论是黑格尔还是马克思，李斯特还是施莫勒，桑巴特还是曼海姆，无论是比较激进形式的社会主义还是不那么激进的'组织'或'计划'，德国的思想到处畅通，德国的制度也到处被模仿"③。

我们这里要追问的是三者之间的关系，即天才、经典和精神的关系。天才是怎样诞生的？经典是怎样培育的？精神是怎样养

---

① 张君劢:《〈五十年来德国学术〉序》,《民族复兴之学术基础》上卷，北平：再生社，1935年，第215页。
② 伯顿·克拉克:《探究的场所——现代大学的科研和研究生教育》，王承绪译，杭州：浙江教育出版社，2001年，第3页。
③ 弗里德里希·奥古斯特·哈耶克:《通往奴役之路》，王明毅等译，北京：中国社会科学出版社，1997年，第27—28页。

成的？而这一切当然都离不开大学与学术的土壤和氛围。德国大学的建立当然是较早的，当然晚于意大利的博洛尼亚大学，但像布拉格大学（1349）、维也纳大学（1365）、海德堡大学（1385）、科隆大学（1388）、爱尔福特大学（1392）、莱比锡大学（1409）、罗斯托克大学（1419）等都很有特色，而在14—16世纪间，德意志地区拥有42所大学，是当时欧洲大学数量最多、最密集的地区。有论者认为："德国大学是相当年轻的，但德国大学后来居上，对中世纪文化作出了重要的贡献。"[1]而就现代大学而言则要追溯到哈勒大学（1694）、哥廷根大学（1737），其标志则为建立于19世纪初期的柏林大学（1809）。正是柏林大学孕育了现代大学与现代学术的精神，请注意，我这里说的不仅是属于德意志民族国家的大学与学术，也是世界性的大学与学术。如果有一种普遍意义的理性主义精神和求知伦理的话，那么就是以柏林大学为代表的现代大学的完全奠立。当然也必须指出的是，即便是现代大学传统，也有其一脉相承的精神谱系，如果没有哈勒大学[2]，尤其是哥廷根大学的创新求变，柏林大学的成就也难以想象。如果说"两所大学的建立，使德国大学向现代哲学和科学以及现代启蒙思想和文化敞开了大门，使后者成为了德意志民族生活的一个组成部分"[3]，那么，柏林大学的创建与成功，则不仅为德意志民族赢得了知识和思想的尊严，而且为现代世界树立起了学术伦理

---

① 转引自贺国庆：《德国和美国大学发达史》，北京：人民教育出版社，1998年，第15页。
② "建立于1692/1694年的哈勒大学是德国著名的有改革精神的大学之一，在德国的启蒙运动开始时，这所大学首先采取行动，它将矛头对准它认为是过于正统的神学研究模式——由莱比锡或维滕堡大学的勃兰登堡－普鲁士学生所采用的方式。"瓦尔特·吕埃格（Walter Rüegg）主编：《欧洲大学史》（*A History of the University in Europe*），第2卷，贺国庆等译，保定：河北大学出版社，2008年，第132页。
③ 弗里德里希·包尔生（Friedrich Paulsen）：《德国大学与大学学习》（*The German Universities and University Study*），张弛等译，北京：人民教育出版社，2009年，第45页。

的高贵典范。其核心则是以德国古典大学观为代表的大学精神之奠立，这种大学精神理应是世界精神应当遵循的方向。

俄国批评家别林斯基（Vissarion Grigoryevich Belinsky，1811—1848）说："德国——德国才是现代人类的耶路撒冷。"[1] 这种来自一个思想大国的一流精英人物的顶礼膜拜，正体现出德国在人类精神奥林匹斯圣殿中的地位。同样在 19 世纪时，美国诗人朗费罗（Henry Wadsworth Longfellow，1807—1882）说得则更为具体，他这样比喻，"试问迄今为止我们美国的大学为何物？答案只有一个，那就是两三所砖瓦建筑和一座小教堂，再加上一位在内祈祷的校长"，而德国大学却是"教授云集之处，他们极其富有思想和声望……与之相比，我们差得实在是太远"。[2] 这其中固然不无朗氏留德时代的美好记忆，但同时也意味着德国大学与学术的崇高地位是由其知识和思想奠基的。蔡元培更是排除万难坚持留学德国，因为他坚信"世界学术德最尊"[3]。正是在知识、学术和思想世界里的卓越贡献，使得德国学人和学术获得了世界范围的尊敬，英国思想史家彼得·沃森（Peter Watson）充分肯定"德国人在思想领域的卓越地位"，他认为："尽管美国扩大影响的口味变大，思想世界（譬如，哲学、艺术与人文科学，以及自然科学与社会科学领域）的主宰仍然是德国，更为确切地说是讲德语的国家。这一不争的事实是非常重要的，因为德国人的知识传统与后来的政治发展密

---

[1] 别林斯基致友人信（1877 年），转引自以赛亚·伯林：《俄国思想家》，彭淮栋译，南京：译林出版社，2001 年，第 199 页。

[2] Holdfaster, Richard & Walter P. Metzger: *The Development of Academic Freedom in the United States.* New York: Columbia University Press, 1955, p. 4. 转引自梁丽：《美国学人留德浪潮及其对美国高等教育的影响》，石家庄：河北教育出版社，2016 年，第 8 页。

[3] 黄炎培：《吾师蔡子民先生哀悼辞》，《黄炎培教育论著选》，田正平、李笑贤编，北京：人民教育出版社，2018 年，第 493 页。

切相关。"①而德国之所以能够在思想世界里始终居于引领性位置，不仅因为学者和思想家的地位，更重要的是通过他们的著述来实现的，也就是说，只有借助于那一部部的经典作品及其表达的厚重思想，我们才可以确定一个知识人和思想者的价值所在，这才是学术史意义上的"盖棺论定"！这是那些只有"虚名"而无"实绩"的空头大家（或有些注水书）所绝对无法相比的（但这恰恰是学术史上颇为有意味的现象）。

　　学术经典的诞生，正如同其他经典的诞生一样，是一个极为艰难而又充满对未知探索之兴趣的过程，往往需要经历相当艰辛的生产过程，甚至伴随着学者生命史中的历经忧患、披荆斩棘，有时真有"天降大任于斯人"的感觉，此非局中人难以有"理解之同情"和"切身之体验"。当然，在这里我想强调的是，我们并非是在一般意义上使用这个概念，而是至少包括了以下三层含义：其一，传统的经典意义，即其作为学术史上的奠基之作或名著，这一点很好理解，像康德的《纯粹理性批判》、费希特的《论学者的使命》等都可列入其中；其二，是学科的经典，有的著作可能在更广阔的学术和知识空间中并非那么有名，但却在学科之内很有贡献，它们是人类知识探索过程中不可绕过的"基石"，譬如宫多尔夫的《莎士比亚与德国精神》、卡西尔的《语言与神话》等皆是；其三，是变动形成过程中的经典，即在其产生的当时或相对长时间内无法冠之以标签，但却会被学术史的长期考验所证明。任何事物都在发展变迁过程之中，没有一成不变的僵化之物，也没有万世不易的规则，就此而言，譬如卫礼贤的《中国心灵》、魏特夫的《中国经济与社会》等似乎也可考虑。所以我们也始终处于一个相对

---

① 彼得·沃森：《20 世纪思想史》，朱进东等译，上海：上海译文出版社，2005 年，第28 页。

更为包容阔大的状态中来"探寻经典"，这就要求我们有判断和识别的能力，将可能的未来经典囊括其中。从这个意义上来说，也请读者能够以更宽容的眼光来对待这套丛书，或许其中的一些选目并不符合您的原有标准，并非就是原来"期待视野"中的所谓经典，但它有着成长性和发展性，也是我们认知德国学术和世界学术的一种方式。

最后要说的是"精神"（Geist），这按理来说应是一个典型的"德式词汇"，即更注重抽象的思想和心灵世界的建构。它与英文的 spirit、法文的 esprit 都不尽相同，有着自身特殊的民族性特征及普遍性意图。[①] 譬如，德国人会特别强调"德国精神"（Deutscher Geist）的概念[②]，与此相应的有"精神科学"（Geisteswissenschaft）这个德文词，都表现出德国人对"精神世界"的独到理解和阐释，值得深入考察。在我看来，如果就普遍性意义而言，其核心自然应当是"现代精神"，关键又应是"大学精神"，但"大学精神"在

---

① 黑格尔对此多有阐释和运用，譬如他说："'精神的光明'从亚细亚洲升起，所以'世界历史'也就从亚细亚洲开始。"这里就将"精神的光明"（Das Licht des Geistes）与"世界历史"（Weltgeschichte）联系起来。黑格尔：《历史哲学》，王造时译，上海：世纪出版集团、上海书店出版社，1999 年，第 106 页。他还说："各民族在其相互关系中的命运和事迹是这些民族的精神有限性的辩证发展现象。从这种辩证法产生出普遍精神，即世界精神，它既不受限制，同时又创造着自己；正是这种精神，在作为世界法庭的世界历史中，对这些有限精神行使着它的权利，它的高于一切的权利。"又将"民族精神"（Volkgeist 或 der Geist des Volkes）与"世界精神"（Weltgeist）相联系。Hegel, Georg Wilhelm Friedrich: *Grundlinien der Philosophie des Rechts*. (hrsg. von Hoffmeister, Johannes) Hamburg: Felix Meiner, 1955, S. 288. 中译文见黑格尔：《法哲学原理》，范扬、张启泰译，北京：商务印书馆，1996 年，第 351 页。但有论者认为："黑格尔的一个冒险性主张是，人类个体自我的各种追求可以最终汇集起来，被理解为单一的历史倾向或运动的表达，这些历史倾向或运动有自身的可理解性（intelligibility）。他将这一努力的集体性主体称之为'心灵'或'精神'（Geist），人性的总体就构成了这一集体性主体，属于特定文化的民族或'民族精神'也是这样构成的。"艾伦·伍德：《黑格尔的伦理思想》，黄涛译，北京：知识产权出版社，2016 年，第 31 页。

② *Deutscher Geist — Ein Lesebuch aus zwei Jahrhunderten*. 2 Bände. Frankfurt am Main: Insel Verlag, 1982.

现时代之花果飘零，或许是人类文明史上最无可奈何之事。所谓"大学已死"，可能未免尖刻，但仔细推敲，这或许并不算是太夸张的话。中国大学表面上轰轰烈烈，有"追英赶美"的气势（就排行榜来看似乎如此），不仅表现出我们获得认可的"高度忧虑"，而且也标志着"大学精神"彻底荡然无存。所谓"士大夫之无耻，是谓国耻"（顾炎武《日知录》卷十三），或许略过，但至少"学术谦逊"不但是一种美德，更是一种学术伦理的基本要求，任何一个大学者都绝不会沾沾自喜、自我吹嘘，因为"大多数的科学家，对于最高级的形容词和夸张手法都是深恶痛绝的，伟大的人物一般都是谦虚谨慎的"（贝弗里奇），按照歌德的说法，"人只要有所追求，就难免迷误"。

中国现代学术其实是建立了很好的传统的，无论是蔡元培对中国伦理学史的梳理与学术史功用的强调，还是陈寅恪对"独立之精神，自由之思想"作为学术伦理原则的标示，乃至冯至组织翻译《五十年来的德国学术》的具体工作，都展现出中国现代学术建立期与世界学术同步，汲取德国学术资源的宏大气象；即便是到了20世纪后半期，仍有钱锺书这样的学人，以《管锥编》这样的大作贡献于现代学术，更淡泊名利、大隐于市、拒绝"钱学"，表现出一个现代学人的高度与人格。作为大学领袖的校长群体本应是人类知识领域的领军者，应当具备可贵的人格，而其中最根本的一条就应当是在知识海洋的无尽探索过程中保持清醒与理性的头脑，实事求是、"为学术而学术"（Wissenschaft um Wissenschaft）。但考其实质，有几人可当之？这当然也不能完全说是中国大学的问题，现代大学发展到美国阶段，虽也曾有过短暂辉煌，但终究是"万马齐喑究可哀"的状态，所幸鲁殿灵光之一线不绝，尚在民间，诚如章太炎所言："学术者，故不与政治相丽。夫东胶、虞庠、辟雍、泮宫之制，始自封建时代，礼乐射御皆为朝廷用。孔老起，与之格斗，学始移于庶民。自尔历代虽设大学，其术常为民间鄙笑。汉世古文诸师，所与交战者十四博士；宋世理学诸师，所与交战者王氏之《三经新义》。综观二千岁间，学在有司者，无不蒸腐殄败；而矫健者常在民间……"[1] 如果按照尼采—福柯的思路，即"上帝已死"—"凡人已死"，再追踪至大学，则似乎可以有一条隐含的路径，即启蒙以来的科学理想之途已然走进一条死胡同。难道是最初之方向就有问题？至少一个事实是，神人不再沟通，不再和谐，而似是不断各自为战，"暴力最强者胜"。其实，按照马什（George Perkins Marsh，1801—1882）的说法，人类的出现本就是对"和谐自然"的破坏，他指出："动植物生活的万千生命形式，通过人类的活动已经在数量比例上造成极大的改变，有时在形态上和产量上大为改观，甚至完全绝灭。这些动植物在人类登上自然舞台以前就已盖满地球，而人类正是注定要打乱这一自然界的和谐的。"[2] 这里的指控颇为严厉，即人类是既有秩序的破坏者。古罗马戏剧家与哲人塞内卡（Lucius Annaeus Seneca，约前4—65）说："终有一天，整个人类将被埋葬。长期忍受命运所产生的一切，所有出人头地的人物，所有著名的和美丽的事物，以及伟大的国王和伟大的国家都将会沉沦，都将会在顷刻之间被推翻。"[3] 这或许近乎一种诅咒式的语言，但进入现代之后，因为资

---

[1] 章太炎:《代议然否论》,《章太炎学术文化随笔》, 张勇编, 北京: 中国青年出版社, 1999 年, 第 138 页。

[2] Marsh, George Perkins: *Man and Nature or Physical Geography as Modified by Human Action*. New York: C. Scribner, 1864, p. 14. 中译文转引自普雷斯顿·詹姆斯（Preston James）、杰弗雷·马丁（Geoffrey Martin）:《地理学思想史》(*All Possible Worlds: A History of Geographical Ideals*)（增订本）, 李旭旦译, 北京: 商务印书馆, 1989 年, 第 169 页。

[3] 塞内卡:《自然的问题》, 莫蒂默·艾德勒、查尔斯·范多伦编:《论艺术和美篇》, 第 2 册,《西方思想宝库》编委会译编, 长春: 吉林人民出版社, 2008 年, 第 88 页。

本的驱动、技术的助力，再加以权力的本性，似乎更加现实地被验证了，就连启蒙以来所实现的一系列制度设计也无法控制这种恶性的发展。而歌德的判断似乎在某种意义上对此传统有所应和："人类会变得更聪明，更具识别力，但不会更好，更幸福，更有力，或者至少在某些时代如此。我似已预见到某一时刻的来临，上帝不再能从人类身上获得乐趣，那就必然会毁灭一切，求得更生冲创之力。我相信，这一切都已在冥冥之中早有注定，在遥远未来的某个时日，必将开始又一轮新的恢复冲创之力的时代。但距离那刻肯定仍有漫长的时日，我们依旧可在成千上万的年头里在这块可爱的、古老的土地上享受生活，就像现在这样。"[1] 我们还是如黑塞所言，应当感谢歌德，因为他确实是睿智的，他虽然也从容见道，但仍给人类留下了可以发展的想象空间，但前提当然仍在于，人类该当如何去面对这种"灭绝可能"的严峻挑战。

大学作为人类精神创造中最具活力的部分，它既是一种机构，是器物层面，但也具有制度、文化层面的意义，更多体现出文化生命体的价值。可就是这样的文化生命体，也就是人类精神中最具活力和灵魂意义的部分，面临的却是"已死"的判断，这并非一个简单的游戏话语，而是人类文明面临困境的象征符号。至少，大学精神荡然无存。大学与学术的组织都是社会系统的一部

---

[1] 德文原文为："Aber laß die Menschheit dauern, so lange sie will, es wird ihr nie an Hindernissen fehlen, die ihr zu schaffen machen, und nie an allerlei Not, damit sie ihre Kräfte entwickele. Klüger und einsichtiger wird sie werden, aber besser, glücklicher und tatkräftiger nicht oder doch nur auf Epochen. Ich sehe die Zeit kommen, wo Gott keine Freude mehr an ihr hat und er abermals alles zusammenschlagen muß zu einer verjüngten Schöpfung. Ich bin gewiß, es ist alles danach angelegt, und es steht in der fernen Zukunft schon Zeit und Stunde fest, wann diese Verjüngungsepoche eintritt. Aber bis dahin hat es sicher noch gute Weile, und wir können noch Jahrtausende und aber Jahrtausende auch auf dieser lieben alten Fläche, wie sie ist, allerlei Spaß haben." 1828.10.23., Eckermann, Johann Peter: *Gespräche mit Goethe — in den letzten Jahren seines Lebens*. Berlin und Weimar Aufbau-Verlag, 1982, S. 600.

分，所以摆脱不了各种操控，甚至是技术、江湖、人性等的考验。这是无可奈何的事情，也是现代性大势所趋，但我们要意识到的是，我们曾经拥有过居于文明史巅峰的德国大学精神，这是具有普遍性意义和持续性价值的"精神范式"，也是德国天才赖以延续不绝的精神与制度土壤，是德国经典源源不断产生的基础和支撑。虽然当代的德国人自己也随波逐流，仿佛舍却全球化的潮流无以自立一般，一样是搞精英大学、投资竞争之类的游戏，其实是"身怀宝玉而不自知"！正如我曾追问过的问题："洪堡精神今何如"，"德国人失去自信力了吗"，甚至是，"除了美国道路，这世界是否也允许每个有传统与自信的国家，走出自己的道路"。①

相比较德国天才的群星璀璨，这本就是人类文明史上所未曾有过的"精神史奇迹"，与之相比较，中国现代精英虽然也不乏杰出之辈，蔡元培、马君武、陈寅恪那代留德学人都有着"立雪德邦"的经验，虽不能至，心向往之，以他们的负重行远而为现代中国带回了宝贵的学术财富，包括精神、制度等各个层面；更重要的是，他们展现了中国现代学人的风骨，实现了中国现代学术的成功开局，虽然未必建成"世界一流"，却开创了中国现代大学的宏大气象。所谓"一流"的概念本就是一种无可奈何的标准，更多体现了"贴标签"的游戏，本不当成为真正的学术标准。你看看当初洪堡、费希特等人建立柏林大学的时候需要找什么东西来"对标"吗？可以他们为代表的德国学者的气度、人格和品质，却可以赢得全世界的精英们发自内心的敬意！这种简单的口碑流传，不仅表现出学术发展的内在基本规律是不可动摇的，也反证了我们的庸俗与浮躁。

---

① 叶隽：《德国排行榜单与现代大学理念的失落》，《同济大学学报》(社会科学版)，2007年第2期。

　　再比较一下由这些天才们所创造的德国学术经典，看着这些在图书馆中可以排成长列的作为器物的书籍，那一页页纸张、一行行文字、一滴滴油墨所构成的"书物"，这也是生命啊，是无限延伸的文化生命啊！《纯粹理性批判》背后是康德，《全部知识学的基础》背后是费希特，《精神现象学》背后是黑格尔……试问，当代中国，出书无数，能有几部这样的学术经典？

　　"大学精神"说到底是由大学里的活生生的人来创造的，它既有普遍性的传统和承继，也应当有后世参与者的接力与创造，它既不是一成不变的"祖宗之法"，也不是随波逐流的"网红之流"，它既是文化生命体的精神展现，那就具备变与常的两仪面相，必然是既守前贤所创造出的基本大学规律，同时也能随时应变，汲取时代精神的积极因子。就此而言，作为普遍性价值和世界性意义的"大学精神"至今犹在过程之中，有待来者参与积极性的阐释和建设，对各国精英都是公平的。而重温学术史，德国的天才、经典与大学精神，就像是一面镜子，反射出各国大学与学术的问题与瓶颈。大学教育培养不出优秀的人才，产生不了经得起时间考验的学术经典，更不知现代大学精神为何物，这恐怕就是不得不承认的当代之现状；另一方面，全球化有它的负面性，以美国为代表的现代西方越来越展现出其虚弱、伪善与无力的面相。这种双重挑战，就是现时代人所不得不面临的基本困境。

　　沃森颇富深意地将中德两国放在一起比较："中国和德国犹如两条宽阔并行的直线，初看隐而不见，但读者或许可以感觉到。我要强调的是这条平行线是宽阔的，不是很紧密的，但无论如何，是发人深思的。"[①] 这一"中德平行线"论是有理论意味的，不仅因

① 《中文版序言》，彼得·沃森：《德国天才》(*The German Genius*)，第1册，张弢等译，北京：商务印书馆，2016年，第 ix 页。

为其关系到"东西方文化内部的两种核心子文化的互动",而且也涉及模式化的相互关系:"我确实认为中国在许多方面经历了德国在1750年至1933年期间所经历的类似变迁。"[1] 这个比较的思路其实是饶有意味的,仔细体会似更有深意在,即作为一种"国家体制"的范式,似有一种"异国后置效应";当然,或许也不仅是中德两国的问题,如果在一个更开阔的国际比较视域中考察,可能有更多的发现和收获。更重要的是,这并非仅是一个平行维度,还有影响维度,中德两国之间,尤其是在近代之后,彼此之间的相互渗透是相当之密切的,甚至有论者直接指出:"现代中国文化思想领域的重要人物、重要论著,鲜有与德国思想文化毫无关系者。"[2] 这对于"国家体制"而言就更有意思了,因为作为制度层面的政治生活,其实必须是由很多个体来建构的,尤其是那些精英人物,现代中国的精英,知识精英固不待言,即便就政治精英而言也多受德国影响,这个领域涉猎者尚少,其实是值得深入考察的。只是想强调,虽然关注点在德国学术经典,但其在文明史中的意义却绝不会仅止于学术;作为高端思想载体之一的学术经典,其影响力必然是遍及社会各个层面,甚至也不仅于精英,而同样可能渗透到民众。

相比较德国学术经典的相对易于被接受,另一件我一直念念不忘的事情,是应该推出一套"德语文学经典"的丛书。因为与一般认知度不同的是,德国文学虽然可能有着欠缺可读性等问题,但就知识与思想资源来看,则绝对为人类文明提供了一个极为另类的宝库,像莱辛、歌德、席勒等所构建德国诗思世界,是一个

---

[1] 《中文版序言》,彼得·沃森:《德国天才》,第1册,张弢等译,第 x 页。

[2] 单世联:《后记》,《中国现代性与德意志文化》下册,上海:上海人民出版社,2010年,第1169页。

极为浩瀚辽阔、星辰闪耀、珠光辉煌的大宝藏，其中更蕴藏着无限的诗思有待开掘，其意义，绝不仅是文学上的，而是更广泛的文明史意义上的。惜乎国人不能察！当然，必须是在学术史、文学史、思想史等多重意义上有一个很好的把握，才能将这样的丛书做好，还不说经费、译者、制度等"粮草先行"的问题，但仅学术认知度方面我们的意识就还非常不够，更谈不上有规划、有系统、有步骤地展开这项对走近世界中心的中国极为重要的"资源采集"工作了。

就此而言，也要感谢商务印书馆编辑的邀请，否则我不会想到要去做一套"德国学术经典译丛"的丛书，更不会在近期之内将其付诸实施。而商务作为百年老店，其在中国学术界的品牌效应，自然也可以说是"声名显赫"。当功利的市场大潮已在现时代如此喧嚣地逼近读书人的安身立命根基之时，仍有人愿意倾听一种貌似"古董"的陈旧叙说，在我，仿佛聆听远方的"天籁"。

叶　隽

2020 年 10 月 3 日于沪上同济

目　录

献　词

瓦尔堡 *六十周年诞辰志庆

1926 年 6 月 13 日

亲爱的、尊敬的朋友!

　　为祝贺您的六十岁寿辰而向您呈献的这部著作，原本应该是
我对您的诚挚友谊和敬意的纯粹个人性的表达。然而，假如我未
曾享有以您的图书馆为精神中心的那个工作团体的时时激励和敦
促，这部著作就无法完成。因此，今天我不能仅仅以我自己的名
义说话，而要以这个工作团体的名义——以长久以来尊您为精神
史研究领袖的所有那些人的名义说话。三十年来，瓦尔堡图书馆
在宁静而持久的工作中，努力为精神史和文化史的研究准备着材
料。它同时所做的却远不止于此，因为它以一种空前的紧迫性，
将这一研究所必须遵循的准则摆到了我们眼前。瓦尔堡图书馆在
其建造过程和精神架构中，都体现着关于精神史的所有领域和所
有方向之间在方法上统一和联合起来的思想。现在，图书馆进入
其发展的新阶段，随着它的新屋宇的奠基，它也在扩展其影响力

---

* 瓦尔堡（Aby Warburg，1866—1929），德国艺术史家和艺术科学家，瓦尔堡艺术科学
博物馆的创建人。——译者注

的范围，值此之际，我们这些合作者也就可以公开表达它对我们的巨大意义和我们对它的感激了。我们希望，我们也确知，在图书馆尚待完成的这些新的实际任务之外，我们那种共同且友好的整体协作的老传统也不会被遗忘，此前连接着我们的那个精神—人格纽带，未来只会愈加紧密地缠绕起来。祝愿您借由图书馆所创造的精神史研究的工具论，将长久地向我们提出新问题，祝愿您本人一如既往地为我们指明回答这些问题的新路径。

恩斯特·卡西尔

汉堡，1926 年 6 月 13 日

导　论

一个时代的哲学在其自身中包含了关于这个时代的整体状况
的意识和该状况的精神本质，而且这个形态繁复的整体反映在作
为单纯焦点、作为有自知之明的概念（sich wissenden Begriffe）的
哲学中——黑格尔的这个预设，似乎并不适用于早期文艺复兴的
哲学。13 和 14 世纪之交在精神的所有领域发端的那种新生活，在
诗歌和造型艺术中、在国家的和历史的存在中不断强有力地生长，
并日益自觉其为精神的更新，起初似乎在那个时代的思维中并没
有得到任何表达和回响。因为这种思维，即便在其开始细致地同
经院主义哲学的成果分道扬镳之时，也在普遍形式上与这种哲学
相关联。彼特拉克在其著作《论他自身和许多人的无知》（De sui
ipsius et multorum ignorantia）中对学院哲学（Schulphilosophie）所展
开的攻击，不过是学院哲学仍以多么坚不可摧的力量支配着时代
的一种明证。因为彼特拉克针对经院主义（Scholastik）和亚里士
多德学说而提出的本原（Prinzip），本身既无哲学的渊源又无哲学
的内容。它根本不是思维的新方法论，而是"雄辩"这一新的教
化理想（Bildungsideal），在这里正与学院哲学针锋相对。从此以后
亚里士多德不应也不能再被直截了当地充当知识的大师、"教化"
的代表——然而据我们了解，他的那些著作没有任何"言辞典雅
（Wohlredenheit）的痕迹"。人文主义者的批评所指向的并非亚里士

多德著作的内容，而是其风格。并且，这批评逐渐在消除它自己的预设。因为人文主义者的知识范围越宽广，它的科学工具越精细和敏锐，经院主义的亚里士多德形象，就必然越发显得偏离了真正的亚里士多德形象，这个形象从今往后就可以从原初文本自身中得出了。布鲁尼[①]——亚里士多德《政治学》和《尼各马可伦理学》的第一位翻译者——此时这样评判道：对于他的那些经过经院主义改造的著作，亚里士多德本人也是认不出来的——就像阿克特翁（Aktaeon）变形为鹿之后不能被他的狗认出一样。[②] 在这一评判中，人文主义的新精神运动就与亚里士多德达成了和解。在语言—精神方面对亚里士多德加以吸收的要求取代了对他的斗争。然而这里产生的问题，本身就毋宁是语文学的，而不是哲学的。如今被热烈讨论的是，亚里士多德的 "τ' ἀγαθὸν" 概念应该用词语 "*summum bonum*"（至善）（如同布鲁尼的翻译所呈现的），还是用词语 "*bonum ipsum*"（善本身）来翻译。关于亚里士多德隐德来希概念的拼写的争论（该写作 entelechia 还是 endelechia），以及由拼写而来的关于诸多释义可能性的争论，那些最著名的人文主义者都参与其中，如费莱尔福（Filelfo）、波利齐亚（Angelo Poliziano）等人。然而即便在人文主义的较狭窄的圈子之外，即便在哲学和语言学现今达成了新联盟，且哲学的优先权被承认的地方，哲学本身中也还是没有发生任何真正的方法上的更新。在 15 世纪后半叶进行的那场关于柏拉图学说抑或亚里士多德学说哪个该享有

---

① 布鲁尼（Leonardo Bruni，照其家乡名称亦称 Aretino，1369—1444），意大利人文主义者，时任佛罗伦萨宰相。——译者注

②《列奥纳多·阿雷蒂尼简论用途》（*Leonardi Aretini Libellus de disputationum usu*），1401 年，第 25 页；参见沃伊特（Georg Voigt）：《古典古代的复兴》（*Die Wiederbelebung des klass. Altertums*），第 2 版，第 2 卷，第 169 页；以及菲奥伦蒂诺（Fiorentino）：《15 世纪哲学复兴》（*Il risorgimento filosofico nel Quattrocento*），那不勒斯，1885 年，第 183 页起。

优先地位的斗争，丝毫没有追溯至终极的本原性预设的深度。两个敌对阵营对其运用达成了一致的那个尺度，在这里也超越于体系性的、哲学的领域之外，而位于宗教预设和教义决断中。于是即便是这场斗争，最终也没有产生任何真正的精神史成果：在柏拉图与亚里士多德学说里，事实性的基本内容和基本原则之间的那种尖锐区分，很快又被对调和性融合的诉求取代了。恰恰是那个以真正的柏拉图遗产的守护者自居的佛罗伦萨学园，在这一尝试上走得最远。除了费奇诺①之外，还有皮科②，那位"和谐之王"（*Princeps Concordiae*），如朋友们称呼的那样。对于皮科而言，似乎经院主义与柏拉图主义的统一与和解是思维的首要目标。他不是作为倒戈者，而是作为探究者——在皮科写给巴尔巴罗③的一封信里，他这样说——来到佛罗伦萨学园的。他的探究结果表明，亚里士多德和柏拉图在字面上好像彼此争论，而事实上却是处处一致的。④ 在这种结合的努力中，那些伟大的哲学体系最终失去了它们的本来面目，都融入那独一无二的基督教－哲学原初启示的迷雾之中，摩西和柏拉图，琐罗亚斯德和三倍伟大之赫尔墨斯（Hermes Trismegistos）⑤，俄耳普斯和毕达哥拉斯，维吉尔和普罗提

---

① 费奇诺（Marsilio Ficino，拉丁文写法为 Marsilius Ficinus，1433—1499），人文主义者、医生与哲学家，佛罗伦萨文艺复兴人文主义者中最知名者之一。——译者注
② 皮科（Giovanni Pico della Mirandola，1463—1494），文艺复兴时期的贵族与哲学家。——译者注
③ 巴尔巴罗（Ermolao Barbaro，1454—1493），意大利人文主义者。——译者注
④ "Diverti nuper ab Aristotele in Academiam, sed non transfuga … verum explorator. Videor tamen (dicam tibi Hermolae quod sentio) duo in Platone agnoscere et Homericam illam eloquendi facultatem supra prosam orationem sese attolentem et sensuum si quis eos altius introspiciat, cum Aristotele omnino communitem, ita ut si verba spectes, nihil pugnantius, si res nihil concordius." 《皮科著作集》（*Ioann. Pici Mirandulae Opera*），巴塞尔，无年代信息，第 1 卷，第 368 页起。关于皮科的经验哲学研究，见同上书，第 1 卷，第 351 页起。
⑤ 神秘主义之一派赫尔墨斯神秘主义托名之人，这个名称来自希腊文 Ἑρμῆς ὁ Τρισμέγιστος，意为"三倍伟大之赫尔墨斯"，这派神秘主义形成于 3 世纪左右的埃及地区，有所谓《赫尔墨斯文书》归于这个托名之人。——译者注

诺，全都被费奇诺援引来作为这一启示的证人。^①于是，这个时代的那种精神性的基本力量，即那种对于清晰界定与构形（Formung）、对于分类（Sonderung）与个体化（Individualisierung）的迫切需求，这时在哲学中似乎还未得显明，甚或停留在萌芽状态。

由此或许就可以理解，何以一位必须从线条清晰又轮廓分明的单个形态出发的文化历史学家，为了达到他的综观（Zusammen-schau），就被迫将这个时代的那些似乎从未达到这个条件的哲学文献都搁置在一旁。至少布克哈特在他为文艺复兴的文化所勾勒的那个宏伟的总体形象中，没有给予文艺复兴哲学任何地位。哲学在这里根本没有被推崇为精神的整个运动的一个单独的环节，就更别提在黑格尔的意义上被看作这整个运动的"单纯焦点"，看作"时代的实体性精神"了。或许人们在注意到下面这一点时就可以忽略这种对立了，即在历史研究者和历史哲学家之间的冲突中，裁决必须要有利于前者，因为任何一个思辨性—结构性的建构在面对单纯事实时都必须自谦以待，并承认自己的界限在于这些事实。然而这样一种方法上的套话，还不足以把握在此彰显出来的这种对立，更谈不上解决它了。若向其深处追踪就可以发现，布克哈特通过将文艺复兴的哲学排除在考察之外，他同时也隐晦地实行了与此限制必然关联着的另外一个限制。恰恰文艺复兴哲学似乎还处处带有的那种经院主义特征，就必然导致下面这一点，即哲学的与宗教的思想运动之间无论如何都无法划出一条清楚分明的界限。正是在它那些最显著、最富成效的成果中，15 世纪的哲学在本质上是并且保持为神学。它的全部内容汇聚为三个大问

---

① 参见费奇诺：《书信集》（*Epistolae*），《费奇诺著作集》（*Opera*），巴塞尔，无年代信息，第 866、871 页；尤其可参见费奇诺《论基督宗教》（*De christiana religione*）第 22 章（《费奇诺著作集》，第 25 页）。

题：上帝、自由、不朽。帕多瓦学院中的那些意见之争，在"亚历山大主义者"和"阿威罗伊主义者"之间的争论，都是围绕着这些问题；同时，它们也构成了佛罗伦萨的柏拉图圈子中一切思辨的焦点。布克哈特在他所给出的关于文艺复兴的风俗和宗教的描述中，明显是完全有意识地放弃了这些佐证。对他来说，这些佐证是作为在根本上已经死去的一种传统的单纯延续，作为一种理论上的外围产品和附属产品而出现的，这种产品与这个时代中真正运动着的宗教力量不再息息相关。而从其概观来看，布克哈特必定不是在理论陈述中，不是在关于宗教的哲学命题中，而是在人的直接行动中，在人对于世界、对于精神的一习俗的现实的实践立场中，试图去把握这些宗教力量的。人们或许可以这样问：然而在宗教事物的"理论"与"实践"之间的这个尖锐分割是否与对象本身相符呢？或者说，难道这一分割其实不是那个哲学家布克哈特的工作吗？难道下面这种现象不恰恰属于布克哈特所刻画的那种"文艺复兴的精神"吗？对于文艺复兴而言，这种区分并不存在，这里在文化历史学家的图景中被互相区分开来的两个环节，在这个时代的现实生活中依然不断在相互映照和相互过渡。难道这里信仰的全部幼稚性不同时也是独断的吗？正如另一方面，只要理论上的独断作风就其毫不偏袒地在自身中接纳"信仰"和"迷信"的各种最不相同的成分而言，难道不同样还彻底是幼稚的吗？因此，不断进展的经验性研究针对布克哈特的基本作品的批评，也主要集中在这一点上了。艺术史、政治史和一般的精神史在这里似乎指向同一条道路。与布克哈特的观点和描述相反，文艺复兴与中世纪之间在时代与内容上的界分开始渐行渐远，越来

5　越模糊了。① 这里叮以忽略的是托德② 的那种尝试，即将意大利艺术上的文艺复兴的开端追溯到 13 世纪初，而且在方济各③ 这位新的虔敬理想的唤醒者身上，同时还看到在 15 世纪的绘画与诗歌中臻于完满的那场艺术运动的一位开路先锋——在托德所赋予的那种形式下，他的论点在当今很可能找不到科学上的同道和辩护了。④ 然而有件事是不会错的，即关于"中世纪的人"和"文艺复兴的人"之间的那种对立，人们越是尝试具体地（ *in concreto* ）执行它，对艺术家、思想家、学者和政治家的"传记式单独研究"越是进展，这一对立就有变得更加流动、更加易逝的危险。一位在这一领域得到承认的研究者最近评判道："如果人们试着纯粹归纳性地去考察 15 世纪那些主要人物——萨卢塔蒂⑤、布拉乔利尼⑥、布鲁尼、瓦拉⑦、豪华者洛伦佐⑧ 或者普尔契⑨——的生活与思维，就会毫无二

---

① 这里无法追踪那个过程的每一个阶段了，我要特别请读者参阅布尔达赫（Konrad Burdach）的系列奠基性著作：《从中世纪到宗教改革——德国教化史研究》（ *Vom Mittelalter zur Reformation. Forschungen zur Geschichte der deutschen Bildung* ），柏林，1912 年起；也参见布尔达赫：《德国文艺复兴》（ *Deutsche Renaissance* ），第 2 版，柏林，1918 年；《宗教改革、文艺复兴与人文主义》（ *Reformation, Renaissance, Humanismus* ），柏林，1918 年。
② 托德（Henry Thode，1857—1920），德国艺术史家。——译者注
③ 方济各（Franz von Assis，也写作 Franzikus von Assisi，拉丁文为 Franciscus de Assisio 或 Franciscus Assisiensis，出生时名为 Giovanni Battista Bernardone，1181 或 1182—1226），方济各修会创始人，后被罗马天主教会封圣。——译者注
④ 参见托德：《阿西西的方济各与意大利文艺复兴艺术的开端》（ *Franz von Assisi u. die Anfänge der Kunst der Renaissance in Italien* ），柏林，1885 年。
⑤ 萨卢塔蒂（Coluccio Salutati，也写作 Lino Coluccio di Pierio di Salutati，1331—1406），意大利人文主义者和政治家。——译者注
⑥ 布拉乔利尼（Poggio Bracciolini，拉丁文为 Poggius Florentinus，1380—1459），意大利文艺复兴时期最著名的人文主义者之一。——译者注
⑦ 瓦拉（Lorenzo Valla，拉丁文为 Laurentius Valla，约 1405—1407 年生于罗马，1457 年卒于罗马），意大利人文主义者，主教大教堂教士会成员，现代文本批判的奠基者。——译者注
⑧ 豪华者洛伦佐（Lorenzo Magnifico，也写作 Lorenzo de' Medici，1449—1492），美迪奇家族出身的银行家和政治家。——译者注
⑨ 普尔契（Luigi Pulci，1432—1484），意大利诗人，受到豪华者洛伦佐资助。——译者注

致地得出：恰恰对于所研究的人物，那些制定出的标签（'个体主义'和'异教信仰'、'感官主义'和'怀疑论'的标签）令人讶异地绝对不适用。如果人们尝试在这些……标签与其所刻画人物之生平的紧密关联中，并且首先从整个时代的洪流出发去理解这些标签，它们就一定会获得一种完全不同的面向。而如果将归纳研究的结果汇集起来，一幅文艺复兴的新图景就渐渐浮现出来，其中一点儿不少地混杂着虔敬与不敬、善与恶、天国之渴慕与尘世之欢乐，但却是以一种复杂至极的方式。"① 甚至哲学史也应该接受包含在这些话语中的命题和告诫。哲学史在任何时候都不放弃对普遍物和终极普遍物的追求，那么另一方面它就必须始终使自身浸润如下想法，即只有深入具体的分别中，深入极度精微的历史细节中，那真正的普遍性才能够实现和得以确保。这里需要的是一种体系性观点和一种体系性定向所具有的那种普遍性，它与纯粹经验性的类属概念的那种普遍性是绝不可能重合的，后者被用于历史的分期和单个时代的适当界定。接下去的考察都指向这个目标。这些考察不想参与有关文艺复兴和中世纪的"历史关联概念"的内容与权限的争论，如同它目前在政治的历史书写中、在文学史和艺术史中所进行的那样。② 这些考察毋宁保持在哲学的"问

---

① 瓦尔泽（Ernst Walser）:《文艺复兴世界观研究》(*Studien zur Weltanschauung der Renaissance*)，巴塞尔，1920 年，第 5 页起。

② 关于这场争论的产生史以及它当前的状况，除了参见前文提到的布尔达赫的著作之外，尤其可参见格茨（Walter Goetz）的《文艺复兴与古代》(*Renaissance und Antike*)，发表于《历史杂志》(*Histor. Zeitschr*)，第 113 卷，第 237 页起；《文艺复兴与中世纪》(*Renaissance und Mittelalter*)，发表于《历史杂志》，第 98 卷，第 30 页起；还可以参见博林斯基（Karl Borinski）那份内容翔实的材料:《近代的世界轮回理念 I: 关于文艺复兴和历史关联概念的产生史的争论——文艺复兴与中世纪》(*Die Weltwiedergeburtsidee in den neueren Zeiten I. Der Streit um die Renaissance und die Entstehungsgeschichte der historischen Beziehungsbegriffe Renaissance u. Mittelalter*)，《巴伐利亚科学院会议报道——哲学—语文学类》，1919 年。

题史"之内，并尝试从这里出发去获取如下这个问题的答案：15、16 世纪的思想运动是否以及在多大程度上，在问题的萌芽繁杂多样而解决方案又各不相同的情况下，形成一种自身封闭完整的统一性。如果能成功揭示这种统一性，如果能顺利将文艺复兴哲学展现给我们的种种杂乱纷呈的问题引向特定体系的中心点，那么对于如下这种整体关联的追问就自然得到回答了，即文艺复兴中的理论性思想劳作与规定文艺复兴精神形态的其他生命力量（Lebensmächten）之间的那种整体关联。同时也将表明，即便在这里，思想的劳作也既不是作为一种隔绝了的东西或怪异之物而与精神的总体运动及其驱动力相对立，又不是作为一种绝对的抽象物、作为一个单纯的幻影而跟随在其后，而是创造性地、规定性地参与到这个总体运动当中。思想的劳作不仅是一个与其他部分相结合的部分，而且它展现出整体本身，并用概念－符号的方式把它表达出来。文艺复兴致力实现的这种崭新的普遍生命，将如何导向对于一个全新的思想宇宙的需求，以及这一新生命在这个新宇宙中如何反映自身，如何完全发现自身，都将在下文中加以阐述。

第一章　库　萨

一

　　任何力求将文艺复兴哲学理解为一种成体系的统一体的考察，都必须选取库萨的学说作为其出发点。因为在 15 世纪的全部哲学流派和哲学努力中，唯独这一学说满足了黑格尔的要求，即它将各种极其不同的光束聚集于其中的那个"单纯的焦点"呈现了出来。库萨是这个时代中唯一从一个方法原则出发把握时代基本问题的整体，并以这一原则来掌握这个整体的思想家。遵照中世纪的整全性理想，库萨的思维中包含着精神宇宙和自然宇宙的总体，并且在任何分类面前都绝不停步。他是思辨的神学家，同时是思辨的数学家；他既致力于静力学问题，也致力于普遍运动学说的问题；既致力于天文学的问题，也致力于宇宙论的问题；既致力于教会史的问题，也致力于政治史、法权史以及普遍精神史的问题。不过，作为学者和研究者的库萨越是研究这些领域，越是用自己的付出去充实几乎每一个领域，专门化、断裂化的一切危险反而距此更远。原因在于，库萨反复把握和探讨的东西，并不仅仅嵌入一个智识上的总体图景，并不只是将自身与其他一些努力汇合成一个事后追加的统一性，而是从一开始就只是对他在第一本哲学著作《论有学识的无知》(*De docta ignorantia*)中提出那个基本的和首要的思想的展开和解释。内包(*complicatio*)和外展(*explicatio*)的对立——库萨运用这个对立去阐明上帝和世界的关系，以及世界与人类精神的关系——因而也就可以运用到他自己的学说上，他的学说同样是从一个思想内核中生长出来的，这个内核在不断前行的过程中分化自身，并在这个过程中将全部状况和时代知识的总问题都吸纳到自身之中。

库萨的哲学所依据的那个原则，向库萨本人展现为一种全新的基本真理的突破，这个真理不是经由三段论式推论而达成，而是突然出现并以一种强大直觉的全部威力冲击了他。他自己描述了，这个原则在从君士坦丁堡的返航途中，如何好比"上帝的礼物"一样在他心中首次发出亮光。① 如果人们尝试去抽象地表达出这个原则的内容，如果人们尝试把对于库萨本人来说以无可比拟之物和独一无二之物的方式所呈现的东西，以体系的方式加以规定，且以历史的方式加以合并，那么就会陷入误解这一新思想的原创性与深度的危险之中。事实上，"有学识的无知"(*docta igno-rantia*)概念和建立在这个概念上的"对立面相合"(Koinzidenz der Gegensätze)学说，似乎只是对构成中世纪神秘主义之坚实存在的那些思想的更新。库萨一再把人引向这种神秘主义的源泉，尤其是埃克哈特和托名狄奥尼修斯② 的学说。因此似乎很难，但也不是

---

① 《论有学识的无知》，第3卷，第12章："Accipe nunc Pater metuende quaejamdudum attingere variis doctrinarum viis concupivi, sed prius non potui, quousque in mari es Graecia rediens (credo superno dono a patre luminum, a quo omne datum optimum) ad hoc ductus sum, ut incompraehensibilia incompraehensibiliter amplecterer, in docta ignorantia, per transcensum veritatum incorruptibilium humaniter scibilium."

② 托名狄奥尼修斯(Pseudo-Dionysius)，生活于5世纪末、6世纪初的基督教神学家和哲学家，因其作品托名《圣经·使徒传》17:34中那位曾使使徒保罗皈依的雅典大法官、首任雅典主教狄奥尼修斯，因而卡西尔称其为"托名狄奥尼修斯"或"托名法官"。(转下页)

不可能，在这里划出一条确定的分界线。倘若库萨著作的真正核心存在于如下思想，即上帝，那个绝对的存在，超出肯定性规定的所有可能性，只能以否定性的谓词来称呼，并且正是在这种超出中，在这种对一切有限尺度（Maße）、比例（Proportionen）和比较（Vergleichungen）的超越中才能被把握，那么这样一来就没有任何新道路和本质上新颖的目标被描述出来了。因为即使"神秘主义"神学这个方向按照其最终根据而言或许也与经院主义相矛盾，然而这个矛盾构成了经院主义本身的精神总体图景中的一个典型特征。经院主义在它那些伟大的领袖身上早已学习了托名狄奥尼修斯的学说：不仅爱留根纳①上溯到这位托名法官的著作，而且大阿尔伯特②和阿奎那也都在各自的评注中探讨了他的著作，并由此在中世纪的生活体系与学说体系中给予它一个固定的位置。由此看来这个体系是不可动摇的：旧的思想要想拓展到它的界限之外，就必须至少获得一种新的说法，并在一定程度上获得一种新格调。

要讲清这一说法何在，只有当人们首先明了这位法官的作品在文献上以及精神上的总体结构才是可能的。法官著作的标题就已经指示着这一结构——标题暗示出这些著作在中世纪有关上帝和世界的根本观点的整体中所占据的位置。就是那个阶序（Hierarchie）的问题，在这里第一次以其全部清晰性，以其全部形而上学的宽度，在其假定与多方面的论述中，在我们面前展现出

9

（接上页）其主要作品有《论神圣之名》《神秘神学》《大国阶序体系》《教会阶序体系》等。——译者注

① 爱留根纳（Johannes Scottus Eriugena，9 世纪早期至 9 世纪晚期），基督教神学家。——译者注

② 大阿尔伯特（Albertus Magnus，1200—1280），德国神学家和主教，中世纪盛期基督教亚里士多德主义的开路者，后被教皇封圣。——译者注

来。除了关于神圣之名的著作（περὶ θείων ὀνομάτων）以外，关于天国阶序和教会阶序的著作（περὶ τῆς οὐρανίας Ἱεραρχίας, περὶ τῆς ἐκκλησιαστικῆς Ἱεραρχίας）对后来的整个时代影响尤大。这些著作的意义在于，中世纪的信仰和科学立足其上的两大精神性的基本力量和基本动机在这里首次相遇，并牢固地彼此成长为一体——基督教救赎学说与希腊化时代的思辨的真正融合（Konkreszenz）在此发生了。这一思辨，尤其是新柏拉图主义，向基督教贡献的，首先是层级宇宙（Stufenkosmos）的概念和普遍图景。世界分裂为一个较低的和一个较高的世界，一个感性的和一个智性的世界，它们不仅相互对立，而且它们的本质恰好就在于它们的这种互相否定和两极对抗。不过在这道否定的深渊之上有一条精神纽带在它们之间连接着。从一个极到另一个极之间，从超－存在（Über-Sein）、超－元一（Über-Einen），从绝对形式的国度下降到作为绝对无形式者的质料之间，有一条连续的中介（Vermittlung）之路。无限者在这条道路上转化为有限者；有限者在这条道路上回归无限者。救赎的全部进程都包含在这里了：这个进程是上帝道成肉身[1]，同时也是人的圣化[2]。这里始终有一个要加以克服的"之间"（Zwischen）——有一个分离着的、无法加以跳跃的媒介，只能按照一个严格制定的顺序一步一步走过。这个从天国下降到尘世、从尘世上升到天国的层级阶梯，在狄奥尼修斯[3]的著作中被系统地描绘和呈现出来。在上帝与人之间的是纯粹智性、纯粹天国力量的世界，分为三个圈子，其中的每一个在自身中又分为三

[1] Menschwerdung（道成肉身），直译为"人化"。——译者注
[2] Gottwerdung（圣化），直译为"上帝化"。——译者注
[3] 指托名狄奥尼修斯，下同。卡西尔常常不严格区分"托名狄奥尼修斯"与"狄奥尼修斯"、"托名法官"与"法官"，读者须留意。——译者注

重。属于第一个圈子的是炽天使（Seraphim）、智天使（Cherubim）和座天使（Throni）；属于第二个圈子的是主天使（Dominationes）、力天使（Virtutes）和能天使（Potestates）；属于第三个圈子的是权天使（Principatus）、大天使（Archangeli）和天使（Angeli）。于是一切存在都在特定的流射等级上出自上帝，以便最终重又被联合和收回到上帝之中。正如圆的所有半径从中心点射出，上帝也是一切事物的出发点和目的地；正如这些半径越是彼此接近也就越靠近中心点，各种本质的结合也就这样战胜了它们的分离，它们距离那个共同的中心、那个存在与生命的原初源泉（Urquell）越来越近。由此便有了那个正当性辩护，即教会秩序的真正神正论（Theodizee）。因为教会秩序在本质上无非是精神—宇宙秩序的一幅完美写照：教会阶序反映着天国阶序，并且在这种反映中意识到它自身坚不可摧的必然性。中世纪的宇宙论和信仰，对世界秩序（Weltordnung）和对道德—宗教的救赎秩序（Heilsordnung）的看法，在此都汇入独一无二的根本直观（Grundanschauung）之中，汇入一个最精辟、最具内在连贯性的图景之中。

　　库萨从未驳斥这一图景；在他的全部思辨中，尤其在早期思辨中，他看起来甚至直接预设了这一图景。然而在《论有学识的无知》一书的最初的几个命题里，就已经透露出一种指向全新的、精神上的总体导向（Gesamtorientierung）的思想了。这里也是从绝对者的存在与在经验上受限定者的存在之间、无限者的存在与有限者的存在之间的对立出发的。但是这个对立现在不再只是直截了当地以教条的方式被设定下来，而是要在其终极深度上被领会，要从人类知识的条件出发被理解。对待认识问题的这种态度，标志着库萨是第一个现代思想家。① 他迈出的第一步在于，他不仅追问上帝，也追问关于上帝的知识的可能性。在哲学和思辨神学迄今对这个根本问题的回答中，没有一个令库萨满意。一旦人们意识到知识的单纯概念以及包含于其中的预设，这些回答就都失效了。一切知识都预设了一种比较，而更确切地理解的话，比较又无非是一种度量（Messen）。任何内容相互间若要加以度量，这一程序的第一个必不可少的前提就是同质性（Homogeneität）这个条件。它们必须被还原为同一种度量单位（Maßeinheit），必须能够被设想为从属于同一种大小秩序（Größenordnung）的。但是只要被设定成认识目标和认识对象的，不再是有限者、有条件者、单个之物，而是一个绝对对象，这个条件便恰恰无法满足。这个绝对对象按照其本质和定义来看，是超出于比较和度量的一切可能性以及知识的一切可能性的。如果所有经验性认识与度量的特征就在于，通过一组特定序列的操作，通过一组有限的思维步骤，将一个大小还原到另一个大小，将一个要素还原到另一个要素，那么面对无限者，任何一种这样的还原都没有用武之地。"有限者与无限者不成比例"（*Finiti et infiniti nulla proportio*）：有限者与无限者之间的距离将一如既往，无论我们在两者之间填入多少中间环节。没有思维的任何理性的方法，没有任何"推理式的"、对一个接一个的要素进行排列和加以贯穿的程序，能够填满两端之间的

① 在我关于认识问题的那本书（指《近代哲学与科学中的认识问题》——译者按）里对这个问题有进一步的论述，参见第 3 版，第一章，第 21 页起。关于库萨学说的最新的细致研究也证实了库萨的上帝学说与他的认识论之间的这种整体关联。"库萨哲学体系的拱心石"（La clef de voûte du système philosophique de Nicolas de Cues），范斯汀伯格（Vansteenberghe）这样评价说，"是他的知识理论，而在这一点上他十分现代"（et en cela il est bien moderne, est sa théorie de la connaissance）（《红衣主教尼古拉·库萨》[*Le cardinal Nicolas de Cues*]，巴黎，1920 年，第 279 页）。

裂隙，从一端走到另一端。①

在《论有学识的无知》一书的这几句简洁又直率的开场白中，就已经完成了一个至关重要的转向。因为现在用一种独一无二的清晰分割，解开了在此之前把经院主义神学与经院主义逻辑学相互捆绑在一起的纽带。逻辑学在它迄今为止的形式中并未成为思辨的上帝学说的工具论。当然经院主义的发展本身在此已经为库萨的结论做了铺垫工作：奥卡姆②的唯名论以及与之关联的经院主义的"现代"流派就已经一方面松动了逻辑学和文法之间的关联，另一方面也松动了存在于实在论的经典体系当中的神学与形而上学之间的关联。③然而现在出现了一场更加彻底得多的分离，因为

12

---

① 参见《论有学识的无知》，第1卷，第1章："Omnes …investigantes in comparatione praesuppositi certi proportionabiliter incertum judicant. Comparativa igitur est omnis inquisitio, medio proportionis utens, ut dum haec quae inquiruntur propinqua proportionali reductione praesupposito possint comparari, facile est apprehensionis judicium; dum multis mediis opus habemus, difficultas et labor exoritur. Uti haec in Mathematicis nota sunt, ubi ad prima notissima principia priores propositiones facile reducuntur et posteriores, quoniam non nisi per medium priorum, difficilius. Omnis igitur inquisitio in comparativa proportione facili vel difficili existit, propter quid infinitum, ut infinitum, cum omnem proportionem aufugiat, ignotum est."

② 奥卡姆(Wilhelm von Ockham，约1288—1347)，晚期经院主义中著名的中世纪哲学家、神学家。——译者注

③ 然而由奥卡姆的基本学说系统地引发并在特定的界限内完成了的这一松动，却根本没有导向两个环节的相互分离，更有甚者，即便在"现代派"(moderni)的阵营里，在各所大学占据支配地位的教学活动里，那些奥卡姆试图去划清的界限都又随即模糊不清了，以上事实最近在里特(Gerhard Ritter)关于14和15世纪"古代之路"(via antiqua)与"现代之路"(via moderna)之间的争论的透彻研究中得到了证实(《晚期经院主义研究》，含两部分：一、英海因[Marsilius von Inghen]和德国的奥卡姆学派；二、15世纪德国大学中的"古代之路"和"现代之路"。参见《海德堡科学院会议报道——哲学—历史学类》，1921—1922年)。"我们一步步追踪了，"里特这样总结(参见《晚期经院主义研究》，第2部分，第86页起)他的研究成果，"奥卡姆激进的认识论命题是怎样在其追随者口中变得越来越没有危害的。尽管有某位热尔松(Johannes Gerson)的立场几乎接近如下这种洞见的边缘，这一洞见构成了奥卡姆独创性思想活动的最强动机：宗教知识自身的根源存在于和自然理智全然不同的精神领域中，因此对宗教知识来说，神学—形而上学的思辨弊大于利。倘若这个思想能得到强力贯彻的话，可能在实际上就会导致经院主义的终结了。但这种局面长久以来还没有形成。热尔松本人还只能部分地挣脱宗教性—教条性考察和形而(转下页)

基于排中律的亚里士多德逻辑学，也由此向库萨表明它只是一种有限者的逻辑学，在问题涉及对无限者的直观时它就不可避免地失效了。[1]它的所有概念都是比较性概念：这些概念都基于如下这一点，即相同者和相类似者要联合起来，不同者和不类似者要相互区分开来。在这条比较与区分、分类与划界的道路上，所有经验性存在都在我们面前分解为特定的属和种，这些属和种相互之间处在由上下级秩序构成的某种固定关系中。逻辑思维的一切技巧都是为了使概念的各个层面之间的这种相互交融清晰可见。为了通过另一个概念去规定某一个概念，我们就必须贯通位于这两个概念之间的整个一连串的中间环节——如果这些中间环节没有向自然思维直接显露，我们就必须借助三段论程序去发现它们，以便用这种方式将抽象者与具体者、普遍者和特殊者都收拢进思维的一种特定的秩序中。这一秩序对应于存在的秩序：它在概念的阶序划分中再现出存在的阶序。但是——库萨如今提出异议——即便用这一方式，有限者的类似性与差异性、一致与对立能够被把握，可是那自身超出于一切比较的绝对者和无条件者，却绝不会被捕捉进逻辑的类概念的这个网络中。经院主义思维的内容与其形式相矛盾；两者都在相互排斥对方。如果存在着去思维绝对

（接上页）上学一逻辑考察之间的那种内在交织，这一交织构成整个经院主义思维的内核……他并没有怀疑那些抽象化逻辑概念构造的现实意义。此外，对英海因哲学与神学著作的研究向我们展示出一个完全封闭的科学体系，它以唯名论为基础，却主张着盛期经院主义形而上学与神学的全部本质性立场。"如果人们注意到里特研究的这一成果，那么从这个方面出发就能看到，库萨在他的第一部著作中就已经在多大程度上超出了他的海德堡的那些奥卡姆主义的老师能够教给他的东西了。

[1] 尤其可参见库萨针对他的经院主义对手、来自海德堡的文克（Johann Wenck）所做的评论："Cum nunc Aristotelis secta praevaleat, quae haeresim putat esse oppositorum coinciden-tiam, in cujus admissione est initium ascensus in mysticam Theologiam. in ea secta enutritis haec via ut penitus insipida quasi proposito contraria ab eis procul pellitur, ut sit miraculo simile, sicuti sectae mutatio, rejecto Aristotele eos altius transsilire."《对有学识的无知的申辩》，第64页起。

者、无限者的可能性，那么这种思维无论如何都不能也不会沿用传统"逻辑学"的拐杖，因为借由传统逻辑学，我们一向只能被从一个有限物和限定物引导到另一个，而根本无法被引导到有限性和限定性的整个领域之外去。

于是现在任何类型的"理性"神学都被摒弃了——取而代之的是"神秘主义神学"，然而正如之前库萨超越传统的逻辑学概念一样，他现在也超越了传统的神秘主义概念。因为被他用来否定在逻辑抽象和类概念中把握无限者的那种做法的同一种规定性，也被他用来否定在单纯感觉中把握无限者的可能性。15 世纪的神秘主义神学中有两个尖锐对立的基本流派，其中一派援引理智，另一派援引意志，来充当灵魂的基本力量以及与上帝合一的官能。在这场争论中库萨果断地站在前一派这边。真正的上帝之爱（Gottesliebe）是对于上帝的理智之爱（*amor Dei intellectualis*）：它将知识作为必要环节和必要条件包含于自身中。因为没有人能够去爱他此前在任何意义上都没有理解的东西。绝对的爱作为没有任何知识混入进来的单纯情感，其本身就是一种矛盾：凡是一直被爱的东西，因此都被置于善的理念之下，它是"在善的考虑下"（*sub ratione boni*）被理解的。关于善的这种知识必定催促和鼓舞意志，尽管自在的善的单纯本质始终是知识本身无法通达的。这样 14 一来，知识和无知就合一了：于是有学识的无知这一原则就重新确证自身为"认识着的无知"（wissender Unwissenheit）。[1] 而且与此

---

[1] 对此尤其可参见库萨于 1452 年 9 月 22 日写给艾因多弗（Gaspard Aindorffer）的书信："In sermone meo primo de spiritu sancto … reperietis quomodo scilicet in dilectione coincidit cognitio. Impossibile est enim affectum moveri nisi per dilectionem, et quicquid diligitur non potest nisi sub ratione boni diligi … Omne enim quod sub ratione boni diligitur seu eligitur, non diligitur sine omni cognitione boni, quoniam sub ratione boni diligitur. Inest igitur in omni tali dilectione, qua quis vehitur in Deum, cognitio, licet quid sitid quod diligit ignoret. Est igitur coincidentia scientiae et ignorantiae, seu doctae ign orantiae." 那种与此相对的立场，即一种（转下页）

同时，把这一原则与任何一种"怀疑"区分开来的那个环节就在这里凸显出来了。因为如果"有学识的无知"在消极的意义上强调绝对者与任何一种形式的理性的、逻辑概念的认识之间的对立，如此看来这里也同时包含着一个积极的要求。那无条件的神性存在，拒绝那种借助单纯概念的推理知识，而要求一种新的认识方式和新的认识形式。对它进行把握的真正官能是理智直观（*visio intellectualis*），在其中逻辑的各个种和各个属之间的所有对立都被消除了，因为我们在理智直观中，看到自己超出存在的所有经验差别并超出存在的所有单纯概念性区分，而置身于它的单纯本源中，置身于那个先于一切区分和一切对立的原点中。在这种方式的观看中，且仅仅在这种观看中，才能实现真正的上帝的父子关系（*filiatio Dei*），而这正是经院主义的神学在推理概念的道路上徒劳地追寻并自认为在一定程度上勉强达成了的目标。[①] 即使在"父子关系"这一思想中，库萨处处接续着中世纪神秘主义的那些基本宗教动机，但仍有特别之处，即库萨给予它们一种转向，这种转向是与他那种新颖的、对绝对者和有限者关系的总体直观相对应的。如果说在狄奥尼修斯法官那里，"圣化"（θέωσις）依照阶序的原则，在一种完全规定了的层级序列（Stufenfolge）中完成了运动、照亮和最终的合一，那么对于库萨来说，圣化是一个统一

（接上页）纯粹的情感神秘主义与意志神秘主义，由库萨的对手阿格斯巴赫（Vincent von Aggsbach）以极具特色的方式针对库萨而主张着。关于这一争论可以进一步参见范斯汀伯格的《〈论有学识的无知〉的作者——关于15世纪神秘主义神学的一场争论》（*Autour de la docte ignorance. Une controverse sur la théologie mystique au XVe siècle*），明斯特，1915年，其中也收集了这场争论的个别文件（所引用的库萨书信，参见《对有学识的无知的申辩》，第111页起）。

① 尤其可参见《论上帝的父子关系》（*De filiatione Dei*）一书（《库萨著作集》，第119页）："Ego autem … non aliud filiationem Dei quam Deificationem quae et θέωσις graece dicitur, aestimandum judico. Theosin vero tu ipse nosti ultimitatem perfectionis existere, quae et notitia Dei et verbi seu visio intuitiva vocitatur."

的行动，在其中人将自身置于与上帝的直接关系中。但是另一方面，人获得这种关系并不是通过一种单纯的出位（Ekstase）、一种出神（Entrückung），而是理智直观就已经预设了精神的自我运动，预设了精神本身当中的一种原初力量，以及它在某种连续不断的思维劳作中的展开。于是为了说明理智直观的意义和目的，库萨不仅借助消极沉思（Kontemplation）这种神秘主义形式，还更多地借助了数学。对于库萨来说，数学成了思辨思维和对对立面的思辨性综观的真正的和唯一真实且"精确"的标记。"我们的知识中没有比数学更精确的东西了"（*Nihil certi habemus in nostra scientia nisi nostram mathematicam*）：凡是数学语言失效的地方，对于人类精神而言就根本没有任何可把握的和可认识的东西了。① 如果说库萨的上帝学说由此拒绝了服从矛盾律与排中律的经院主义逻辑学、类概念逻辑学，那么与此相反，它就需要一种新类型的数学逻辑学，这种逻辑学不仅不排斥对立面的相合，它毋宁恰恰需要相合本身，需要绝对极大与绝对极小的相合（Zusammenfallen des Absolut-Größten und des Absolut-Kleinsten）来作为不断前进的知识的恒常原则和必要工具。

借助这种逻辑学就在实际上踏上了一条神 – 学（Theo-Logie）的新道路，这条道路注定要跨越中世纪思维方式的边界，也因此要跨越中世纪世界图景的边界：如果人们不仅仅试着系统地理解库萨的方法的独特性，而且试着在思维的普遍历史性整体关联中、

---

① 参见《关于能 – 在的三人谈》（*Dial. de posset*）（《库萨著作集》，第 259 页）："Omnium operum Dei nulla est praecisa cognitio, nisi apud eum, qui ipsa operatur et si quam de ipsis habemus notitiam, illam ex aenigmate et speculo cognito mathematicae elicimus … Si igitur recte consideraverimus, nihil certi habemus in nostra scientia, nisi nostram mathematicam, et illa est aenigma ad venationem operum Dei." 尤其可参见《论数学之完美》（*de mathematica perfectione*），《库萨著作集》，第 1120 页起。

在哲学史和普遍精神史的整体关联中确定这一方法的位置，这一点将再清楚不过。如同整个 15 世纪一样，库萨也站在时代的转折点上，在那里精神史发现自身面临一个巨大的抉择，即柏拉图与亚里士多德之间的抉择。当然，似乎老一辈的人文主义已经先行处理过这一抉择：彼特拉克在《声誉之凯旋》中已经把柏拉图描绘为哲学家之最，而亚里士多德只能以适当的距离追随其后。[①] 但是，指引他做此选择的不是原则方面的理由，而是文学艺术方面的理由：柏拉图"如天神一般口若悬河"，彼特拉克通过西塞罗和奥古斯丁的证词已有所领略，对他而言这就确保了柏拉图哲学的优先性。[②] 相反，库萨或许是第一个对柏拉图学说的主要的和基本的文本获得了独立洞见的西方思想家。他外在的生命历程已经为他指引了这条道路：毕竟他是那样一个使团的领袖，他们从巴塞尔宗教会议动身前往希腊，并将那个时代的重要希腊思想家和神学家带回了意大利。库萨最初在帕多瓦求学的时代起就已经掌握了希腊语，那么库萨在与这些人，与普莱图[③]，贝萨里翁[④]等人的交往中获得了多少对柏拉图文本的认识与直接、生动的直观，也就很容易估量了。他此后的作品也都表明他与这些文本处在持续的接触与持久的思想交流中。尤其是——正如《论精神》(*De mente*)

---

① 彼特拉克：《声誉之凯旋》(*Trionfo della fama*)，第 3 章：

　　Volsimi da man manca; e vidi Plato,

　　Al quale aggiunge, cui dal cielo è dato.

　　Che in quella schiera andò piu presso al segno

　　Aristotelé, poi, pien d'alto ingegno.

② 有关彼特拉克与柏拉图的关系，可进一步参见沃伊特：《古典古代的复兴》，第 2 版，第 1 卷，第 82 页起。

③ 普莱图 (Georgios Gemistos Plethon, 1355/1360—1452)，柏拉图主义传统下的希腊哲学家。——译者注

④ 贝萨里翁 (Basilius Bessarion, 1399/1408—1472)，拜占庭神学家、人文主义者和红衣主教。——译者注

这本"平信徒"（*Idiota*）① 系列的第三部作品所教导的——柏拉图《理想国》在方法论上至关重要的中间几卷对库萨的影响最为强烈。② 如果人们进一步去衡量这种影响对这样一个灵魂的作用，他从一开始就沉浸于新柏拉图主义的思辨中，从托名狄奥尼修斯的作品中，从赫尔墨斯派的书本中，从普罗克洛斯③ 那里获取养料，那么人们就可以理解那个必定由此产生并开始势不可当地逼近某种解答的问题了。那种在中世纪知识和思维中无处不在的混杂状态，即柏拉图的思想动机和新柏拉图主义的思想动机的混杂状态，现在再也无法让人满意了。在这样一个思想家那里，他不仅经受过哲学和数学的训练，也经受过人文主义—语文学批判的训练，他在自己的劳作中发现和确保了这种批判的最初的一些重要结论——在这样的一位思想家那里，现在不再有柏拉图的动机与新柏拉图主义动机的简单并存（Nebeneinander）了，现在一切都必定追求它们之间的某种争执（Auseinandersetzung）。库萨并未赋予这种争执清晰的文献形式，正如他也没有亲自参与到那场由普莱图的著作《亚里士多德与柏拉图有何区别》（*περὶ ὧν Ἀριστοτέλης πρὸς Πλάτωνα διαφέρεται*）所引起的著名的文献争论中去。代替语文学的批评，库萨在这里所完成是更为深刻、成果更丰富的系统性批

17

---

① 平信徒（*idiota*，die Laien）指的是没有教会职务的一般基督徒，他们通常文化程度不高，甚至根本没受过教育。但在库萨看来，这些人不是没有智慧的，他们反而因为没有知识虚荣的蒙蔽，而更能领会信仰的真谛。为此库萨专门写了三篇以"平信徒"为名的对话，它们分别是：《平信徒论智慧》（*Idiota de sapientia*）、《平信徒称量实验》（*Idiota de staticis experimentis*）和《平信徒论精神》（*Idiota de mente*）。——译者注

② 在保留下来的库萨藏书中除了《理想国》之外还有《斐多》《申辩》《克里同》《美诺》和《斐德罗》。似乎在此之外库萨还尤其受益于《巴门尼德》，他通过普罗克洛斯（Proklos）的《评注》认识了这一作品。可进一步参见范斯汀伯格：《〈论有学识的无知〉的作者》，第 429 页起。

③ 普罗克洛斯（Proklos，希腊文作 Πρόκλος，拉丁化写法为 Proclus，412—485），古希腊晚期哲学家和博学者，新柏拉图主义的代表人物，曾主持雅典的新柏拉图学派长达近半个世纪，教学工作繁忙，写有大量著作，包括柏拉图著作的评注。——译者注

评。库萨的思辨成为一个战场，那些在中世纪哲学中无差别地相互过渡与遭遇的思想要素，现在在这个战场上才了解自身并相互度量。从这种斗争中——而不是从普莱图与贝萨里翁的，以及加扎^①与特拉佩崇特^②的文献争论中——形成了对柏拉图主义之原初意义的一种新的方法论上的澄清，一条新的精神分界线仿佛也一方面出现在柏拉图和亚里士多德之间，另一方面出现在柏拉图和新柏拉图主义之间了。

柏拉图的世界图景是以在感性世界和理智世界之间、现象世界和理念世界之间所进行的尖锐划分为特征的。两个世界，"可见者"（ὁρατòν）的世界和"不可见者"（νοητòν）的世界，它们彼此并不处在同一个层面上，因此不容许任何种类的直接比较。或者不如说，其中任何一个都是另一个的完全对立者（ἕτερον）：所有我们归于其中一个的谓词，都恰恰因此便必须从另一个那里剥夺掉。由此，"理念"的所有特征都从现象的特征中以反题的方式被推导出来。如果现象被刻画为不息的流动，那么理念就适合用长久的持存来刻画；如果现象按照其本性绝不是一个，而是在那试图把它留住的目光面前变为某种复多之物，一刻不停地变幻成别的样子，那么理念就坚守于与其自身的纯粹同一性中。如果理念的特征是对意义恒定性（Bedeutungskonstanz）的要求，并完全被这一要求规定，那么感性现象的世界就远离了一切这类规定，甚至远离这类规定的单纯可能性：在它当中没有任何东西是真正存在者（wahrhaft-Seiendes），是真正的一（wahrhaft-

---

① 加扎（Theodorus Gaza，1410—1475），拜占庭流亡者，希腊文献在意大利的复兴者。——译者注
② 特拉佩崇特（Georg von Trapezunt，1395—1472 或 1484），希腊学者与哲学家，希腊文献在意大利的复兴者，亚里士多德哲学的捍卫者。——译者注

Eines），是某物（Etwas）或有任何特质的某物（ein irgendwie-Beschaffenes）。在这一基础上，知识（ἐπιστήμη）就与意见（δόξα）分离了：前者指向始终存在者（immer-Seiende）和始终以同一种方式表现者（immer in derselben Weise sich Verhaltende），后者则指向我们心中的各种知觉、想象与图景的单纯流动。一切哲学，无论理论的还是实践的哲学，无论辩证法还是伦理学，都在于有关这一对立的知识（Wissen）：消除这一对立，以某种方式使其和解，就意味着消除哲学本身。谁否认这种二重性，他就因此毁灭了知识本身的前提——他就摧毁了判断的意义和内涵，由此也摧毁了科学"探讨"的全部力量（διαφθερεῖ πάσαν τὴν τοῦ διαλέγεσθαι δύναμιν）。现象和理念，现象的世界和本体的世界，可以在思想中相互关联起来，其中一个能够也应当以另一个来衡量；但在它们之间从不发生任何"混合"，其中一个的本性与本质从不过渡为另一个的本性与本质，仿佛还存在着使它们双方相互融合的任何一条共同的边界线似的。两个世界的分离（χωρισμός）是不可取消的；真正存在者（ὄντως ὄν）和存在物（ὄντα）、理（λόγοι）和物（πράγματα）并不结合起来，理念的纯粹"意义"同样也不能作为一种个别的"定在之物"（Daseiendes）被给予，或者说单纯的定在也无法凭其自身便具有某种观念性意义、某种持久的意义内容或价值内容。①

亚里士多德对柏拉图理念学说的批判，始于他对"定在"领域与理念性"意义"（Sinnes）领域之间的这种分离的不满。现实是一：怎么能够用两种不同的、其中的一个与另一个严格对立的认识方式去把握它们呢？"质料"与"形式"之间、"生成"与"存

18

---

① 可进一步参见我在《哲学教程》（*Lehrbuch der Philosophie*）（德索瓦［Max Dessoir］编，柏林，1925 年）中对希腊哲学的描述，尤其参见第 1 卷，第 89 页起。

在"之间、"感性物"与"超感性物"之间的对立，还可以继续这样扩展下去——只有当存在着从一个极过渡到另一个极的中介的时候，对立才能够作为对立被领会。所以对于亚里士多德来说，发展（Entwicklung）概念就成为基本范畴和解释世界的一以贯之的原则。我们叫作现实的东西，无非是那同一个作用整体关联（Wirkungszusammenhang）的统一性，在这个作用整体关联中一切有差异者都作为发展过程的某个特定的阶段和层级被包含在内了。如果哪里还存在两个如此"异质的"存在种类和存在方式，我们就只需要考量这个统一性的、动态的过程，以便把它们关联到这个过程里或者在这个过程中使它们和解。柏拉图意义上的"现象"与"理念"之间的界限消失了，因为"感性之物"和"理智之物"、"较低者"和"较高者"、"神圣者"和"世俗者"相互之间处于一种独一无二的、持续的作用联结之中。世界是一个自身封闭的天球，其中只有程度层级上的细微差别。从宇宙的那个神圣的、不动的推动者出发，力量流溢到最外层的天体圆周（Himmelskreis），以便从这里开始在持续的、有规则的序列中，将自身分布到存在之整体，以便通过那些相互嵌入的天体层面的中介，将自己分给较低的、月下的世界。不论开端与终点之间的距离有多远，在这条从开端通向终点的道路上始终没有任何断裂，没有绝对的"开始"或"停止"。因为这是一个有限的和连续的空间，一个在完全确定的、明确的阶段中可以加以测量的空间，它分开开端和终点，正是为了重新将两者相互联结起来。

普罗提诺① 和新柏拉图主义试图统一柏拉图思想和亚里士多德思想的基本动机；但从体系的角度来看，他们只是对这两者进

---

① 普罗提诺（Plotin，希腊文作 Πλωτῖνος，拉丁文作 Plotinus，205—270），古代哲学家，新柏拉图主义哲学的代表人物，以《九章集》（Ennead.）及 "流溢说" 闻名。——译者注

行折中混杂。新柏拉图主义的体系被柏拉图的"超越性"思想所主导，即理智之物与感性之物之间的绝对对立的思想，这一对立完全被柏拉图式的措辞所描述，在表达上甚至还超过了柏拉图。但是与此同时，因为亚里士多德的发展概念也被接受和沿袭，那种对于柏拉图的体系来说不可消除的辩证张力就自行缓解了。柏拉图的超越性范畴和亚里士多德的发展范畴共同产生出"流溢"（Emanation）这个混杂概念。绝对者作为超－有限者（Über-Endli-che）、超－者（Über-Eine）、超－存在者（Über-Seiende），纯粹地保持于自己本身中；但是它并不因此就放弃借助那种来自于它之内的充盈（Überfluss），而从自身出发，并在这充盈中产生出多种多样的世界，直至下降到作为非－存在（Nicht-Sein）之最终边界的那个全无形式的质料。对托名狄奥尼修斯著作的考察向我们表明，基督教的中世纪如何接受了这个前提，以及如何在它自己的意义上改造了这个前提。中世纪由此所获得的是层级式中介这个基本范畴，这个范畴一方面使得神圣的超越性得以继续存在，以便另一方面在诸概念的阶序和精神力量的阶序这种思想中，既在理论上也在实践上去掌握神圣的超越性。在教会的救赎秩序与生活秩序的奇迹当中，超越性现在不仅被承认也被克服了——在奇迹中，对于人类来说，不可见者可见了，不可理解者可被领会了。

　　库萨在他的所有思想和著作中都还极深地扎根于中世纪精神和中世纪生活的这种总体直观中。多个世纪的思维劳作在基督教的信仰内容和亚里士多德体系、新柏拉图主义体系的理论内容之间所建立的纽带，还过于紧密，以至对于一个牢牢坚持这种信仰内容的思想家来说，这个纽带不会在一击之下就瓦解。对于库萨来说，此外还有一个环节，使得库萨与那些以前的、伟大的经院主义体系的关联不仅得到解释，而且表明它几乎是不可避免的。 20

这些体系不仅规定了哲学思维的内容，也规定了它的形式：它们创造出了那唯一一种使得自我表达得以可能的语言。人文主义当然也曾尝试在这一点上攻击经院主义：人文主义以为，通过指责后者那"野蛮的"拉丁语的错误之处与毫无品味，它就能够战胜经院主义的精神。库萨尽管如此亲近人文主义的基本趋向，却并没有在这条道路上追随它。这里他已经作为一个德国人，感觉到自己从一开始就与那些伟大的风格艺术家（Stilkünstlern）、那些掌握了人文主义的雄辩的大师们分道扬镳了。对于库萨来说，他与那位皮科洛米尼①之间，与瓦拉之间，与所有那些"天生的拉丁人"之间，正如他所感觉到和表达出来的，是不可能有什么争论的。但是他并不以这种不足为意：在比较朴素和低级的表达方式中（humiliori eloquio），就已经可以说出最纯粹和最精微的意思了。②但是现在，正是库萨对经院主义"风格"的坚持，也自然给他带来一种内在的、实际的困难，并给他提出一种新的、实际的任务。因为现在对他的要求是，在流行的哲学概念语言的边界内，在经院主义术语的边界内，表达一种在其真正内容与趋向方面都要超出经院主义界限的思想。库萨那种奇异的拉丁语，它一方面是晦涩的、难以捉摸的和迟缓的，另一方面它自身中蕴含着一个又特别又新颖的措辞的宝藏，它常常只用一个词语，一个唯一的、打

---

① 皮科洛米尼（Enea Silvio Piccolomini，1405—1464），意大利神职人员，后成为教皇庇护二世。——译者注

② "Verum et eloquio et stilo ac forma litterarum antiqua videmus omnes delectari, maxime quidem Halos, qui non satiatuntur disertissimo (ut natura Latini sunt) huius generis latiali eloquio, sed primorum vestigia repetentes Graecis litteris maximum etiam studium impendunt. Nos vero Alemanni, etsi non longe aliis ingenio minores ex discrepanti stellarum situ essemus effecti: tamen in ipso suavissimo eloquii usu, aliis plerumque non nostro cedimus vitio, cum non nisi labore maximo, tamquam resistenti naturae vim facientes, Latinum recte fari valeamus." 出自库萨《论天主教的和谐》（De concordantia catholica）一书的前言，参见《库萨著作集》，第683页起。

上幸运标记的术语，就闪电般地把那个推动着他的、伟大的基本问题的全部思辨的深度都照亮了——只有从库萨面对中世纪时所处的整个精神的情境出发，才能够理解他的拉丁语。以他所有作品中都很显眼的那种表达进行的持续角力，仅仅是一个征兆，表明经院主义哲学那个强劲的思想总体现在如何开始脱离它的教条僵化状态了——表明它绝不是被弃置一旁，而毋宁是被吸收进一种全新的思想运动中了。这个运动的真正目的，在库萨的著作中有时候只是隐晦地表示，有时候又以出乎意料的清晰度向我们呈现出来，它的表现形式是，从今往后在"感性物"和"超感性物"之间，在"经验"世界和"理智"世界之间有一种新的关系被建立起来了——对这种关系的系统考察和领会又将我们引向纯正柏拉图式的基本概念，指引到分离（χωρισμός）和分有（μέθεξις）的概念。① 《论有学识的无知》这部作品的最初几句话就已经表明，思维穿透存在的世界的那种裁切，是以一种不同的方式，并在和经院主义经典体系中的视角不同的另一种视角之下被推进的。库萨重新十分严肃地对待柏拉图的这句话，即善（das Gute）位于"存在之外"（ἐπέκεινα τῆς οὐσίας）。凡是从经验中现有的东西出发，在持续的进展中从一个经验物连接和关联到另一物的这种推理序列，都不能够通达善。因为每一个这类思维都是在一种单纯的比较中，因而是在"更多"和"更少"的范围内运动。这样的比较怎么可能把握住那个东西，它超越于一切比较，它不只是相对大和更大，

21

---

① 这些概念从其最初的、符合柏拉图本意的含义来看，与中世纪的全部思维保持着且必然保持着距离，以及为何会如此，这些问题霍夫曼（Ernst Hoffmann）最近在一篇杰出的论文中阐述过了：在此我只需提醒读者注意他的阐述。（《柏拉图主义与中世纪》["Platonismus und Mittelalter"]，《瓦尔堡图书馆演讲集》[*Platonismus und Mittelalter, Vorträge der Bibliothek Warburg*]，萨克斯尔[Fritz Saxl]编，第3卷，莱比锡，1924年，第17页起。）

而且是绝对的最大（das schlechthin Größte），是"极大"（Maximum）?
在这里不要误解极大这个表达：它关心的，比如说，并不是要去
建立起一个与之前的比较级（Komparativ）关联着的最高级（Super-
lativ），应该被坚持的反而是，与每一个哪怕仅仅是可能的比较之间，
与每一种单纯在量的意义上分出层级的程序之间的那种无条件对
立。极大不是一个大小概念，而是一个纯粹的质的概念：它是存
在的绝对根据，正如它是知识的绝对根据。[①]任何单纯量化的程序，
任何渐进的层级分划，都无法填满存在之根源与经验性的定在之
间的那个鸿沟。任何度量、任何比较和任何推理，都只在定在的
线路上开展，也都在这个回路里结束：在经验物的范围内，它可
以被推进到难以确定的广度，但是通向不确定者（Unbestimmte）
的这种无穷的进展并不能把握无限者（Unendliche），无限者毋宁
是规定（Bestimmung）的绝对极大。于是，"无定者"（Indefinites）
和"无限者"（Infinites）在库萨这里清楚地区分开了。在受限定者
（Bedingten）和可以无穷地进一步受限定者的世界与无条件者的世
界之间存在的唯一关系，就是完全相互排斥的关系。可用于无条
件者的唯一容许的称谓，来自对所有经验性谓词的否定。"他异性"

---

① 此外在这里值得一提的还有，即便在柏拉图那里，善的理念——它既是最高的实
在根据也是最高的认识根据——是以"极大"这个表达来称呼的：它是最大的教诲
（μέγιστον μάθημα）（柏拉图：《理想国》，第6卷，505A）。关于库萨将经验性存在刻画
为"更多与更少"（μᾶλλον τε καὶ ἧττον）的领域的做法是否直接取自柏拉图，这个问
题还是存疑的：我在他的著作中并未找到直接的证据表明他读过《斐勒布》——在
那篇对话录中，这一规定得到了系统的贯彻。但恰恰当人们假定他独立塑造了他的
思想和表达时，这就越发显明了应当在这里被建立起来的那种方法上的整体关联。
此外，库萨称赞柏拉图是唯一一位在对上帝的认识方面发现了"有学识的无知"这
条真正的道路的思想家："Nemo ad cognitionem veritatis magis propinquat, quam qui intelligit
in rebus divinis, etiam si multum proficiat, semper sibi superesse, quod quaerat. Vides nunc venatores
Philosophos ... fecisse labores inutiles: *quoniam campum doctae ignorantiae non intrarunt. Solus
autem Plato, aliquid plus aliis Philosophis videns, dicebat, se mirari, si Deus inveniri et plus mira-
ri, si inventus posset propolari.*"《论寻求智慧》（*De venatione sapientiae*），第12章，第307页。

（ Andersheit，柏拉图那里的 ἕτερον）的动机，以其全部的尖锐性出现在我们面前。想要在感性之物和理智之物之间找到任何一种"类同性"（ Ähnlichkeit）都是徒劳的。感性的圆，感性的球，绝不可能吻合于两者的纯粹概念，而必然落在概念后面。我们可以将感性之物关联到观念之物（ das Ideelle）上，我们可以确定，一个给定的、可见的存在，以或多或少的精确性满足那个本身不可见的球的概念或者圆的概念：但是在"摹本"（ Abbild）和"原型"（ Urbild）之间的原则性区别并没有因此被消除。因为原型的纯粹真理正是由此被规定的，即对于它来说没有任何"更多"或"更少"：谁如果试图在现实中或思维中从它那里抽走哪怕最微小的东西，他就由此在其本质性上把它摧毁了。与此相反，感性之物不仅可以承受这种无规定性，而且它在其最为特有的本质里具有这种无规定性；只有它被赋予一个存在，它才在生成、这样－存在（ So-Sein）和别样－存在（ Anders-Sein）的来回往复的无穷尽性当中"存在"。"因为显然在无限者和有限者之间不产生任何关系，那么由此看来也非常清楚的是，只要哪里还有某个超越者和被超越者，人们就绝不可能达到绝对极大。因为那个超越者，如同那个被超越者一样，是有限的，但绝对极大必然是无限的。如果还有某个不是这个绝对极大的东西，那么很明显对于它来说就总是可以找到一个更大的东西。所以没有两个或多个事物，互相之间如此相同或类似，以至于无法再找到更加类似的事物，如此以至于无穷。不管尺度与被度量者相互之间能够多么接近，它们之间却始终保留了一种差别。因此有限的知性（ Verstand）便不能凭借现实的精确性方面任何一种如此巨大的相似性来认识事物的真理。因为真理不是更多也不是更少，原因在于真理存在于某种不可分割者之中……理智与真理之间的关系，好比多边形与圆的关系：正如多边形，它

23

的角和边越多，它就越接近圆，然而，即便人们使它的边和角增长到无穷，它也不会变成和圆一样，那么关于真理我们所知道的就无非是，它如其所是，对于我们来说无法以真正的精确性被把握到。因为真理是最绝对的必然性，它不能比它自己更多或更少；而我们的理智是单纯的可能性。"①

我们已经看到，按照这很少的几个强有力的句子，何以从受限制者到无条件者之间并没有简单的、持续的上升道路，从经验的、理性的"真理"到那个绝对的真理之间没有进展之路，以及何以经院主义逻辑学的形式和经院主义存在论的目标由此便被驳斥了。但是这个推理现在同时包含着一种特有的反转。将感性之物与理智之物，将经验、逻辑与形而上学分离开的那个切口，大概不仅切断了经验本身的生命线：毋宁说正是这个切口确保了经验的权利。之所以如此，是由于库萨以先前对待"分离"思想时相同的坚决和敏锐，在塑造"分有"思想。"分离"（χωρισμός）和"分有"（μέθεξις）并不相互排斥，而更多是一个只有通过另一个并且关联到另一个才能够被思维。在经验性知识本身的定义中，两个环节都必然被设定了，并且相互关联。因为，如果没有关涉一个理想的存在和一个理想的这样－存在，经验性的知识就是不可能的；但是经验性的知识并不是单纯地将这个观念之物的真理包含在自身内，不是将其作为组成部分（Teilbestand）纳入自身。经验之物的特性，正如我们看到的，是其无穷的可规定性（Bestimmbarkeit），而观念之物的特性是它的封闭性（Geschlossenheit），它的必然的和单义的确定性（Bestimmtheit）。但是，可规定性本身只有鉴于规定性而言才是可能的，后者才赋予它某种固定的形式和方向。这样

---

① 《论有学识的无知》，第 1 卷，第 3 章，第 2 页起。

看来，一切受限者和有限之物都以无条件者为目标，然而任何时候都不能达到那无条件者。这是存在于有学识的无知这个概念中的第二个基本动机。就上帝学说而言，这个概念说的是有学识的无知；就经验、经验性认识而言，它说的是无知的知识。经验藏匿着真正的知识——但是这种知识自然明白，不管它能进展多远，它都绝不可能达到一个绝对的目标和目的，而总是只能达到一个相对的目标和目的，在这个领域中没有真正的精确性（ praecisio ）独占鳌头，每一个再准确的陈述或者度量，都会被也应该被另一个更精确的度量超出。在这个意义上，所有我们的经验知识都永远只是"猜想"（ Vermutung ）；它只是一个端倪，一个假定，它从一开始就安于被其他更好的和更正确的端倪所克服。现在在这个"猜想"（ conjectura ）概念里，那个关于理念和现象之间的永恒的"他异性"的思想，与现象分有理念的思想直接合为一体了。库萨对经验性知识的定义只有通过这个联合才是可能的："猜想是一种肯定性的论断，它在他异性中分有着真理。"（ conjectura est positiva assertio in alteritate veritatem uti est participans ）[1] 这样一来，在否定神学之外，我们现在获得了一种肯定性的经验学说，且两者并不相互冲突，而只是将知识的那同一个基本见解从两个不同的方面表现出来。那个在其绝对存在中无法被把握的真理，只能在他异性的层面向我们展现自身；但是同样地，对于我们来说，没有任何他异性不在某种意义上指示着并分有着那个统一性（ Einheit ）。[2]

---

[1]《论猜想》（ De conjecturis ），第 1 章，第 13 节。

[2] "Identitas igitur inexplicabilis varie differenter in alteritate explicatur atque ipsa varietas concordanter in unitate identitatis complicatur ... Potius igitur omnis nostra intelligentia ex participatione actualitatis divinae in potentiali varietate consistit. Posse enim intelligere actu veritatem ipsam uti est, ita creatis convenit mentibus sieut Deo proprium est, actum illum esse varie in creatis ipsis mentibus in potentia participatum ... Nec est inccessibilis illa summitas ita aggredienda, (转下页)

我们必须放弃一切同一性（Identität），放弃把一个层面混同进另一个层面的每一种做法，放弃对二元论的每一种消除；然而正是这种放弃给予我们的知识相对的权利和相对的真理。它表明，用康德的话来说，我们的知识虽然有它永远不能跨越的界限，但是在分派给它的领域之内，对它而言是没有被设定任何界限的，即在他异性本身中，它可以而且应当自由而无拘无束地向着所有方面扩展自身。分离本身是那样一种事物，它由于防止合一，由于教导人们在另一个中看到这一个，在这一个中看到另一个，就保障了感性之物真正分有观念之物的可能性。

二

到此为止，我们只说出了库萨哲学最一般的方法上的原则——然而正是在这个原则当中已经包含了一系列的推论，关于具体的世界图景，关于如何理解物理的和精神的宇宙，这些推论具有决定性的意义。与上面提到的《论有学识的无知》和《论猜想》两部著作中的那些句子直接连接着的，是对于运动的相对性这个原则的阐述，以及关于地球的自行运动的学说。正如这种整体关联不容混淆地表明的，库萨达到这些命题，不是基于物理学的考量，而是基于思辨的和普遍—认识论的考量：这里说话的不是物理学家，而是了解"有学识的无知"的方法论的人。即便这样一来，对于经验性自然科学的历史学家来说，库萨的句子保留了某种陌生和奇异之处，从它们的推导和形式来看，似乎它们不仅带有经

（接上页）quasi in ipsam accedi non possit, nec aggressa credi debet actu apprehensa, sed potius, ut accedi possit semper quidem propinquius, ipsa semper uti est inattingibili remanente."《论猜想》，第 1 章，第 13 节。

验性研究的特征，而且更多地带有一种单纯"瞥见"（Aperçu）的特征，这样一来哲学的历史学家就不会因此而误入歧途。他的任务毋宁是表明在这种表面的概观中如何预设了库萨哲学的整体，以及在这里这个整体恰恰是如何在一项特定任务面前保持住了自身的。

为了深切把握库萨那些命题的特质及其源初的思想动机，在这里我们也必须从与中世纪物理学的对立出发。中世纪物理学仰赖亚里士多德关于四元素的基本学说；在宇宙构成中，它们中的每一个都被指派了一个完全特定的位置。火、水、气和土相互之间处于一种固定的、有规则的空间关系中，处于"上"和"下"构成的一种特定秩序中。每一种元素的本性为它自己规定了一段与宇宙中心点的特定距离。距离中心点最近的是土；土的任何一个部分，如果被从它的自然位置，从临近世界中心点的位置分离开来的话，都力求以直线运动的方式返回到那里。与此相反，"自在的"火的运动是指向上方的，因此它总是力求脱离中心点。在土的位置和火的位置之间是气和水所属的领域。物理学作用的普遍形式被这种位置秩序规定。物理的所有效应都是这样实现的，即发生了从一个元素向另一个与其邻近的元素的转化，以至火变成气，气变成水，水变成土。这种相互转化的原则，这种产生与消逝的规律，在所有尘世的事情上打上它的印记。超出这个尘世之上有一个不再服从这一规律的层面，它不知产生和消逝。天体的质料有它自己的存在，一种"第五存在"（quinta essentia），它在种类上与尘世间的那四种元素有本质差异。它们不发生质的转化，它们只具有一种可能的变化：纯粹的位移。因为在所有可能的运动形式中，最完满的运动必定属于最完满的物体，由此就得出，诸天体在围绕世界的中心点划出纯粹的圆周线。整个中世纪

26

始终主张这个体系具有无可争议的支配地位。当然，对"天界实体"的追问总是一再成为怀疑的诱因，并发生一些细节上的变形；但是基本观点本身在本质上不会被这些转变影响。司各特[①]和奥卡姆介入这个问题是当他们为如下命题辩护时，即甚至天体也是由一种质料组成的，这个质料本身和尘世质料一样，在自身之内包含着生成和过渡到另一种对立形式的可能性，但是没有任何自然力能强行引起这种变化。所以天界，即便不是凭借逻辑的必然性，却也凭借了事实的必然性，即便没有在概念上，却也在事实上，脱离了生成和消逝。那样的生成或消逝总是只能通过上帝对大自然的某种直接干涉，而不能通过大自然本有的种种力量出现。[②]

这种"经典的"亚里士多德式和经院主义式宇宙观在两个方面与库萨于其《论有学识的无知》中发展出的那个思辨性的根本原则相冲突。一方面，它是依照某种空间的等级来排列天界元素和尘世的四种元素的，这种等级同时也有某种价值等级的意味。一个元素在宇宙层级阶梯中所处位置越高，它就越接近世界的那个不动的推动者，它的本性也相应的越是纯粹和完满。但是库萨不再承认感性之物和超感性之物之间的这样一种远和近的关系。如果这距离本身是无限的，那么相对的、有限的区别就都消失了。因此每种元素、每种自然的存在，如果我们将其与存在之神圣本源加以比较，它便距离这个本源同样远也同样近。如今不再有任何"上"和"下"，而只有一个唯一的、自身同质的宇宙，这个宇宙作为经验的宇宙与绝对存在相对立，正如它另一方面也在经验

---

① 司各特（Johannes Duns Scotus，拉丁文作 Ioannes Duns Scotus，1266—1308），苏格兰经院主义神学家和哲学家。——译者注

② 就此还可参见经院主义内部有关天界实体的学说的进一步变化。迪昂（P. Duhem）:《论达芬奇》（*Etudes sur Léonard de Vinci*），第二系列，巴黎，1909 年，第 255 页起。

物的本性所允许的范围内，作为整体分有了绝对者。因为这种分有在原则上适用于所有定在之物，它就不能在一种较高的程度上被归于它的一个组成部分，在一种较低的程度上被归于它的另一个组成部分。并且由此也一举消除了较低的、月下的世界与较高的、天上的世界之间的那种价值对立。亚里士多德学派的物理学所假定的诸元素的层级阶梯被取代，代之出现的是阿那克萨哥拉的定律，即就物体的本性而言"万物在万物之中"（alles in allem）。我们所假定的不同的天体中的那种区别，并不是它们的实体方面的任何特定区别，而是基于那些到处都同类的、遍布全世界的基本元素之间混合的不同比例。如果我们可以飞到太阳上，我们也会发现，在太阳中除了火元素还有水、气和土的层次——正如对于一个从外在于和超出于地球之外的立脚点出发去观察地球的人来说，地球会呈现为一颗闪耀的星星。[1] 这里接续着第二个考量，在库萨看来，这种考量剥夺了亚里士多德和经院主义的宇宙论体系的全部真理价值（Wahrheitswert）。如果人们进一步观察这个体系就会认识到，它是由两种不同种类的、在终极目的上互不相容的组成部分拼接而成的。在这里观念之物混杂着经验之物，经验之物混杂着观念之物。天界的完满实体应该对应于一种完满的运动，一种精确的圆形轨道中的运动。但真正精确的东西，正如"有学识的无知"这个原则所教诲的，从不作为一种实际状况，作为一种现成的、可证明的东西，在事物的现实情形中被人遇到。它

28

---

[1] "In Sole si quis esset. non appareret illa claritas quae nobis: considerato enim corpore Solis, tunc habet quandam quasi terram centraliorem et quandam luciditatem quasi ignilem circumferentialem et in medio quasi aqueam nubem et aerem clariorem … Unde si quis esset extra regionem ignis, terra … in circumferentia suae regionis per medium ignis lucida stella appareret, sicut nobis, qui sumus cireacireumferentiam regionis Solis, Sol lueidissim us apparet." 《论有学识的无知》，第 2 卷，第 12 章，第 39 页起。

是且总是一种理想，我们为了认识起见，必须将物体及其运动关联到这个理想之上，但这理想却并不作为某种可感知的标记，直接存在于这些物体中的任何地方。[①] 因此正如宇宙并未显示出一个严格精确的环形轨迹一样，它同样并未显示出一个完满的球体：正如一切可以凭感官知觉到的东西一样，它还停留在不确定性的层面、单纯"多与少"的层面上。从这个方法上的前提出发，库萨达到了新宇宙论的一些本质性命题。地球是运动的和球形的——然而不管是它的形状还是它的运动，都不可用数学上的绝对精确性来规定。但由于它与可见的大自然中存在的一切其他东西都有落后于几何学概念的无限完满性这种缺陷，那么在这个大自然中，它就再也不能被称为某种低等的或可鄙的东西了。它毋宁是一颗高贵的星体，它得到了光和热，以及将它区别于其他一切天体的某种效应的眷顾——这正如一般而言在宇宙的整体关联之中并不缺少任何一个部分，每个部分毋宁都有其特别的作用方式，因此也就有其自身无与伦比的价值。[②] 在这种整体关联中，人们清楚地

① 可以说库萨就是出于这一考量而彻底改造亚里士多德的世界结构的，这一考量完全清晰而尖锐地在柏拉图那里出现了。参见《理想国》529D："苏格拉底：'因此，我们必须把天空的图画只用作帮助我们学习其实在的说明图，就像一个人碰巧看见了戴达罗斯或某一别的画家或画匠特别细心地画出来的设计图时那样。因为任何具有几何知识的人，看到这种图画虽然都会称羡画工的巧妙，但是，如果见到别人信之为真，想从图画上找到关于相等、成倍或其他比例之绝对真理，他们也会认为这是荒谬的。'格老孔：'怎能不荒谬呢？'苏格拉底：'一个真正的文学家在举目观察天体运动时，你不认为他会有同样的感觉吗？他会认为天的制造者已经把天和天里面的星体造得不能再好了，但是，他如果看到有人认为，有一种恒常的绝对不变的比例关系存在于日与夜之间、日夜与月或月与年之间，或还有其他星体的周期与日、月、年之间以及其他星体周期相互之间，他也会认为这种想法是荒谬的。它们全都是物质性的可见的，在其中寻求真实是荒谬的。'"（原注中的引文为希腊文，中译文采用郭斌和、张竹明译本，参见柏拉图：《理想国》，北京：商务印书馆，1986年，第295页。——译者注）

② "Terrae igitur figura est mobilis et sphaerica et ejus motus circularis, sed perfectior esse posset. Et quia maximum in perfectionibus, motibus et figuris in mundo non est, ut ex jam dictis patet, tunc non est verum, quod terra ista sit vilissima et infima … Est igitur terra stella nobilis, (**转下页**)

看到，后来导致废除地球中心说世界图景的那种天文学上的新定位，在库萨看来只不过是一种业经改变的精神总体定位的结果和表现罢了。这种内在的纠缠已经在库萨的《论有学识的无知》这部著作中用来表达其宇宙论基本思想的那个公式中表现出来了。为世界寻找一个物质上的中点乃是徒劳，因为正如它没有任何固定的几何外形，在空间上毋宁向着不确定之境在扩展一样，它在方位上也没有任何确定的中心。因此一般而言只要对它的中点的追问可以被提出来，这个追问便不能由物理学，而只能由形而上学来回答：上帝是地球以及一切天体层面的中心，正如他一般而言就是世上存在的万物的中心一样。而正如上帝被称为万物的中点一样，他也被称为万物无边无际的周边（Umkreis），因为他的本质中就包含了其他一切事物的本质。[①]但在库萨看来，这一根本洞见同时包含了某种自然的和某种精神的（geistigen）含义，也同时包含了某种物质的和某种"精神的"（spirituellen）含义。如果说新型的宇宙论教导我们，在宇宙秩序中并不存在任何绝对的上或下，

（接上页）quae lumen et calorem et influentiam habet aliam et diversam ab omnibus aliis stellis…Ita quidem Deus benedictus omnia creavit, ut dum quodlibet studet esse suum conservare, quasi quoddam munus divinum, hoc agat in communione cum aliis, ut sicut pes non sibi tantum, sed oculo ac manibus ac corpori et homini toti servit, per hoc quod est tantum ad ambulandum, et ita de oculo et reliquis membris: pariormiter de mundi partibus. Plato enim mundum animal dixit, cujus animam absque immersione Deum si concipis, multa horum, quae diximus tibi clara erunt." 《论有学识的无知》，第 2 卷，第 12 章。

[①] "Non est igitur centrum terra, neque octavae aut alterius sphaerae, neque apparentia sex signorum super horizontem terram concludit in centro esse octavae sphaerae … Neque etiam est ipsum mundi centrum plus intra terram quam extra. Neque etiam terra ista, neque aliqua sphaera habet centrum, nam cum centrum sit punetum aequedistans circumferentiae et non sit possibile verissimam sphaeram aut circulum esse, quin verior dari possit: manifestum est non posse dari centrum, quin verius etiam dari possit atque praeclsius. Aequidistantia praecisa ad diversa extra Deum reperibilis non est, quia ipse solus est infinita aequalitas. Qui igitur est centrum mundi, scilicet Deus benedictus, ille est centrum terrae et omnium sphaerarum atque omnium quae in mundo sunt, qui est simul omnium circumferentia infinita." 《论有学识的无知》，第 2 卷，第 11 章，第 38 页。

没有任何物体离存在的神圣源泉更远或更近，反而每一个物体都是"直接面向上帝"的，那么现在与这一思想相符的就是一种新形式的宗教和宗教总体使命。在这方面，库萨在《论信仰的宁静》（De pace fidei，1454）中发展出的那种宗教哲学见解，便直接强化了《论有学识的无知》一书中的那些宇宙论命题。从内容上来看，两部著作运行于完全不同的领域；但它们不过是体系的同一种根本洞见的不同反映罢了。正如先前从"有学识的无知"这个原则得出了有利于了解俗世知识的推论，如今也会得出有利于了解上帝的推论。正如宇宙大全变为有着无穷差异的各种运动构成的某种无穷的多样性，这些运动中的每一种都围绕它自己的中点运转，它们全都通过与某种共同原因的关联，通过分有同一种普遍的规律性才被集合为一体，那么同样的事情也在精神性存在上发生了。每一种精神性存在都以自身为中心：但恰恰在这种以自身为中心的现象中，在它的这种不可消除的个体性中，它分有了神性。个体性没有构成任何单纯的界限，它反而表现出不可被敉平和消灭的某种特有的价值，因为只有通过这价值，"超越了存在"的元一才可以为我们所理解。唯有依照库萨的看法，这一思想方能提供宗教形式与宗教习俗的神正论；因为根据这一思想，这些形式之间的多样性、差异和异质性就不再仅仅与宗教的统一性和普遍性相矛盾，而恰恰成了这种普遍性本身的必要表现。《论信仰的宁静》这部著作为我们具体而微地（in concreto）展现了这种基本观点。所有民族和所有宗教派别派来的那些使者出现在上帝面前，为的是恳求他最终调停那使他们分裂的争执。既然所有宗教都以同一种目标和上帝的同一种简单的存在为宗旨，这种争执又能意味着什么呢？"那么有生命者除了生活之外还追求什么，存在者除了存在之外还追求什么呢？你除了是生命和存在的施予者之外，还是那位似乎在各种不同的仪式中以各种不同的方式被寻求者，那位以不同的名字被称呼者，还是那位其真正的存在总是最神秘与最不可说者。因为你是无限的伟力，你绝不沾染你所创造的一切，你的造物也无法把握住你的无限性的概念：因为在有限者与无限者之间没有任何比例关系。但你这位全能的上帝，你不为任何一种精神所见，却也能在你获得概念性把握的意义上成为可见的。噢主啊，请不要再隐藏了，请发发慈悲显示你的面容吧：那样所有的民族便都得到了救赎。因为任何人都无法避开你，除非他不认识你。如果你听到了我们的这个祈求，那么刀剑、仇恨、嫉妒和一切的恶都会消失，所有人都会明白，在花样繁多的仪式中只有一种宗教存在。因而这花样繁多的仪式不可抛弃，或者说废除它们似乎并非善举，这样看来差异性本身就成了对虔诚笃信的激励，而每一个民族都会比以前更殷切地投身于他们的习俗之中去，那些习俗是最为上帝所喜的：这样一来，至少就像你只是一个，也只应当有一种宗教和一种敬神方式。"[1] 这样一来，对一种普世宗教的要求，对一种囊括了全世界的"普世天主教信仰"的要求也就得到了正当的维护；但与中世纪天主教的那种观点相反，它如今获得了一种全新的含义和一种新的奠基。信仰的内容本身，就其总是和必然是人的观念内容而言，成了"猜想"：它服从于如下条件，即只能在"他异性"的形式内说出那唯一的存在和唯一的真理。[2] 奠基于人类知识本身的类型与本质之中的这种他异性，是无法回避任何个别的信仰形式的。因而如今的局面不再是一种普遍有效和普遍有约束力的"正统观点"与一大堆单纯的"异质观点"相对峙；他异性（ἕτερον）反而成了观点（δόξα）本身的基本

31

---

[1]《论信仰的宁静》，第 1 章。
[2] 参见《论猜想》，第 1 章，第 13 节（参见前文［见页边码］第 24 页，注释 2）。

环节。① "在其自在形态中始终无从把握和无从理解的那个真理，只能在其他异性中被知晓。"（*cognoscitur inattingibilis veritatis unitas in alteritate conjecturali*）② 在库萨看来，从这个基本观点中产生了一种真正卓越的"宽容"，但它完全不同于冷淡。因为信仰形式的多样性如今并非作为某种单纯经验性的并存被勉强忍受着，而是成了思辨意义上的必需，并且在认识论上得到了奠基。在《论信仰的宁静》这篇对话录中，各民族的使者中的一位，一个鞑靼人，对规划中的信仰的联合（Glaubensvereinigung）提出异议说，考虑到信仰上彻底的差异，那样的联合不仅就理论上的基本看法而言，而且就习俗和伦常而言都是不可行的。是否还有比如下对立更大的对立，即一种宗教允许甚至要求一夫多妻制，另一种宗教说那是罪过——在基督教的弥撒献祭中，基督的身体和血被吃被喝，而这种现象作为对最神圣之物的吞咽，在每一个非基督徒看来恰恰必定是当受诅咒的和令人厌恶的？"那么我就不懂了，在不同地点和不同时代的所有这些不同的现象之间，如何能产生一种联合。而只要这事尚未发生，努力也是不会终止的。因为差异性产生分裂和敌对、仇恨和战争。"但针对这种异议，保罗诉诸上帝之道，以便做出决断。他的决断是，必须指出，灵魂不是依照它的事工，而是依照它的信仰而获得救赎的；因为亚伯拉罕这位一切信徒之父，基督徒、阿拉伯人和犹太人共同的父亲，他信仰上帝，而这便使他称义。因而这里便有了每一种外部限制："义人的灵魂将继

---

① δόξα 在柏拉图那里是与知识相对立的"意见"，前文中"正统观点"（Orthodoxie）与"异质观点"（Heterodoxien）从词源上讲都含有该词（doxie），而且这里的"他异性"（ἕτερον）即为"异质观点"中的"异质"（Hetero-）。卡西尔这里说的是，在库萨这里"他异性"就是一切"观点"的固有性质，即便正统观点也要以他异性的形式体现出来。——译者注

②《论猜想》，第1章，第2节。

承永恒生命。"(*anima justi haereditabit vitam aeternam*)[1] 倘若人们假定
了这一点，那么仪式方面的那种差异性也便不会构成任何障碍了，
因为一切惯例和习俗都只是信仰真理的感性标记，而且只有这些
标记，而非被标记者，才服从更替与变迁。[2] 根本不存在任何极为
低微、极为卑下的信仰形式，不是从这种根本洞见出发，而是在
相对的意义上得以称义的。甚至纯粹的多元论在这里也没有被排
斥在外，因为只要诸神得到尊崇的地方，关于神性的思想和理念
就被预设下来了。[3] 人们看到，在库萨看来，各种宗教的宇宙是如
何显示出与上帝的同一种既近且远的关系，显示出同一种牢不可
破的同一性和同一种不可消除的他异性，显示出同一种统一性和
同一种分疏，正如这些性质首先在物质宇宙的形象中对我们呈现
的那样。

　　而这个思想还在进一步延伸，因为它进展到了我们在大自然
中和在精神的各种历史形式中见到的那种分疏，进展到终极的特
殊之物，进展到绝对的个体了。从宗教的意义上来看，即便个体
也没有与普遍者构成任何对立，毋宁说个体才是普遍者的真正地
实现。库萨在《论神观》(*De visione Dei*)这部著作中给出了对这
种观点的最清晰的规定和贯彻，这部著作是他献给特格尔恩湖僧
侣的。这里再度爆发出来的，就是堪称他的特色的那种符号教示

---

① 引文原文为拉丁文。——译者注

② 《论信仰的宁静》，第 15 章："Oportet ut ostendatur non ex operibus, sed ex fide salvationem
animae praesentari. Nam Abraham, pater fidei omnium credentium, sive Christianorum, sive
Arabum, sive Judaeorum credidit Deo et reputatum est ei ad justitiam: anima justi haereditabit
vitam aeternam. Quo admisso, non turbabunt varietates illae rituum, nam ut signa sensibilia veri-
tatis fidei sunt instituta et recepta: signa autem mutationem capiunt, non signatum."

③ 《论信仰的宁静》，第 6 章："Omnes qui unquam plures Deos coluerunt divinitatem esse praesup-
posuerunt. Illam enim in omnibus Diis tanquam in participantibus eandem adorant. Sicut enim
albedine non existente non sunt alba: ita divinitate non existente, non sunt Dii. Cultus igitur Deo-
rum confitetur Divinitatem."

（der symbolischen Unterweisung）的形式。如果说歌德在那玄妙莫测者的具体而活生生的启示中看到了符号的本质，那么库萨已经有了类似的想法和感觉了。他一再尝试将普遍者和最普遍者关联到某种个别的东西、某种感性–直接的东西之上。他在这部著作开篇的地方提到了他在布鲁塞尔市政厅看到过的一幅魏登①的自画像，这幅自画像有个特点，即每一个观众不管挪步到哪里，那画中人

33 似乎总是将目光直接转向他。②设想这样的一幅肖像悬挂于在修道院的圣器室中，比如挂在北面的墙上，僧侣们呈半圆形围绕着它，

魏登的自画像

这样他们中的每一个都会认为，画中的眼睛是直接望向他的。而且我们必须归于这幅画的，不仅是同时朝向南方、西方和东方③的这种观看，还有一种三重运动状态（dreifachen Bewegungszustand）。因为对于静止不动的观众来说它静止不动，同时又以目光追随运动的观众，以至于如果一位兄弟④从东往西，而另一个从西往东行走时，它便参与这两种相反的运动。

① 魏登（Roger van der Weyden，1399/1400—1464），佛兰德画家，古尼德兰绘画的最重要代表人物之一。——译者注
② 魏登的自画像，正如我从潘诺夫斯基（Erwin Panofsky）的友好提示中得知的，现今已不在了；但在伯尔尼博物馆里还保存有那幅画的一份古老的哥白林摹本。考夫曼（H. Kauffmann）基于《论神观》这部著作中的文句成功地找到了这个摹本（《艺术史目录》[Repertorium für Kunstgeschichte]，1916 年）。库萨同样指点过的另一幅出自纽伦堡市政厅的画像则再也无法复制了。
③ 原文误为"北方"（Norden），于理不通。多曼迪（Mario Domandi）的英译本也将此处改作"东方"（east）。参见卡西尔：《文艺复兴哲学中的个体和宇宙》（The Individual and the Cosmos in Renaissance Philosophy），多曼迪译，米尼奥拉，纽约州，2000 年，第31 页。——译者注
④ 僧侣们互称兄弟。——译者注

因而我们看到，这同一张固定不动的面孔，如此朝向东方的同时也朝向西方转动，如此朝向北方的同时也朝向南方移动：以至于它望向一个地方不动的同时，也望向所有其他地方，它被一个运动抓住的同时，也完成了所有其他运动。这里就用一种感性譬喻向我们展现出那种根本关系的本性，即上帝、无所不包的存在，与有限者、终极的特殊之物的存在之间的根本关系。每一个特殊之物和个体物都与上帝有一种直接关联——都仿佛与上帝面面相觑。然而，只有当我们的精神不再在这些关联的其中一种中，也不在它们的单纯总体（bloßen Gesamtheit）中逗留，而是将这总体纳入一种观看、一种"理智直观"的统一性当中的时候，神圣者的真正意义才显露自身。那样我们才能理解，要是没有由个体性"视点"（Blickpunkt）而来的这种规定，哪怕只是想要思维一下自在的绝对者，对于我们而言都是荒谬的——然而另一方面，这些视点中的任何一个都不具有对于其他视点的优先权，因为正是它们那具体的总体性（Totalität）才能够为我们达成一幅关于整体（Ganzen）的真正图景。每一种个别的见解都被包含在这总体性中，其偶然性和必然性也都同时为人所知。那么对我们来说，当然就没有对于上帝的任何那样的直观，它不是如同被"主体"的本性规定一样，也同样多地被"客体"的本性规定——不是同时将被观看者（das Gesehene），以及观看（Sehen）的特定方式与方向包含于自身之内了。每个人只能在上帝中观看自身，但同样也只能在自身中观看上帝。没有任何数量上的表达，没有任何与"整体"和"部分"的对立相关的表达，足以表明这种纯粹的交融（Inein-ander）。"因为真正的面孔免受一切限制，既不具有这种大小，也不具有这种特性，既不是空间性的也不是时间性的，因为它本身是绝对的形式，是一切面孔的面孔。但是当我留意到，这副面孔

34　　如何成为一切面孔的真理和最适当尺度时，我惊叹莫名。因为这面孔，一切面孔的真理，不是这般那般的大小，没有更多或更少，它也不与任何一物相同，因为它作为绝对者高出于任何大小之上。如此我就领会了，哦，天主，您的容貌先行于任何可见的容貌，它是一切容貌的真理和范型（Musterbild）。因此望向您的面孔的每张面孔，所看到的都无异于它自身，因为它看到的是它自己的真理。但我从东面观看这幅画时，就好像不是我在看画，而是画在看着我，同样地，当我从南面或者西面观看它时，您的面孔就朝向所有那些看着您的人。谁用带着爱意的目光凝视您，就会感到您的目光充满爱意地对着他，并且他越是努力以更多的爱意观看您，您的目光就越是爱意满满地迎向他。谁恼怒地观看您，您的面孔也会对他恼怒，谁愉悦地观看您，就会得到愉悦。因为就好比我们肉体的眼睛，当它通过红色的镜片观看时，一切都显现为红色，精神的眼睛也这样在它的限制中，依照它自身的限制性的本性观看您，您是精神性考察的目标和对象。因为人不能以异于人的方式去判断……即便一头狮子，如果它要描述您的容貌，也会赋予您一头狮子的容貌，牛赋予您牛的容貌，鹰赋予您鹰的容貌。哦，天主，您的面孔如此奇妙，年轻人必定将它构想为年轻的，男人必定将它构想为有男子气的，白发老翁必定将它构想为苍老的，如果此人想要领会它的话。一切面孔的面孔在所有面孔中隐隐显现，如同在迷雾中——但只要不超越到一切面孔之外，它就不会无遮无蔽地被看见，而会遁入那种隐秘又昏暗的静默之中，在那里关于这副面孔的知识和概念就没有立足之地了。"[1]

　　出自《论神观》一书的这些话语把我们带入库萨思辨的焦点，

---

[1]《论神观》，第6章，第185页起。

并且从这一焦点出发，现在就可以最清晰地概览这种思辨与那个时代的根本性精神力量之间的总体关联了。有三种力量曾经影响过库萨在青年时代的成长，而且对他的学说的发展产生了至关重要的决定作用。库萨最初的教育是在代芬特尔（Deventer）的"共同生活兄弟会"（Brüdern vom gemeinsamen Leben）[①] 获得的，在那个圈子里，一种新型的私人虔敬（persönlicher Frömmigkeit），即"现代虔敬"（*devotio moderna*）的理想最先开始活跃起来。[②] 在这里库萨首次被德国神秘主义精神的全部思辨性深度及其伦理—宗教性的原初力量打动了。我们甚至可以在历史上清晰地追踪到那些线索，它们促使代芬特尔所进行的那种宗教性生活的形式与德国神秘主义关联起来：赫罗滕[③]，共同生活兄弟会的奠基者，与勒伊斯布鲁克[④] 接触密切，后者的根本见解又直接归根于埃克哈特。库萨自己的著作构成了一种持续的见证，即埃克哈特的学说多么强烈而持久地影响了他，以及这种影响在哪个方向上起作用。[⑤] 他在

---

① 14世纪末建立的教团组织，最初以尼德兰代芬特尔为中心，教团缩写为 CRVC（= Canonici Regulares Sancti Augustini Fratrum a Vita Communi）最初源自荷兰的 Broeders des gemeenen levens，在德国马格德堡被称为 Nullbrüder 或 Lullbrüder，其对应的姐妹会为"共同生活姐妹会"（Schwestern vom gemeinsamen Leben）。——译者注

② 对"共同生活兄弟会"和"现代虔敬"的基本宗教方向的进一步论述，参见梅斯特维特（Mestwerdt）的著作：《伊拉斯谟的开端——人文主义与"现代虔敬"》（*Die Anfänge des Erasmus. Humanismus und "Devotio moderna"*），莱比锡，1917年，第86页起；以及海玛（Albert Hyma）:《基督教文艺复兴——"现代虔敬"的历史》（*The Christian Renaissance. A History of the "Devotio moderna"*），两卷本，大急流城，密歇根，1924年。

③ 赫罗滕（Gerard Groote，1340—1384），荷兰神学家和忏悔布道者。——译者注

④ 关于赫罗滕以及他与勒伊斯布鲁克的关系，尤其可参见海玛：《基督教文艺复兴》，第1卷，第11页起，如今也可参见多勒泽西（Gabriele Dolezich）:《神妙者勒伊斯布鲁克的神秘主义》（*Die Mystik Jan van Ruysbroecks des Wunderbaren*），《布雷斯劳历史神学研究》（*Breslauer Studien zur historischen Theologie*），第4卷，布雷斯劳，1926年，第1页起。（勒伊斯布鲁克［Ruysbroeck，1293—1384］，佛兰德神学家和作家。——译者注）

⑤ 库萨经常提到埃克哈特，这其中尤为重要的是《对有学识的无知的申辩》中的那处（参见《库萨著作集》，第69页起）。关于他与埃克哈特关系的进一步讨论，尤其可参见范斯汀伯格：《〈论有学识的无知〉的作者》，第426页起；以及菲奥伦蒂诺：《15世纪哲学复兴》，第108页起。

埃克哈特这里看到，基督教的教义内容重铸为灵魂的一个体性的内容，并且这种重铸是以一种前所未有的宗教情感的力量和语言表达的力量来完成的。上帝道成肉身的秘密，不能凭借出自自然世界或历史世界的任何类似现象破解，甚或仅仅刻画；然而人的灵魂，作为这个灵魂，作为个体的单个灵魂，是道成肉身的奇迹在其中发生的场所。这一奇迹并未成为过去，它并不是在客观—历史性时间的某个个别时刻中发生并被限制在这个时刻上的，而是能够也必须在每一个自我当中、在每一个时刻不断更新。在灵魂的深处，在灵魂的终极根据中，必定生长着神性；这儿是真正的"神性的产床"。往后凡是神秘主义者库萨说话的地方，人们又再次听出埃克哈特信仰与埃克哈特虔敬的基调。然而库萨没有止步于此。在"现代虔敬"的训练后面，紧跟着经院主义知识与经院主义神学的训练。他在海德堡大学学习了这种知识的基本原理。在这里他遵循着"新道路"，现代之路，它刚在此前不久由奥卡姆的追随者英海因引入海德堡，并且在 15 世纪的最初 10 年，它在

36 那里几乎未逢敌手。[①] 也是从这里，库萨感受到了强大而持久的推动力：他后来被同时代人视为最好的"中世纪行家"之一，良有以也。[②] 但是库萨真正至关重要的精神转向并不是在这里进行的，

---

① 有关那个时代的海德堡大学产生的推动力的进一步讨论，尤其参见里特的《晚期经院主义研究》(*Studien zur Spätscholastik*)（参见前文［见页边码］第 12 页，注释 1）。值得注意而又饶有兴味的是，海德堡的那些"现代人"(moderni) 后来在其与"古代之路"的争论中认为可以将库萨援引为同道：参见 1499 年的舍费尔印刷品，在那里库萨与奥卡姆、萨克森 (Albert v. Sachsen)、吉尔松 (Joh. Gerson) 等人一道作为"现代"权威而出现（《晚期经院主义研究》，第 2 卷，第 77 页，注释 2）。

② 莱曼 (Paul Lehmann) 在他的著作《论中世纪和中世纪拉丁语文学》(*Vom Mittelalter und von der lateinischen Philologie des Mittelalters*)（慕尼黑，1914 年，第 6 页）援引了阿勒里亚主教安德烈埃 (Johannes Andrea) 在 1469 年为他的朋友库萨写的悼词，作为人们头一次有据可查地使用"中世纪"这个词的证明。那里是这样说的："Vir ipse quod rarum est in Germanis supra opinionem eloquens et Latinus; historias idem omnes non priscas modo, sed medie tempestatis tum veteres turn recentiores usque ad nostra tempora memoria（**转下页**）

而是要到他的意大利时期。通过接触古代及其在 15 世纪意大利的复兴，库萨才完全成为他自身。在德国最早的哲学体系家们的生活与思想中，意大利表现出同一种力量，它后来常常影响到伟大的德国艺术家的生活。并且当库萨 17 岁，而不是像歌德一样在年近 40 岁踏上意大利的土地时，这种力量一定越发强大了。当他在 1417 年 10 月进入帕多瓦大学时，那个时代新颖的世俗教养（weltliche Bildung）第一次拥抱了他。现在他逃离了神秘主义感受的沉闷与孤寂，以及中世纪德国学者逼仄的生活——现在他被宽广的世界与自由的生命所打动。在这里，他沉潜到人文主义文化的洪流中；他努力学习希腊语知识，这使得他日后有能力去深入研究柏拉图，以及研究阿基米德（Archimedes）和古希腊数学的根本问题。因为很快——这将库萨与真正的人文主义者，如布拉乔利尼或瓦拉区别开来——他对古代的兴趣选取了这种极有个人特色的方向，不是诗学和修辞学，而是古代的哲学和数学。这样一来，在帕多瓦就已经结成了一种纽带，这纽带此后在整个生命长河中将他和一位极为著名的意大利数学家和物理学家托斯卡内利[1]关联起来。[2] 他被托斯卡内利引入了那个时代的地理学、宇宙结构学和物理学的问题之中；从托斯卡内利那里受到的激励，他后来又传递给德

37

（接上页）retinebat." 在同样的意义上，舍德尔（Hartmann Schedel）于 1493 年在其世界编年史，斯塔普雷西斯（Faber Stapulensis）于 1514 年在为他编辑的《库萨著作集》写的序言中称赞库萨为"中世纪行家"。

[1] 托斯卡内利（Paolo Toscanelli，全名为 Paolo dal Pozzo Toscanelli，1397—1482），意大利医生、数学家、天文学家、绘图员。——译者注

[2] 关于托斯卡内利，参见乌奇利（Gustavo Uzielli）:《托斯卡内利》（*Paolo dal Pozzo Toscanelli*），佛罗伦萨，1892 年。——关于库萨与他的关系，他的著作《论几何转化》（*De transmutationibus Geometricis*）的献词刻画得非常传神："Sed quanto me ab annis juventutis atque adolescentiae nostrae strictiori amicitiae nodo atque cordiali quodam amplexu indesinenter constrinxisti: tanto nunc accuratius emendationi animum adhibe et in communionem aliorum (nisi correctum) prodire non sinas."

国数学家和天文学家，传递给波尔巴赫①和雷纪奥蒙坦②，其影响一直持续到哥白尼那里。现在库萨成长中的这全部三大基本要素寻求一种精神上的平衡，促成一种综合，这综合乍看之下显得像是一种真正的"对立面的相合"（coincidentia oppositorum），然而进一步的考察表明，它不过是对文艺复兴时期真正的、精神上的核心问题的一种特殊表达罢了。

文艺复兴将其全部精神上的生产性力量，致力于对个体（Individuum）问题的深化，这无须任何进一步的证明。在这一点上布克哈特奠基性的阐述依然是不可动摇的。可是布克哈特自然只刻画了现代人发展出对他自身的意识这一伟大的解放过程的一个方面。"在中世纪，人类意识的两方面——外界观察和内心自省都一样——仿佛在一层共同的纱幕之下，都处于睡眠或者半醒状态。这层纱幕是由信仰、幼稚偏见以及幻想编织成的，透过它向外看，世界和历史都罩上了一层奇怪的色彩。人类只是作为一个种族、民族、党派、家族或社团的一员——只是通过某种形式的共相，而意识到自己。在意大利，这层纱幕最先烟消云散：对于国家和这个世界上的一切事物进行客观的考察和处理成为可能的了。同时，主观方面也全力突出自身；人成了精神的个体，并且也这样来认识自己。"③对于这种新产生的客观考察方式，以及对于主体性的这种深化，库萨都不遗余力。然而他的伟大之处和历史功绩在于，他并不是反对中世纪的基本宗教思想，而恰恰是从这种基

---

① 波尔巴赫（Georg von Peuerbach，1423—1461），维也纳大学的人文主义者和天文学家。他通过改善行星理论，预示了哥白尼的宇宙观。——译者注

② 雷纪奥蒙坦（原名 Johann[es] Müller，后以拉丁文形式被称为 Regiomontanus，1436—1476），后期中世纪著名的数学家、天文学家和出版商。——译者注

③ 布克哈特：《文艺复兴的文化》（Kultur der Renaissance），第8版，第1卷，第141页。（此处译文主要参考了何新的中译本，译文有所改动，参见雅各布·布克哈特：《意大利文艺复兴时期的文化》，何新译，北京：商务印书馆，1983年，第125页。——译者注）

本思想本身的视角出发，来实现这一转向的。从宗教事物本身的核心出发，他完成了"对自然与人的发现"，并且他试图在这个核心中强化和稳固这种发现。库萨是且一直是作为一个神秘主义者和神学家，感受着世界与自然，感受着历史与新的、世俗—人文的教养在不断生长。他并不拒斥这些，相反，当他越来越多地进入它们的领域的同时，他也将它们引回并编织到他自己的思想领域中。从库萨最初的作品开始就能够追踪到这个进程。而如果说起初在这些作品里柏拉图的"分离"（Chorismos）还占优势的话，那么在后来的作品中"分有"（Methexis）这一主题就越来越具有优先性了。如今在库萨看来下面这种洞见似乎是"观看的最高层次"①，即他一开始在神秘主义的黑暗中所寻找的真理，被他规定为杂多性（Vielheit）与变化之对立面的真理，却就在经验杂多的这个领域中启示着自身，因此它就在大街上呼喊。② 在库萨那里，对世界的这种新颖的感受，连同库萨那独特的宗教乐观主义，越来越强烈地展露出来。"泛神论"这个口号无法正确地界说对世界的这种新颖感受，因为上帝的存在与世界的存在之间的对立不会被抹杀，反而极其严肃地被维持下来。但是正如《论神观》一书所教导的，共相的真理与个体的分殊互相渗透，以至于神圣的存在

38

---

① 《论观看的最高层次》（*De apice theoriae*）是库萨 1464 年完成的一部作品。——译者注

② 《论观看的最高层次》，第 332 页起："Quidditas quae semper quaesita est et quaeritur et quaeretur, si esset penitus ignota, quomodo quaereretur? … Cum igitur annis multis viderim ipsam ultra omnem potentiam cognitivam, ante omnem varietatem et oppositionem, quaeri oportere: non attendi, quidditatem in se subsistentem esse omnium substantiarum invariabilem subsistentiam. ideo nec multiplicabilem nec pluralificabilem, et hinc non aliam et aliam aliorum entium quidditatem. sed eandem omnium hypostasim. Deinde vidi necessario fatendum ipsam rerum hypostasin seu subsistentiam posse esse. Et quia potest esse: utique sine posse ipso non potest esse. quomodo enim sine posse potest … Veritas quanto clarior tanto faeilior. Putabam ego aliquando ipsam in obscuro melius reperiri. Magnae potentiae veritas est. in qua posse ipsum valde lucet: clamitat enim in plateis, sicut in libello de Idiota legisti, valde certe se undique facile repertum ostendit." 尤其可参见《平信徒》系列第 1 书，第 137 页起。

只能够在无限多样的个体视角中被把握与观看，所以对于那先于一切限定、先于一切"收缩"（Kontraktion）的存在，我们也恰恰只能在这种限定中观看它。因此，我们的知识所追求的理想，不在于否定和抛弃分殊，而毋宁在于将分殊的全部宝藏展开，因为只有各种面孔构成的总体性才向我们呈现出神圣者的那一副面孔。世界成为上帝的符号（Symbol）①，并不是说世界的某个部分被凸显出来并被赋予某种独一无二的价值标记，而是说我们历经世界的全部形态，并自由地投身于它的多样性、它的种种对立之中。库萨自己的思想发展达到了他提出的这一思辨要求，并且他得以在教会范围内达到它：这造就了他在教会史和一般精神史上的独特地位。当后来天主教会面临新教的冲击而被迫封闭在它自身和它的传统教义内容当中的时候，它也必须将那些在库萨那里还在以宗教的方式理解和掌握的新思想和新趋势驱逐出去。令一个半世纪之后的布鲁诺遭受死亡、使伽利略被教会迫害和被革除教籍的，是库萨 1440 年于《论有学识的无知》一书中提出的那同一个宇宙论学说。因此库萨的哲学处于不同时代与思想方式之间一条狭窄的边界上。这一点是明显的，不仅当我们将他的学说与后来的那个世纪做比较，而且当我们将其和之前的那个世纪做比较时，都是如此。那时就表明，扎根在神秘主义，尤其是埃克哈特与陶勒②的德国神秘主义之中的这种宗教性的个体主义，在这里实际上以一种独特而且罕见的方式，与世俗的个体主义，与新教养和新人性的理想相遇，并发生了争执。这一争执的最初开端可追溯至

---

① 或译"象征"。——译者注

② 陶勒（Johannes Tauler，1300—1361），德国神学家、神秘主义者和布道者，属于多明我会，并因该会的影响而加入当时的新柏拉图主义潮流。他与埃克哈特齐名。——译者注

14 世纪。彼特拉克的生活和哲学始终围绕这两个焦点，并总是一再竭力在古代—人文的要求与中世纪—宗教的要求之间取得平衡。然而这场斗争未能止息，他未能在冲突着的各种倾向之间达到一种内在的平衡。彼特拉克对话的全部魅力和活力毋宁恰恰在于，它们将我们置于这一斗争本身中，它们表明自我在无休无止地遭受着各种相互反对的精神力量。彼特拉克的内心世界在西塞罗和奥古斯丁之间分裂了。所以他不得不在一方面拒斥他另一方面追求的东西；他不得不在宗教角度上去贬低那些对他来说造就了生活的精神内容与精神价值的东西。他的自我心心念念的所有那些世俗的人文理想、名望、美丽、爱情，全都陷入这种境况。并且正是由此产生出那种精神自我的分裂、那种灵魂的病态，正如彼特拉克在他那部极具个性又极深刻的作品，在《论自身照护的神秘冲突》（De secreto conflictu curarum suarum）这篇对话中所描写的那样。斗争的结果最终只能是放弃，是对世界的厌倦，是"绝望"（Acedia）。生活——彼特拉克如此刻画这种情绪——成为梦幻，成为泡影[1]：似乎他无法摆脱他自己的虚无。彼特拉克最终陷入的这样一种内心冲突、悲观主义和禁欲，在库萨那里没有留下丝毫痕迹。在最艰难的斗争中，在与奥地利大公爵西格斯蒙德（Sigismund）的那场最终导致他被囚禁的争端中，库萨偶尔也希望免除世俗忧患的重负，那时他渴望能在友好的特格尔恩湖兄弟会的修道院里拥有自己的小房间[2]，然而他的生活整体看来完全是以积极的活动为旨归的。他的一生从头到尾充斥着国际政治的宏伟策略与使命、实践的改革

40

---

[1] 《日常熟事书信集》（Epistolae rerum familiarium），第 2 卷，第 9 封，致科隆纳（Giacomo Colonna）（参见沃伊特：《古典古代的复兴》，第 1 章，第 136 页）。

[2] 参见 1454 年 8 月 16 日致艾因多夫的信（转引自范斯汀伯格：《〈论有学识的无知〉的作者》，第 139 页）。

和哲学—科学的研究，并且正是从这种强有力的活动中迸发出他那根本性的思辨思想。那些在他的行动中似乎分离的事物，会在他的思想中统一起来。因为这正好是思想本身的本质，它设定种种对立，就是为了使它们和解，为了在"对立面相合"的原则中消除和克服它们。

在这一点上，在库萨对他的宗教前提与他受到的世俗理想和教化力量的影响之间做出最终决断时，产生了一种学说，它或许必须被视为库萨哲学中最为奇异也最为艰深的部分。这个决断对库萨来说就在于对基督教本身的基本内容单纯加以深化。基督的理念被援引来作为正当性证明，作为人性的理念在宗教意义上的合法性与许可证。这个转向发生在《论有学识的无知》一书的第三卷，对于这一卷人们有时难以理解，于是试图把这一卷从库萨哲学的整体中剔除，把它视为一个任意专断的"神学"附录，以为它的产生归功于纯粹教义上的兴趣。[1] 然而我们所熟悉的那种分割是无法在被引入库萨的学说中的同时，又不由此割裂它的整个内在构造，不摧毁它特有的精神结构的。事实上《论有学识的无知》一书里对基督理念的援引与思辨性探讨绝不是一种外在的附加，毋宁说它才使库萨思维中的推动力得以完全展开和表达出来。这里我们位于真正的过渡点上，位于库萨基本思想的辩证的关节上。这一思想的目标是，在受限者和不受限者、属人的东西和神性的东西、有限者和无限者之间进行严格的划分。两个环节中的任何一个都不能被还原到另外一个，任何一个都不能被另外一个度量。因此，对于与绝对者对立的有限的人类知识来说，所能采取的态度唯有听天由命和彻底的自知之明。然而恰好这种听

---

[1] 新近惠特克（T. Whittaker）在一篇叫《尼古拉·库萨》（"Nicholas of Cusa"）的论文中又是这样判定的，《心灵》（Mind），第 34 卷（1925 年），第 439 页起。

天由命现在就蕴含着一个肯定的环节。当人类知识达到对于绝对者的无知（Nicht-Wissen）时，它在此获得的恰恰就是对于这种无知本身的知识。人类知识并没有在其纯粹"所是"（Was）当中把握到绝对的统一性，而是在它与这统一性的区分中、在它通盘的"他异性"中把握了它自身。而他异性现在恰恰在它自身中就包含着一种与知识的这个否定性的极（negativen Pol）之间的关联。如果没有这样一种关联，知识就根本不能在它自己的虚无中认识自身：它不能——用黑格尔的话说，库萨在这里极其清晰地预示了其基本思想——设定界限，倘若它不是已经在某种意义上超出于界限了的话。区别的意识就包含着区别的中介在自身中。然而中介并不反过来意味着，无限者、绝对的存在应允了与有限的、经验性的自我意识之间的某种关联。这里依然横着一道无法跨越的深渊。必须以普遍性的自身（Selbst）取代经验性的自身——必须以人类的精神性内容取代作为个体性的特别存在的人。而库萨正好看到，人道的这种精神性的普遍内容，包含在基督里。因此唯独基督是将有限者和无限者把握为一（Eins）的那种真正的"中间自然"（natura media）。而这种统一性绝非偶然的，而是一种本质性的统一性：它并不意味着，一种单纯事实上的"结合"闯入自身分离着的东西中了，而意味着要在两个相互对立的环节之间寻求某种源初的和必然的整体关联。所寻求的"中间自然"必须具有如下特性，即它将较高者和较低者整个地包含在自身中——于是它，作为较低世界的极大和较高世界的极小，就把整个宇宙连同其全部可能的形态蕴含于自身，并将它们，用库萨的术语来讲，"内包"（kompliziert）到自身中。由此这个自然就成为万物（All）

的真正的关联环节（Bindeglied），成为"世界的环扣"。^① 正如基督是对整个人类的表达，他无非就意味着人类的单纯理念和本质性，那么另一方面从人的本质来看，人就在其本质性中包含着事物之万有。大宇宙（Makrokosmos）的所有线条都相交于作为小宇宙（Mikrokosmos）的人当中。^② 人们看到，被库萨明确刻画为古代主题的这个小宇宙主题^③，在这里如何以一种奇特的方式与基督教的基本宗教理念缠绕在一起了。在中世纪的思维中，救赎的主题本质上意味着从世界当中解脱出来这样一种想法：将人提升到超出较低的、感性的一尘世的定在之上。然而库萨不再承认人与自然的这样一种分离。人作为小宇宙将事物的全部本性包纳到自身中，因此他的救赎，他向神圣者的提升，也就将事物之全体的提升包含在内了。不再有任何个别的东西、分离的东西，以及在某种程度上的被驱逐者，落于绝对救赎的根本性宗教进程之外了。所以不仅人借由基督在向上帝攀升，而且万物也都在人当中并且凭借人在实现它们的上升。"恩典的王国"（*regnum gratiae*）和"自然的王国"（*regnum naturae*）不再相互陌生与敌对，而是两者相互关联，并都与它们那共同的神圣目标相关联。合一不仅在上帝与人之间，

①《布道摘编》（*Excitat.*），第 9 卷，第 639 页："Et in hoc passu mediatio Christi intelligitur, quae est copula hujus coincidentiae, ascensus hominis interioris in Deum, et Dei in hominem."

②《论有学识的无知》，第 3 卷，第 3 章："Maximo autem, cui minimum coincidit, conveniet ita unum amplecti, quod et aliud non dimittat, sed simul omnia. Quapropter natura media, quae est medium connexionis inferioris et superioris, est solum illa, quae ad maximum convenienter elevabilis est potentia maximi infiniti Dei: nam cum ipsa intra se complicet omnes naturas, ut supremum inferioris et infimum superioris, si ipsa secundum omnia sui ad unionem maximitatis ascenderit, omnes naturas ac totum universum omni possibili modo ad summum gradum in ipsa pervenisse constat."

③《论有学识的无知》，第 3 卷，第 3 章："Humana vero natura est illa, quae est supra omnia Dei opera elevata et paulominus Angelis minorata, intellectualem et sensibilem naturam complicans ac universa intra se constringens, ut μικρόκοσμος aut parvus mundus a veteribus rationabiliter vocitetur."

也在上帝与一切被造物之间进行：两者之间的差距以如下方式被弥补，即人类的精神，人性（humanitas），作为一种进行创造同时又被创造的事物，出现在进行创造的本原与被创造者（Erschaffene）之间，出现在上帝与受造物（Kreatur）之间。①

当库萨在术语方面借用那个已经由司各特（在将进行创造而不被创造的自然，与被创造又进行创造的自然，以及被创造而不进行创造的自然，最后还有既不进行创造也不被创造的自然区分开来时）给出的古老的"世界的划分""自然的划分"（divisio naturae）时，这个术语当中现在确实蕴含着一种本质上新颖的内容。当爱留根纳谈及那个被创造的同时本身也进行创造的东西时，他在此所设想的，是事物以非时间性的方式从作为它们的永恒原型与范型（Prototypen und Urbildern）的理念当中产生出来。②但是在库萨那里，并不是新柏拉图主义意义上的那些理念被当作创造性的力量了：库萨反而寻求一个具体的主体，来作为一切真正创造性的活动的中心点和出发点。而这个主体在他看来唯独在人类精神中被揭示出来。正是从这个观点出发，一种认识论的新转向最先出现了。所有真正的和确实的认识都不是指向一种对于现实的单纯模仿，而是始终展现出精神行动的某个特定的方向。我们在

---

① 《论有学识的无知》，第 3 卷，第 2 章："Oportet igitur ipsum tale ita Deum esse mente concipere, ut sit et creatura, ita creaturam ut sit et creator, creatorem et creaturam absque confusion et compositione. Quis itaque excelsum adeo elevari possit, ut in unitate diversitatem et in diversitate unitatem concipiat, supra omnem igitur intellectum haec unio esset." 尤其可参见《论神观》，第 20 章："Video in te Jesu filiationem divinam, quae est veritas omnis filiationis, et pariter altissimam humanam filiationem, quae est propinquissima imago absolutae filiationis ... Omnia igitur in natura humana tua Video, quae et video in divina, sed humaniter illa esse video in natura humana, quae sunt ipsa divina veritas in natura divina ... Video, Jesu bone, te intra murum Paradisi quoniam intellectus tuus est veritas pariter et imago, et tu es Deus pariter et creatura, infinitus pariter et finitus, ... es enim copulatio divinae creantis naturae et humanae creatae naturae."

② 尤其可参见司各特：《论自然的划分》（De divisione naturae），第 2 卷，第 2 章。

科学中，尤其在数学中亲眼所见的全部必然性，都是在这种自由
活动的基础上产生出来的。精神只有在它不模仿某个外在的定在，
而是"外展"（explizieren）它自身和它自己的本质时，才能获得
真正的洞见。它在自身中发现关于点的单纯概念和"本原"，它从
点出发通过不断重复的设定，使线、面以及最终整个广延世界都
得以产生；它在自身中发现关于"现在"的单纯思想，从这当中
时间序列的无限性就向它展开了。而正如空间和时间等直观的基
本形式在这种意义上"内含"在精神中，数字、大小的概念和所
有逻辑的与数学的范畴也都是如此。精神在这些范畴的发展中创
造出算术、几何、音乐和天文学。所有一般逻辑之物、十个谓词、
五个共相（Universalien）等也都这样被包含于精神的根本力量中。
它们是一切"辨别力"（Diskretion）的条件，是依据种类和类别对
杂多事物进行的一切区分和将经验中的多变之物还原为固定规律
的一切做法的条件。① 在科学的这种奠基中，理性灵魂的创造力展

44

---

① 可进一步参见我关于认识问题的著作（指《近代哲学与科学中的认识问题》一书，
卡西尔在后文中也简称为《认识问题》——译者按）中有关库萨的这个基本原则的论述，
第 2 版，第 1 章，第 33 页起。——尤其可参见《论球戏》（De ludo globi），第 2 卷，第
231 页起："Anima rationalis est vis complicativa omnium notionalium complicationum. Compli-
cat enim complicationem multitudinis et complicationem magnitudinis, scilicet unius et puncti.
Nam sine illis, scilicet multitudine et magnitudine, nulla fit discretio. Complicat complicationem
motuum, quae complicatio quies dicitur: nihil enim in motu nisi quies videtur. Motus enim est de
quiete in quietem. Complicat etiam complicationem temporis, quae Nunc seu praesentia dicitur.
Nihil enim in tempore nisi Nunc reperitur. Et ita de omnibus complicationibus dicendum, scilicet
quod anima rationalis est simplicitas omnium complicationum notionalium. Complicat enim vis
subtilissima animae rationalis in sua simplicitate omnem complicitatem, sine qua perfecta dis-
cretio fieri non potest. Quapropter ut multitudinem discernat, unitati seu complicationi numeri
se assimilat et ex se notionalem multitudinis numerum explicat. Sic se puncto assimilat, qui
complicat magnitudinem, ut de se notionales lineas superficies et corpora explicet. Et ex compli-
catione illorum et illarum, scilicet unitate et puncto, mathematicales explicat figuras circulares et
polygonias. Sic se assimilat quieti, ut motum discernat... Et cum hae omnes complicationes sint
in ipsa unitate, ipsa tanquam complicatio complicationum explicatorie omnia discernit et mensu-
rat, et motum et agros et quaeque quanta. Et invenit disciplinas, scilicet Arithmeticam, (转下页)

现在它的两个基本环节中：精神在这些环节中，当其展开自身时，便进入时间之中，却依然保持超越于作为单纯相续（Succession）的时间之上。因为不仅作为科学之起源和创造者的精神在时间当中，而且反过来，时间也在它当中。正是精神，凭借它的辨别力，才创造出固定的时间阶段和时间分割，它确定出各个小时、月份、年度相互之间的界限。如同上帝造就了一切本质区分（Wesensunterschiede），正是人类理智将一切概念区分（Begriffsunterschiede）从它自身中产生出来，并且因此它是始终联合着诸对立面的那种和谐的源泉。它在托勒密（Ptolemäus）那里创造出星盘，在俄耳普斯那里创造出竖琴，因为创造并不自外部而来，创造毋宁是概念在一种感性质料上的现实化。时间之于灵魂，犹如目之于视：时间是服务于灵魂的工具，以便灵魂的基本功能，即对杂多之物、各种散乱之物加以整理和分类的功能，得以实现。[1] 正如库萨在这种观念论的观点中为后来在开普勒和莱布尼茨那里显露出来的那种现代数学—物理学时间概念打下了基础[2]，凭此他同时也开启了历

（接上页）Geometricam, Musicam et Astronomicam et illas in sua virtute complicari experitur. Sunt enim illae disciplinae per homines inventae et explicatae … Unde et decem praedicamenta in (animae rationalis) vi notionali complicantur; similiter et quinque Universalia et quaeque logicalia et alia ad perfectam notionem necessaria, sive illa habeant esse extra mentem, sive non, quando sine ipsis non potest discretio et notio perfecte per animam haberi."

[1] "Annus, mensis, horae sunt instrumenta mensurae temporis per hominem creatae. Sic tempus, cum sit mensura motus, mensurantis animae est instrumentum. *Non igitur dependet ratio animae a tempore, sed ratio mensurae motus, quae tempus dicitur, ab anima rationali dependet.* Quare anima rationalis non est tempori subdita, sed ad tempus se habet anterioriter, sicut visus ad oculum: qui licet sine oculo non videat, tarnen non habet ab oculo, quod est visus, cum oculus sit organum ejus. Ita anima rationalis, licet non mensuret motum sine tempore, non tarnen propterea ipsa subest tempori, sed potius e converso: cum utatur tempore pro instrumento et organo ad discretionem motuum faciendam." 《论球戏》，第 2 卷，第 231 页起。尤其可参见《平信徒》系列第 3 书《论精神》，第 15 章，第 171 页。

[2] 开普勒在他的第一部著作《宇宙的奥秘》（*Mysterium Cosmographicum*）中就提过"神圣的库萨"（divinus mihi Cusanus）的学说。参见第 2 章，《开普勒著作集》（弗里斯［Frisch］编），第 1 卷，第 122 页；进一步可参见《开普勒著作集》，第 2 卷，第 490 和 595 页。

史的崭新前景和对历史的某种崭新的评价方式。对历史性定在的阐释现在也被归置在"内包"（*complicatio*）和"外展"（*explicatio*）的根本对立之下。这种定在也绝对不是某种外在的"发生"（Geschehen），它表明自身是人最为本己的行动。唯独在他的历史中人才能够证明自身是真正创造性的和自由的。这里表明，在偶然事件的全部进程之中，以及在外部状况的所有束缚之下，人都依然是"被创造的上帝"。他完全被封锁在时间、每一个时刻的特殊性当中，完全被纠缠进瞬间的条件当中，然而面对这一切，他表明自身始终是"偶然的上帝"（*Deus occasionatus*）。他坚守在他自己的存在中，绝不超越到他特有的人类本性的边界之外：而正由于他全面地发展和呈现了这种本性，他由此就以属人之物的形式并在属人之物的界限内将神圣者呈现出来了。① 因为他和所有东西一样，有权利去完成和实现他的形式。② 他可以认同这一形式，认同他的这个界限，他甚至必须如此，因为只有当他这样做时，他才能在形式中崇敬和爱慕上帝，才能表明他那本源的纯净。③ 似乎

---

① 《论猜想》，第 2 卷，第 14 章。

② "Quis ista intelligere posset, quomodo omnia illius unicae infinitae formae sunt imago, diversitatem ex contingent habendo, quasi creatura sit Deus occasionatus … quoniam ipsa forma infinita non est nisi finite recepta, ut omnis creatura sit quasi infinitas finite aut Deus creatus, ut sit *eo modo quo hoc* melius esse possit … Ex quo subinfertur omnem creaturam ut talem perfectam, etiam si alterius respectu minus perfecta videatur … Quiescit omne esse creatum in sua perfectione, quam habet ab esse divino liberaliter, nullum aliud creatum esse appetens tanquam perfectius, sed ipsum quod habet a maximo praediligens, quasi quoddam divinum munus, hoc incorruptibiliter perfici et conservari optans."《论有学识的无知》，第 2 卷，第 2 章。

③ 这一思想的最清楚和最鲜明的表达见于《论诸光之父的赐予》（*De dato patris luminum*）这部著作中；比如可参见第 1 章："Omnis vis illa quae se esse cognoscit ab optimo, optime se esse cognoscit. Cognoscit igitur esse suum, cujus nullam vellet ullo unquam tempore corruptionem aut mutationem in aliud esse extra speciem propriam, sibi datum non quidem ab alio aliquo, quod non est de sursum, super omnia in altitudine omnis optimitatis. Nam non credit intellectus humanus naturam suam sibi potuisse dari ab aliquo cujus bonitas non sit altissima de sursum, super omne bonum. Neque quiesceret aliquod ens in data natura, si a diminuto et creato bono esset, sed qma ab optimo et maximo magistro, quo nihil altius, sortitum est esse suum, *omne id quod est quiescit inspecifica natura sua ut in optima ab optimo*."

由此原罪的教义就失去了它施加在整个中世纪的思维与生命感受之上的那些力量——库萨极少否认这一点。[①] 现在那种佩拉纠主义精神（Pelagianische Geist）重又苏醒，在奥古斯丁与这一精神的激烈斗争中形成了中世纪的信仰学说。关于人的自由的学说被极其鲜明地凸显出来，因为只有借着自由，人才能与上帝相仿，才能成为上帝的容器（capax Dei）。[②] 而尽管人完全从上帝那里获取其存在，但仍然有他在其中作为自由的创造者进行活动，自主地杀伐决断的某个领域。这个领域就是价值（Wertes）的领域。若无人类本性，就根本没有什么价值，就没有根据事物较大的或较小的完善性而对事物加以评价的任何原则。设想人类本性从事物整体上被抹去——那么和它一起消失的将是一物对于另一物的任何价值优先性。上帝当然是打造钱币的造币厂主，但人类精神才规定钱币所值几何。"因为尽管人类理智并没有赋予价值以存在，然而没有人类理智就根本无法区分价值。我们若抛开理智，就无法知道有没有价值。没有了评判和比较的能力，任何评价都难以为继，并且价值也必将一道荡然无存。由此表明精神的珍贵，因为若没有它，一切被创造物就会失去价值。若上帝想要赋予其作品以价值，除了创造其他事物之外，他还必须创造出理智本性。"[③] 在这些语句中库萨的宗教人文主义与宗教乐观主义表现得淋漓尽致，因

---

① 关于库萨的原罪学说，可以参见比如说，布道《天地皆有朽》（*Coelum et terra transi-bunt*），《布道摘编》，第 5 卷，第 494 页。

② "Creavit autem Deus naturam magis suae bonitatis participem, scilicet intellectualem, quae in hoc, quod habet liberum arbitrium est creatori similior et est quasi alius Deus ... Ista natura intellectualis capax est Dei, quia est in potentia infinita: potest enim semper plus et plus intelligere ... Nulla natura alia potest fieri melior ex se, sed est id quod est sub necessitate, quae ipsam sic tenet. Sola intellectualis natura habet in se principia, per quae potest fieri melior et ita Deo similior et capacior." 《布道摘编》，第 5 卷，第 498 页。

③ 《论球戏》，第 2 卷，第 236 页起；这里还可以参见《认识问题》，第 3 版，第 1 卷，第 57 页起。

为那作为全部价值之本原与源泉的东西，怎么会是无价值的，怎么会沉溺于败坏与罪恶呢？正如以前自然经由人类的中介被抬升向上帝，人类文化如今获得了它那真正的神正论。在文化中，作为人类精神之神性标记的自由得到了证实。避世的声音被抑制；对世界的不信任消失无踪。因为只有当精神无保留地向世界展示其自身，只有当它完全投入世界中，精神才能达到其自身，也才能达到它自己的种种能力的尺度，甚至感性的本性以及感性的认识能力如今也绝不再是低级之物，因为反倒是它们构成了全部理智活动的最初驱动力和推力。精神是对永恒的、无限的智慧的生动写照，然而精神的生命在我们当中如同一个沉睡者一般，直到被那种由观察感性之物而生出的惊叹激发而变得活跃起来。①精神之运动的开端和目的都在精神本身中，但是这运动在中途穿越了感性之物的领域。始终都是精神本身在"同化于"感性之物，比如针对颜色它就成为看，针对声音它就成为听。②进入知觉世界的这一下降如今不再是堕落，不再是知识的一种原罪；反而是在这下降中，感性世界本身实现了上升，从此感性世界由杂多提升至元一，由限制提升至普遍性，由散乱提升至明晰。③人类精神——

①《平信徒》系列第3书，《论精神》，第5章："Mens est viva descriptio aeternae et infinitae sapientiae. Sed in nostris mentibus ab initio vita illa similis est dormienti, quousque admiratione, quae ex sensibilibus oritur, excitetur, ut moveatur. Tunc motu vitae suae intellectivae in se descriptum reperit, quod quaerit."

②《平信徒》系列第3书，第7章："Mens est adeo assimilativa, quod in visu se assimilitat visibilibus et in auditu audibilibus, in gustu gustabilibus, in odoratu odorabilibus, in tactu tangibilibus et in sensu sensibilibus, in imaginatione imaginabilibus et in ratione rationabilibus."

③《论猜想》，第2卷，第16章："Intellectus autem iste in nostra anima eapropter in sensum descendit, ut sensibile ascendat in ipsum. Ascendit ad intellectum sensibile ut intelligentia ad ipsum descendat. Hoc est enim intellectum descendere ad sensibile quod sensibile ascendere ad intellectum: visibile enim non attingitur per sensum visus absente intentione intellectualis vigoris ... Intellectus autem qui secundum regionem intellectualeim in potentia est, *secundum inferiores regiones plus est in actu. Unde in sensibili mundo in actu est*, nam in visu visibile et in auditu audibile actualiter appraehendit ... Unit enim alteritates sensatorum in phantasia, varietatem alteritatum phantasmatum unit in ratione, variam alteritatem rationum in sua unit intellectuali simplici unitate."

对于库萨来说这一思想的全体都总括在这个精辟的象征当中——
是一粒神圣的种子，它在其单纯本质中包括了全部一般可知物的
总体；然而这粒种子要发芽并结出果实，就必须潜入感性之物的
土地中。[①]精神与世界、理智与感性的这种和解就是库萨所寻求的
那种"联合神学"（kopulativen Theologie）的根本特征，而这种神学
是他以充分的方法论意识，针对一切单纯"分离的"（disjunktiven）
神学、一切进行否定和分离的神学而提出的。[②]

48

[①] "Quia mens est quoddam divinum semen sua vi complicans omnium rerum exemplaria notion-
aliter: tunc a Deo, a quo hanc vim habet, eo ipso quod esse recepit est simul et in convenienti ter-
ra locatum, ubi fructum facere possit et ex se rerum universitatem notionaliter explicare, alioqui
haec vis seminalis frustra data ipsi esset, si non fuisset addita opportunitas in actum prorumpen-
di."《平信徒》系列第 3 书，第 5 章，第 154 页。

[②] 尤其可参见他于 1453 年 9 月 14 日致特格尔恩湖僧侣的信，后来在范斯汀伯格的《〈论
有学识的无知〉的作者》（第 113 页起）中付印："Una est ... Theologia affirmativa, omnia
de uno affirmans, et negativa omnia de eodem negans, et dubia neque negans neque affirmans,
et disjunctiva, alterum affirmans, alterum negans, et copulativa opposita affirmative connectens ...
Oportet deinde studentem non negligere, quomodo in hac schola sensibilis mundi in modorum
varietate quaeritur unum, quod omnia, sed parte jam magisterio in caelo intelligentiae pure in uno
omnia sciuntur."

第二章　库萨与意大利

一

库萨的人格与学说对意大利和 15 世纪意大利精神生活所产生的强烈影响，已经由其同时代人为我们证实过了。[①]然而迄今为止，文艺复兴的哲学史和一般文化史尚未真正清晰地认识和明确这当中存在着的整体关联。讲到库萨对于意大利哲学史的重要性，那要到布鲁诺身上才清楚无疑地显露出来。布鲁诺本人一点都不怀疑，他要对两位思想家，对"神圣的库萨"和哥白尼致以多大的谢忱，他颂扬这两位是他精神上真正的解放者。然而从《论有学识的无知》的出版到布鲁诺的主要哲学著作之间有将近一个半世纪的时间间隔。我们是否应该假定，库萨根本的思辨思想在这段时间一直不为人所知，这思想对它自己的时代丝毫没有产生任何直接的影响？这一假定似乎是必要的，当人们考虑到，这个时代真正有代表性的哲学体系完全没有援引库萨的基本思想，甚至对于这些思想本身来说，它们的创造者的名字似乎都变得陌生

[①] 参见《对有学识的无知的申辩》(第 75 页): "Jam dudum audivi per Italiam ex hoc semine per tuam sollicitam culturam studiosis ingeniis recepto magnum fructum effluxisse."

了。无论在蓬波纳齐①和帕多瓦学派的思想家那里，还是在佛罗伦萨的柏拉图主义者圈子中，在费奇诺和皮科的著作中，库萨都
50 没有被提及。②好像人们试图在此联结起来的所有线索，都因此面临断裂的危险：对事实的简单考察似乎从一开始就排除了一切要在库萨的体系和 15 世纪意大利哲学的基本学说之间建立起某种整体关联的"建构性"尝试。事实上大多数意大利哲学史家尤其持这一结论。就连民族的基本情志都与这种判断相一致，此基本情志在意大利特别是过去这十年的哲学文献中，愈发强烈地表达出来。文艺复兴的思想世界，连同其一般的文化世界，都应当从它本民族的土壤中产生出来，应当被视为意大利心灵原生的（autochtone）创造。只有从这种倾向出发才能理解，何以像秦梯利③这样的一位学者在其有关布鲁诺的研究和有关"文艺复兴的人的概念"的论文当中对库萨的学说不置一词。④40 年前确实有一位重要的意大利哲学史家，已清楚确凿地论述了库萨和意大利之间的关联。"人们或许会出错，"菲奥伦蒂诺⑤遗留下来的作品《15 世纪哲学复兴》一开始就这样说道，"假使人们认为，我们的

---

① 蓬波纳齐（Pietro Pomponazzi，拉丁文写作 Petrus Pomponatius，1462—1525），意大利文艺复兴时期的哲学家和人文主义者。——译者注
② 在皮科的著作中，库萨的名字似乎完全没有出现；在费奇诺那里，我们也只在书信中见到几次，而且明显是以扭曲的形式。那里在列举属于柏拉图思想圈子的哲学著作时，除了提到贝萨里翁对柏拉图学说的辩护之外，也提到了库萨的"确凿的思辨"（quaedam speculationes Nicolai Caisii［原文如此！］Cardinalis）。参见《书信集》第 9 卷，《费奇诺著作集》，第 899 页。费奇诺还是了解库萨的著作的，这一点确定无疑。（比如可参见萨伊塔［G. Saitta］:《费奇诺的哲学》［La filosofia di Marsilio Ficino］，墨西拿，1923 年，第 75 页和下文会给出的进一步的证据。）
③ 秦梯利（Giovanni Gentile，1875—1944），意大利哲学家、文化官员和政治家，新观念论的主要倡导者。——译者注
④ 秦梯利:《布鲁诺与文艺复兴思想》（Giordano Bruno e il pensiero del Rinascimento），佛罗伦萨，1923 年。
⑤ 菲奥伦蒂诺（Francesco Fiorentino，1834—1884），意大利哲学家。——译者注

文艺复兴意味着古代理念的一种单纯复归，那么且不说历史绝不会重演，如今在古老的意大利—希腊的主干上出现了由德国的思想嫁接而成的新幼枝。如果人们忽视这个由此进入思辨思维的历史中的新因素，或者出于错误理解的民族荣誉感而想要削弱它的意义，那么他们就会做出错误而不公正的判断，并且拒绝去理解近代哲学的真正开端。"对于认识文艺复兴的思想起源及其思想的根本动机来说，这将是一个非同寻常的收获，如果菲奥伦蒂诺，文艺复兴哲学最优秀的专家之一，能够周详地证明和贯彻他的这个论点的话。然而现在，由于他的作品很遗憾只留下了残篇——它恰巧在必须开始对那种根本关系加以进一步证据确凿的证明时中断了——它的职责就在于客观的历史书写，至少要听从菲奥伦蒂诺在方法上的提醒与告诫。人们无法理解一场伟大的精神运动的历史，尤其是一场哲学运动的历史，如果人们从一开始就将其置于片面的民族视角之下的话。任何真正伟大的天才，任何更深层意义上的"民族"天才，都立即迫使我们放弃这种观察方式的狭隘之处。对于库萨，这在两个方面都说得通。他本人在哪些事情上要感恩意大利，他对 15 世纪意大利文化的接触是如何将他引向明朗和敞亮的，以及他的思想如何由此而获得稳固的形式和规定——这些在我们看来都已经一清二楚了。然而与上述作用之强度和力度相应的，便是反作用的强度和力度。这种反作用即便还不能立即确切无疑地向我们展现出来，它毕竟是存在的。但为了把握这种反作用，我们评价文艺复兴的哲学就当然不能单单依据它的"学院概念"（Schulbegriff），而必须试着依据它的"世界概念"（Weltbegriff）去看待它。库萨学说的根本主题处处都在跟进这个世界概念；并且这里越不单纯采用个别思想和个别结论，这些根本主题就越发表现出强烈的作用。库萨赠予他那个时代的意大利

51

哲学的，并不是这种固定的结论，而是一些趋势和推动力——这些趋势不是在固定的教条性学术观点中，而更多是在总体见解的一种新方向上，以及思辨与生命当下所趋向的新目标中，显明自身的。

为了估量库萨学说后续影响的意义和范围，我们就此必须首先求教于平信徒世界（Laienwelt）及其理智上的代言人，而不是哲学及学院里的哲学首脑们。布克哈特将 15 世纪中"受过完整教育的人的增多"描述为文艺复兴的一个典型的根本特征。然而如同他为我们刻画的，这些"多面"和"全面"的人，无法继续从他们时代的哲学里获取其精神上的总体教养所需的要素，这个时代的哲学还或多或少地被束缚在经院主义的思维与博学的形式当中。正如彼特拉克早就为了坚守他自己的生命风度而必须坚决对抗哲学—博学教育的那些要求①，正如他针锋相对，骄傲地承认和宣说自己的无知一样，达芬奇也跻身这场反对权威与传统的持续斗争中。在这场斗争中，达芬奇所追求的，并为其创造出方法论前提的那种新的知识理念才获得了清晰的界定。对于达芬奇来说，心灵之间的区别就在于原初发现者、模仿者和"注解者"之间的对立。最初的伟大思想家们——用达芬奇的话来说就是"初创者"——知道他们的研究只有一个模板和典范，即经验，由此他们赢得了发明家的名号，而他们的追随者则离弃了自然和现实，以便沉迷到单纯概念区分（*discorsi*）的世界里。在这里必须要退回"自然的"人类理性，退回未开化的精神力量，才能有所助益。"好的教养源于自然之好，且因为起因比结果更值得赞颂，那么你更应赞颂一个没有教养但自然上好的人，而不是一个丧失自然却有教养

50

---

① 尤其可参见如下著作：《论他自身的和其他人的无知》（*De sui ipsius et aliorum ignorantia*）。

的好人。"① 这句话说出了达芬奇研究的总体情志与路径方向，对于这句话，这个时代里没有思想家能比库萨得出更为清晰的表达和更为透彻的论证了。库萨在共同生活兄弟会里了解并习得了平信徒虔信的理想，即"现代虔敬"，在此之外他又提出了平信徒知识的理想。他写了一部极为重要的作品，旨在对这种理想进行描述和辩护，作品的标题就含有对这一根本思想的暗示。库萨赋予《论智慧》（ *De sapientia* ）、《论精神》（ *De mente* ）和《论称量实验》（ *De staticis experimentis* ）这三篇对话以"平信徒"（ *Idiota* ）这个共同的总标题，因为在三篇对话中，平信徒，这个未受教育者，都作为雄辩家和哲学家的老师而出场。他提出了决定性的问题，这些问题的答案已经明确，已经在某种意义上被预见了。作品的开场是，平信徒在罗马的广场上碰见雄辩家，他告诫后者，精神真正的食粮不在其他人的作品里，真正的智慧不能通过委身于某种权威而得到。"你非智者却以智者自居，并以你的这种智慧为傲；我承认自己无知，而正因此或许比你更有学识。"因为智慧无须以学问装备，智慧在大街上呼喊。在市场的嘈杂与喧嚣中，在人们的日常事务中，智慧通达那些懂得倾听的人。在买家卖家的往来中，在货物称重中，在钱币点算中，智慧就直接向我们显现了：这一切都以人的根本能力，以度量、称重与点算的能力为根据。全部理性活动的基础，精神的显著标记，都在这种能力当中；只要深入这能力以及它最单纯、最通常的外在表现中，就足以就着那些表现而把握到人类精神本性的本质和秘密了。② 从这一基本见解出发，

53

---

① 达芬奇：《大西洋古抄本》（ *Il codice Atlantico di Leonardo da Vinci* ），罗马、米兰，1894年起，第 75 页。（引文原文为意大利文。中译文由中国人民大学哲学院吴功青副教授协助译出［后文中的意大利文翻译同此］，在此特表谢忱！——译者注）

② "Idiota (ad Oratorem): 'Traxit te opinio auctoritatis, ut sis quasi equus, natura liber, sed arte capistro alligatus praesepi, ubi non aliud comedit, nisi quod illi ministratur. Pascitur enim （ 转下页 ）

才能理解库萨恰好对天才的"平信徒"进行的那种定位了。自迪昂①那颇具洞察力的、发掘出达芬奇思想之源头的研究以来，我们知悉了库萨与达芬奇之间的实际关联是多么密切。迪昂详细阐述了达芬奇如何直接从库萨手中接过大量问题，并且他恰好是在库萨遗留这些问题的地方接过它们的。②这一历史关联的更深层次的根据如今向我们显露出来了。如果说，达芬奇好像向库萨寻求了帮助，他好像在许多要点上都在某种程度上直接继承了库萨的遗产，之所以如此，是因为他感到自己与库萨在方法的思索上是一致的。对于他而言，库萨不仅仅是某个特定的哲学体系的代言人，而更多是一种新的研究方式与研究方向的代表。而由此也就可以理解，此处建立起来的这一关联如何超出单纯个体性事物的一切边界。库萨在一定程度上成为达芬奇隶属的那个精神生活大圈子的代表人物——在 15 世纪的意大利，那个圈子在走下坡路的经院主义教养和走上坡路的人文主义教养之外，呈现出知识与认知意志（Erkenntniswillens）的第三种专门的现代形式。这里并不是要以科学的方式确定和把握某个固定的宗教内容，这里也不是要回溯

（接上页）intellectus tuus, auctoritati scribentium astrictus, pabulo alieno et non naturali.' Orator: 'Si non in libris sapientum est sapientiae pabulum; ubi tunc est?' Idiota: 'Non dico ibi non esse, sed dico naturale ibi non reperiri. Qui enim primo se ad scribendum de sapientia contulerunt, non de librorum pabulo, qui nondum erant, incrementa receperunt, sed naturali alimento in virum perfectum perducebantur et ii caeteros, qui ex libris se putant profecisse, longe sapientia anteced-unt … Scribit aliquis verbum illud, cui credis. Ego autem dico tibi, quod sapientia foris clamat in plateis et est clamor ejus, quomodo ipsa habitat in altissimis.' Orator: 'Ut audio, cum sis Idiota, sapere te putas?' Idiota: 'Haec est fortassis inter te et me differentia: tu te scientem putas, eum non sis, bine superbis; ego vero Idiotam me esse eognoseo, hinc humilior, in hoe forte doctior existo?''"如此等等。《平信徒论智慧》，第 1 卷，第 137 页。

① 迪昂（Pierre Maurice Marie Duhem, 1861—1916），法国物理学家、科学理论家、科学史家，工具主义的倡导者。——译者注

②《达芬奇研究》（Étude sur Léonard de Vinci, ceux qu'il a lus et ceux qui l'ont lu），第 2 系列，巴黎，1909 年，第 99 页起。

伟大的古代传统并在其中寻求人类的复兴：这里毋宁是要处处与 54
具体的技术—技艺方面的使命相衔接，并为其寻找一种"理论"。
在创造性的技艺活动中就产生了对这种活动自身做更深思索的需
求，而如果不追溯到知识，尤其是数学知识的最终根据，这种需
求就不可能被满足。除达芬奇外，特别是阿尔贝蒂①，在自身中体
现了精神生活的这种新形态和新疑难：他不仅在私交上与库萨有
联系，而且在他的主要理论著作中都参照了库萨在数学与哲学方
面的思辨，尤其参照了库萨有关圆面积问题的方法论研究。② 单从
这个问题出发，人们也可以了解这个圈子里的人物在什么关键思
想上与库萨相一致。③《论有学识的无知》一书是从把全部认识规

---

① 阿尔贝蒂（Leon Battista Alberti，1404—1472），意大利人文主义者、作家、艺术家、
　数学家、艺术理论家与建筑理论家，早期文艺复兴的建筑师和纪念章专家。——译
　者注
② 进一步可参见曼奇尼（Mancini）：《阿尔贝蒂生平》（*Vita di Leon Battista Alberti*），第 2 版，
　佛罗伦萨，1909 年，以及奥尔斯基（Olschki）：《新语言的科学文献史》（*Geschichte der
　neusprachlichen wissenschaftlichen Literatur*），第 1 卷，海德堡，1919 年，第 81 页起。
③ 作为库萨学说对意大利产生的强劲作用的一个进一步的证据，范斯汀伯格在他写的
　传记（第 448 页起）中印证了如下事实，即意大利存在着一个"小的库萨学派"，这
　个学派在世纪末还举行了一场"学院内部会议"。依据帕乔利（Pacioli）在他的著
　作《神圣比例》（*Divina proportione*）的序言中的报道，除了"伟大红衣主教的一群
　有学识的赞赏者"之外，达芬奇也参加了这场会议，据说这就又证实了迪昂的论
　点。但看起来这里肯定有错误。据我所知，从《神圣比例》这部著作的献词根本推
　不出这样一个库萨追随者群体的存在。它报道了一场集会，那场集会是 1498 年 2
　月 9 日有斯福尔扎公爵（Herzogs Lodovico Maria Sforza）在场的情况下在米兰宫举行
　的，并且列举了出席集会的人，那些人除了罗萨特（Ambrogio da Rosate）、马利安
　尼（Marliani）、皮罗瓦诺（Pirovano）、达芬奇之外，还有诺瓦雷塞（Andrea Novarese）
　和库萨诺（Niccolò Cusano）；这里谈到的最后一个人，因其在医学与天文学方面的
　学识而受到所有在场者的赞赏和尊敬。（E dali prefati molto in tutti premesse [discipline]
　admirato e venerato Nicolo cusano. 参见帕乔利的《神圣比例》，新版本收于《中世纪与
　近代艺术史与艺术理论资料集》[*Quellenschriften für Kunstgeschichte und Kunsttheorie des
　Mittelalters und der Neuzeit*]，经重新排序，第 2 卷，维也纳，1889 年，第 32 页。）这里
　根本没有提到集会者圈子里对哲学家库萨这个人及其学说的赞赏；所提到的库萨诺
　其实是同名的一位医生，他在帕维亚拥有一个教授席位。（关于他，以及帕乔利的
　序言中提到的其他那些人，参见乌奇利：《达芬奇深度研究》[*Ricerche interno a Leon-
　ardo da Vinci*]，第一系列，托里诺，1896 年，第 368 页起。）至于集会本身，（转下页）

定为度量开始的，它据此就在那个包含着度量之可能性条件的比
例概念里确立了一般知识的媒介（Medium）。"一切基于比较的研
究，都运用比例这一媒介。"①但比例不仅仅是一个逻辑学—数学概
念，它首先也是一个审美的基本概念。因此尺度思想就成为自然
研究者与艺术家，也就是第二"自然"的创造者在其中相会的那
个关联环节了。如达芬奇的好友帕乔利所言，比例不仅是知识之母，
也是"技艺的母亲与女王"。在比例概念中如今就汇聚起这个时代
思辨—哲学的趋势、技术—数学的趋势以及艺术的趋势——并且
正是借助这种汇聚，形式问题成为文艺复兴文化的核心问题之一。

　　这里人们又可以澄清"世俗化"的那个特有的进程了，即中
世纪思维的宗教主题自文艺复兴开始以来所经历的那个进程。因
为甚至连目前开始成形的"自然"和"自然真理"的新概念，其
历史根源都要回溯到这些宗教主题上。朝着自然的转向——如果
人们不是在自然这个词的现代—美学的或现代—科学的意义上，
而是在其宗教的意义上看待它的话——已经确定无疑地在中世纪
神秘主义进行的那场伟大的虔敬之转向（Wendung der Frömmigkeit）
中表现出来了。在这一点上，托德②在他论方济各的著作中的
见解无疑是正确的。在方济各那里，新的、基督教的爱的理想
（Liebesideal）觉醒了，它打破并克服了"自然"与"精神"之
间那种教条式的僵死划分。由于神秘主义情感着眼于定在的全体
（Allheit Daseins），以便让自身与这个全体互相渗透，分殊与分离
的界限就在这一全体面前消失无踪了。爱不再单单朝向上帝，朝

（接上页）那其实是所谓的"学院达芬奇"的一次会议，进一步的信息可参见乌奇利：
《达芬奇深度研究》，第341页起，以及奥尔斯基：《新语言的科学文献史》，第1卷，
第239页起。
①《论有学识的无知》，第1卷，第1章。（引文原文为拉丁文。——译者注）
②《阿西西的方济各与意大利文艺复兴艺术的开端》。——译者注

向存在的根源和它那超越性的元根据（Urgrund）——爱同样也不再局限在人与人的那种内在—伦理的关系上。爱直截了当地蔓延到全部的造物上——蔓延到动物和植物、太阳和月亮、元素和自然力上。它们都不再是存在的一些独立的和分离的"部分"，而是由于神秘主义之爱的炽烈而与人、与上帝融为一个整体。借助特殊的、个体性的物性（Dinglichkeit）范畴，自然的生命分成固定的特定种类，并按照特定的等级分层，而这种范畴在神秘主义的这种兄弟情谊（Brüderlichkeit）①范畴面前都站不住脚了：就像鱼与飞鸟、树木与花一样，连微风与水在方济各看来都成了人类的"兄弟姐妹"。在这种形式的方济各式神秘主义中，中世纪精神开启了救赎自然、将自然从罪与感性的污点中解放出来的伟大事业。只是还缺少与这种爱相称，并能为其正名的认识。我们看到了，这种认识是如何在库萨那里发端的——尽管他出身于神秘主义传统，现在他也寻求为自然做一种思辨的辩护。为此当然就必须走另一条道路：在这里神秘主义者必须向逻辑学家求助。但现在求助的不再是学院的旧逻辑学，不是库萨称为"亚里士多德宗派"的那种逻辑学，因为其根本原则正好是这位主张"对立面相合"的哲学家所批判的。②代替形式上的三段论出现的毋宁是数学逻辑学（Logik der Mathematik）。自此它会给出一种手段，借助这种手段我们能够超出神秘主义情感的层面而进入理智性观看的层面。在这里，神秘主义者的上帝之爱才得以完成并达到它真正的目标，因为在库萨看来，若没有某种认识行动作为其基础，就不存在真正的爱。③于是现在就出现了那幅令人瞩目的、在哲学史上独一无二

---

① 或译"博爱"。——译者注
② 《对有学识的无知的申辩》，参见前文（见页边码），第 12 页，注释 2。
③ 参见前文（见页边码），第 19 页。

的场景，即数学之精确性（*Exaktheit*）不是为它自身之故，也不是要为自然认识（Naturerkenntnis）奠基，而是要为上帝认识（Gotteserkenntnis）寻求奠基与深化。按照《论有学识的无知》一书，所有智者和所有最为神圣、最为圣洁的导师们都同意：一切可见之物都是不可见之物的摹本，后者唯有在镜子（Spiegel）和谜语（Rätsel）中才能为我们所见。但如果那个自在的精神之物依然是我们所不能通达的，而且它唯有在意象（Sinnbild）、在符号中才能为我们所把握的话，那么至少应该要求，这个意象本身不要有任何可疑或模糊之处，因为通向不确定之物的道路必须由确定与可靠之物引领。[①] 这里的新颖之处在于，对于那些让神圣之物能够为我们所把握的符号的要求，不仅仅是感性的充实与力量，尤其还有思想上的确定性与可靠性。世界与上帝、有限者与无限者之间的这种关联由此经受了一场彻底的变化。对于神秘主义的思想基调来说，存在的任意一个点都完全能够成为这种关联的结合点，因为在每一个点里都可以辨认出"上帝的痕迹"（Spur Gottes），在有限者的映照中上帝得以被察觉。库萨也重复了这个措辞[②]，但是他将这一措辞置于一种新的、普遍的总体关联之中。在他看来，自然不仅仅是神圣存在与神圣力量的反映，而且它成了上帝亲手写的书。[③] 这里我们依然稳稳立足于宗教土壤中：但是现在同时——用谢林的话来讲——也完成了向自由的、开放的客观知识领域的突

57

---

① 《论有学识的无知》，第 1 卷，第 11 章："Dicimus, cum ad divina non nisi per symbola accedendi nobis via pateat, quod tunc mathematicalibus signis *propter ipsorum incorruptibilem certitudinem* convenientius uti poterimus."

② 参见，比如说，《论有学识的无知》，第 2 卷，第 2 章："Creaturae esse non possit aliud esse quam ipsa resplendentia (Dei), non in aliquo alio positive recepta, sed contingenter diversa."

③ 参见平信徒系列的第 1 书，《论智慧》，第 137 页："Orator: 'Quomodo ductus esse potes ad scientiam ignorantiae tuae, cum sis Idiota?' Idiota: 'Non ex tuis, sed ex Dei libris.' Orator: 'Qui sunt illi?' Idiota: 'Quos suo digito scripsit.' Orator: 'Ubi reperiuntur?' Idiota: 'Ubique ...'"

破。因为单单以主观感觉和神秘主义的预感，不可能掌握自然之书的意义，而是必须去研究它，一字一字地、逐字逐句地揭示它。世界不能再仅仅作为天书、作为神圣的符号而与我们相对待，这符号毋宁需要解读，需要体系性的阐释。解读依照其选择的方向，要么导向一种新的形而上学，要么导向一种严格的自然科学。文艺复兴时期的自然哲学选择了前一条道路。它接受了自然是"上帝之书"这一基本思想，并不断给这个思想制造出新的变体形式。在这一基础之上，康帕内拉（Campanella）直接建造起了他的全部认识学说和他的整个形而上学。在他看来，"认识"无非就是阅读自然中的神圣文字："理解"（intelligere）的意思无非就是"在当中阅读"（intus legere）。"世界是上帝的定格，是他生动的庙宇，是他的记号，他将包含在他精神当中的那些具有无上尊严的事物书写和记录进去了。那些于此书中阅读并获悉事物之特性的人有福了，而不是那些按照自己的感觉或他人的意见进行臆造的人有福了。"[1]一种特有的、新颖的自然情感，却在一种陈旧的比喻当中表达出来了，这比喻可以越过库萨一直追溯到中世纪哲学，追溯至奥古斯丁和阿奎那；然而颇具特色的是，上述这些语句位于一部名为《论事物之感觉和魔力》的作品的结尾处。因为那在最深处将自然结合起来，并将自然与人类联结起来的纽带，在这里仍然彻底被设想为一种有魔力的—神秘主义的纽带。只有通过把自己的生命直接投入自然，人才能理解自然。所以，人的生命感受的边界，对自然的直接共鸣所遭遇的界限，同时就是他对自然的知识的边界。从库萨开始，经过达芬奇而延续到伽利略和开普勒的那种自

58

---

[1] 康帕内拉：《论事物之感觉和魔力》（De sensu rerum et magia），阿达米（Tob. Adami）编，法兰克福，1620 年，第 370 页起。（进一步可参见《认识问题》，第 3 版，第 1 卷，第 268 页起，第 282 页。）

然考察的方向，则展示出了与此相反的解读形式。对于那些我们在其中读出宇宙的精神结构的符号，这一方向并不满足于它们那形象的、感性的说服力，而是要求这些符号在其自身中形成一套体系，一种秩序井然的总体关联。自然之"意义"不能只是以神秘主义方式加以体悟，而是要当成逻辑意义加以思维，而这个要求若要实现，唯有通过数学的媒介。面对意见的任意性与不确定性，数学凭一己之力树立起必然性的尺度与单义性的尺度。因此对于达芬奇，数学就成为诡辩术和科学之间的分界线。那些贬损数学之最高确定性的人，其头脑必充满混乱。由于他执着于单个的语词，他也就陷入单个语词具有的那种不确定性与多义性之中，他感到自己纠缠到无穷无尽的语词争端中。[①] 数学独自就能够终结这些争端，只要它固定语词的含义，并为它们的联结制定出特定的规则——只要它向我们呈现出思想和语句间严格的句法结构，而不是单纯的语词集合。伽利略走到了这条考察道路的终点。对他来说，单个的感性知觉，无论它以怎样的强度和紧迫性一再向我们呈现出来，都不过是单纯的"名称"罢了，它本身没有"说出"任何东西，它自身中不包含任何客观的和特定的含义。[②] 而这样的含义要实现出来，只有当人类精神把知觉的内容关联到它自身中就包含其原型的那些基本的认识形式上才是可行的。凭借这种关联和相互内在，自然之书对我们而言才是可以识读、可以理解的。在人类精神可能和必需的所有象征中，唯有数学符号具有那种"坚

---

① 《达芬奇文学著作集》(*Scritti letterari*)，里希特 (Jean Paul Richter) 编，伦敦，1883 年，第 1157 号 (H，289)。

② 参见伽利略:《试金者》(*Il saggiatore*)，《伽利略著作集》，阿尔贝里 (Albèri) 编本，第 4 卷，第 334 页: "Per lo ehe vo io pensando, che questi sapori, odori, colori etc., per la parte del suggetto, nel quale ci par che riseggano, non sieno altro che *purinomi*, ma tengano solamente lor residenza nel corpo sensitivo etc."

不可摧的确定性"（*incorruptibilis certitudo*），从库萨的这个基本思 59
想出发，我们在连续的历史序列中，到达了那些著名的基本定理
和指导原则，伽利略在其中规定了他研究的目标与特质。因为对
照着圣经的启示，继而提出了"自然之书"的启示，世俗化的进
程得以完成。在两者之间不存在原则上的对立，因为双方以不同
形式呈现出共同的精神意义，因为自然之神圣创造者的统一性就
在它们之中显示出来。然而如果从表面来看，这样一种冲突仍然
为我们所见的话，那么其消弭只能通过如下方式，即较之于语词[①]
中的启示，我们给予作品中的启示以更大的优先性，因为语词是
过去的和流传下来的东西，而作品则作为现成的和持久的东西，
作为一种可以直接地、面对面地去问询的东西立于我们面前。[②]

　　在自然概念的这种发展中，在它不断摆脱那些似乎一直笼罩
它的宗教—神学前提的过程中，那两种根本力量一同在起作用，它
们在文艺复兴的全部精神生活中起着至关重要的作用，并逐渐将
精神生活引导到新的方向上。文艺复兴那种新的基本精神形式处

---

① Wort，亦译"道"，路德译本《约翰福音》开篇"太初有道"中"道"字即译作 Wort，
卡西尔此处即取该处之意。为了保持字面上与后面"作品"的对应关系，我们采取
直译。——译者注
② 尤其可参见伽利略于 1633 年 1 月 15 日致迪奥达蒂（Diodati）的信："Se io domanderò
al Fromondo di chi sono opera il sole, la luna, la terra, le stelle, le loro disposizioni e movimenti,
penso, che mi risponderà essere fattura d'Iddio. E domandato di chi sia dettatura la Scrittura Sa-
cra, so che risponderà essere delleo Spirito Santo, cioè parimente d'Iddio. Il mondo dunque sono
le opere, e la Scrittura sono le parole del medesimo Iddio. Dimandato poi se lo Spirito Santo sia
mai usato nel suo parlare di pronunziare parole molto contrarie in aspetto al vero e fatte eosì per
accomodarsi alla capacità del popolo, per lo più assai rozzo e incapace, sono ben certo che mi
risponderà, insieme con tutti i sacri scrittori, tale essere il costume della Scrittura ... Ma se io gli
dimanderò se Iddio per accomodarsi alla capacità e opinione del medesimo volgo ha mai usato di
mutare la fattura sua, o ... ha conservato sempre e continua di mantenere suo stile circa i movi-
menti, figura e disposizione delle parti dell' universo, son certo che egli risponderà che la luna fu
sempre sferica, sebbene l'universale tenne gran tempo ch' ella fosse piana, e in somma dirà nulla
mutarsi giammai dalla natura per accomodare la fattura sua alla stima e opinione degli uomini."
《伽利略全集》，国民版，第 15 卷，第 23 页。

处都是由当前语言和技术当中创造出来的新的表达可能性（Aus-
drucksmöglichkeiten）共同决定的。如果说库萨在《平信徒》系列对
话里清楚明确地建立了新的平信徒知识的理想，那么这种知识首
先还缺少一种与它相配的、适当的表达形式。"平信徒"着手证明
演说家和哲学家的无知，他触及了经院主义和人文主义知识概念
60 的一些根本前提——然而他本身仍旧说着学院的拉丁语。我们已
经看到，与中世纪语言和术语的这种关联，在库萨本人那里多么
强烈地制约了他原创的根本思想的自由展开（参见前文［见页边
码］，第 20 页）。而目前在意大利接受并延续了库萨思想的那些人
则不受这一制约的束缚。他们包括数学家、工程师和艺术家，在
拒绝传统知识的内容时也拒绝其形式。他们要当发明者，而非注
释者：这就决定了正如他们用自己的头脑去思维一样，他们也想
用自己的语言去讲话。"即便我不能像他们一样征引作者"，达芬奇
如此反驳他那个时代的经院主义者和人文主义者，"我将征引伟大
得多也尊贵得多的事物，因为我援引经验这位大师中的大师。他们
声势浩大地走来，用他人的，而非自己的努力装点着门面，并试图
不让我享受我自己的努力；而如果他们轻视我这个发明者，那么
他们，作为他人作品的鼓吹者和吟诵者，而非发明者，可能会受
到更多的责难……他们可能认为，由于我缺乏教养（*per non avere
lettere*），所以无法顺利地、正确地言说我想要论述的东西：他们难
道不知道，我的事物应该更依靠经验，而非依靠他人的语词来论
述吗？正如经验是所有那些漂亮地书写下来的语词的教师，那么
我也就视其为教师，并且无论如何都会征引它。"[①] 然而，即便是朝

[①] 达芬奇：《大西洋古抄本》，第 115 页 r、第 117 页 v；关于达芬奇在这里表述和论证他
的方法论基本思想时多么接近库萨，读者一瞥"平信徒"系列对话的开篇便知（参
见前文［见页边码］，第 55 页，注释 1）。

着经验的这种转向，如果它没有创造出一种新工具（*Organ*）的话，也不会有什么成果，不会使人们真正从经院主义中解放出来。奥尔斯基在他的《新语言的科学文献史》中出色地表明了这两项任务如何相互交错，它们如何只有凭借对方才能得到解决。摆脱中世纪的拉丁语，逐步建成和扩充一种作为独立科学表达形式的"通俗语"（*Volgare*），对于科学思维及其基本方法理想的自由发展来说，是其必要的先决条件。这里再次显示出洪堡的根本观点的真理性与深度，在它看来，语言不是单纯地追随思想，语言本身毋宁是构成思想的本质环节之一。而经院主义拉丁语同现代意大利语的区别，也绝不仅仅是"声音和符号的差异"，而毋宁在其中表现出了"世界观的差异"。语言在此也不单纯充当新世界观的容器，而是反过来把这种世界观从自身中酝酿出来，并让它与自己的构造与形态一道产生了。然而在这里，文艺复兴的技术思维指示着和语言思维共同的方向。[①] 甚至在这一点上——乍看之下真够让人吃惊的——库萨也是先驱者。因为在他的哲学里，技术的精神、"发明者"的精神被赋予了全新的意义，获得了全新的地位。当库萨制定和捍卫他关于知识的根本观点时，当他表明全部知识无非是对内包地（komplikativ）存在于精神之单纯本质中的东西的展开与外展（Explikation）时，他指的不仅仅是逻辑学、数学与数学自然科学的基本概念，而且指技术知识与技术创造的诸要素。正如精神从存在于它当中的点的原理中展开空间，从单纯的"现在"中展开时间，从一（Einheit）中展开数字，那么也必然有某种理想的"构思"，先于精神对于自然的全部作用。一切艺术和技巧都根源于这样一种构思。因此除逻辑学的范畴，除几何学与算术学、

61

---

① 关于对这种整体关联的进一步阐释，这里读者必须参见奥尔斯基的著作（《新语言的科学文献史》，第1卷、第3页起、第30页起、第53页起等）。

音乐和天文学的概念以外，那些技术成就，比如俄耳普斯的七弦琴、托勒密的星盘，都被征引来作为精神之自主性和永恒性的明证。① 而精神在这里，由于它证实了自己的创造力，尽管没有单纯停留在它自身之中——它投身于某种感性的"质料"，给予并变换后者的形态，这却丝毫不意味着对它那纯粹理智性的本性与本质的背离。因为在这里仍然行之有效的是，向上的路和向下的路是同一条路：理智下降到感性之物，只为将感性世界向着自身抬升。精神对表面上与之对立的那个质料世界的作用，是它认识和实现自身形式的条件——它将后者从它的潜在存在转化为实际存在。②

62 从这里出发人们就明白了，何以恰好从库萨的观念论（Idealismus）中，会产生一种强烈的"实在论的"影响，何以这位柏拉图回忆说（Anamnesis-Lehre）的复兴者，会成为那些伟大的"经验主义者们"的领路人，成为现代经验科学的奠基人。因为对于经验主义者们来说，也不存在"先天主义"（Apriorismus）和"经验主义"（Empirismus）的对立，因为他们在经验中寻求的是必然性，是理性本身。达芬奇之所以投身于经验，是为了在经验本身中指明理性那永恒不变的规律性。对于达芬奇来说，真正的对象不是经验本身，而是理性根据，是隐匿于经验中并在一定程度上体现于经验中的那些"理由"（ragioni）。他指出，自然里充满这样一些从未涉足经验的"理性根据"：自然充满了从未被经验到的无限根据（la

---

① 尤其可参见《论球戏》，第2卷，第232页："Creat anima sua inventione nova instrumenta, ut discernat et noscat: ut Ptolemaeus astrolabium et Orpheus lyram et ita de multis. Neque ex aliquo extrinseco inventores crearunt illa, sed ex propria mente. Explicarunt enim in sensibili materia conceptum." 尤其可参见《布道摘编》，第5卷，第498页："In ista natura (intellectuali) Deus voluit magis ostendere divitias gloriae suae: videmus enim, quomodo intellectus omnia ambit et assimilat et artes de se exserit assimilativas, ut est fabrilis et pictoria." （参见前文［见页边码］，第43页起）

②《论猜想》，第2卷，第16章（参见前文［见页边码］，第47页，注释3）。

natura è piena d'infinite ragioni che non furono mai in isperienza)。[①] 伽利略也走在同一条路上：他强烈地感到，自己是经验之权利的开路先锋，他格外强调，精神唯有从它自己的根据中（da per se）才能创造出真正的、必然的知识。从这些率先垂范的心灵的思想情志出发，就很容易明白：新的自然科学，在摆脱经院主义的同时，并不需要切断联结着它与古代哲学及其复兴尝试之间的那条纽带，它只能更为牢固地编织这条纽带。

二

借着最后的这些考察，我们已经远远超出了库萨学说及其直接影响所属的那个时代。如果我们现在回过头看，首先浮现出的是那个问题，即对于 15 世纪那些真正的"哲学"问题的进展和革新来说，这一学说有何种意义。然而正如我们看到的，历史的见证在这个问题上依然沉默不语。作为数学家的库萨很快就在自己周围聚集起一个固定的学生圈子。属于这个圈子的，不仅有德国的波尔巴赫和雷纪奥蒙坦，还有为数众多的意大利数学家；然而那个时代的意大利，在数学领域没有真正率先垂范的心灵，在提出问题时的原创性和深度上，没有能够与库萨相提并论的思想家。"作为天才头脑而被打上发明者印记的"，康托尔[②] 在他对 15 世纪数学家的描述中这样评价道："只有一位，只有库萨，而他的发明的缺陷或许是因为，他无法成为一位专门的科学人员，尤其是数

---

① 《达芬奇手稿》（*Les manuscrits de L. de Vinci*），拉韦松（Charles Ravaisson）编，巴黎，1881 年起，J，第 18 页 r；尤其可参见《大西洋古抄本》，第 147 页 v："Nessuno effetto è in natura sanza ragione, intendi la ragione e non ti bisogna esperienzia."

② 康托尔（Moritz Cantor，1829—1920），德国第一位数学史教授。——译者注

学家。"① 相反，那个时代的哲学在深深扎根于过去的同时，又蕴含着许多它自己特有的萌芽。归功于文本批评和翻译这两项工作的持续进展，"真正的"亚里士多德与"真正的"柏拉图开始逐渐向这种哲学显露出来。而且亚里士多德和柏拉图现在并不是作为单纯的伟大历史人物走向这个时代的，柏拉图爱欲学说、理念学说以及经过重塑的亚里士多德灵魂学说，都作为直接起作用的力量介入这个时代的思维中。因此这里处处都进行着一种活跃的运动，它在到达一个点和一个固定的体系后随即将其推翻。就连库萨的学说也被卷入这个运动中。但是正如进一步的考察将呈现给我们的，假如即便在这个圈子里，库萨学说的后续影响也清楚无疑，那么这种影响再也不是出自作为整体的体系，而毋宁仅仅出自其中的某些根本问题和根本主题。这些问题被采纳，这些主题被持续思索，只要它们能适应目前进入视野的那些新哲学任务的总体。而这种适应本身不会毫无困难、畅通无阻。人们只要想象一下从15世纪中期到晚期，"文艺复兴"的精神所经历的那种内心变迁，就会理解这些阻碍了。在库萨的主要哲学著作与费奇诺和皮科的著作之间，只隔了一代人，然而人们只要将它们相互对照，就立即会感受到变化，不仅在抽象的问题格局上，而且在思想情志本身上，以及精神的总体立场上，都发生了变化。从这个方面看来，也就表明了如下这种想法的错谬，即认为文艺复兴与"中世纪"的分离是在一种直线的、持续前行的发展中进行的。这里涉及的绝不是这样一种平静而均衡的展开，不是一种简单的、自内而外的生长。在发挥作用的多种力量的角逐中，往往只能达到一种短暂的、脆弱透顶的平衡。即便在那场发生于宗教与哲学的真

---

① 康托尔:《数学史讲演录》(*Vorles. über Geschichte der Mathematik*)，第 2 版，第 2 卷，第 211 页。

理概念之间、信仰和知识之间、宗教和世俗教养之间的大辩论中，库萨的体系也只意味着这样一种平衡。然而库萨的宗教乐观主义敢于拥抱整个世界，将人和宇宙、自然和历史都容纳进来，并在自身中寻求它们的和解，却低估了这里应该加以克服与约束的那些敌对力量的威势。这种悲剧性错误，既没有在库萨的哲学中暴露出来，也没有在他的生活中、在他的政治与宗教影响中显现出来。他的这种影响，开始于他反对教皇绝对权力的斗争，针对教皇的绝对权力，他在《论天主教的和谐》一书中提出了有关整个教会的主权（Souveränität）的学说。后者由于体现在某种普遍的宗教会议中，故高于全部主教，也高于教皇。教皇代表了天主教教会的统一性；他是独一教会之具象，正如教会本身是基督之具象；然而正如原型高于肖像，基督高于教会一样，教会也高于教皇。[1] 然而这种理论上的根本信念，在巴塞尔宗教会议斗争期间就已经遭到毁灭了。此时库萨已经感觉到，为维护教会统一性的理想，为使教会免遭分裂与堕落，就必须潜入敌营。他转向了教皇那一派，此后一直与那派有关联，并且从这时起他就厕身于那一派的最坚定支持者之列了。他的全部生命，他的政治影响和学术影响，都在这个教会阶序的圈子里打转。以这个阶序的名义，他着手与那些相冲突的世俗要求开战，将其推进到极致，以至威胁到他的自由与生命。[2] 因此在库萨本人这里人们看到，他在思维中试图把那些相互冲突的力量联系起来，使它们联结成为有体系

---

[1] "Unde sicut Christus est veritas, cujus figura et significatio est petra sive Ecclesia: ita petra est veritas, cujus significatio et figura est Petrus. Ex quo clare patet, Ecclesiam supra Petrum esse, sicut supra illam est Christus." 《论天主教的和谐》（ *De concordantia. Catholica* ），第 2 卷，第 18 章，第 739 页。

[2] 进一步可参见耶格尔（A. Jaeger）:《红衣主教库萨与奥地利公爵西格蒙德的争执》（ *Der Streit des Kardinals Nikolaus von Cusa mit dem Herzoge Sigmund v. Österreich* ），第 2 卷，因斯布鲁克，1861 年。

的统一性并互相和谐，那些力量如何又在他的生活中，在他所立足的直接的现实当中互相挣脱开来。如果说在这种失望当中，库萨依然不失为一位伟大的乐观主义者和一位伟大的和平共处说的主张者，如果说他由始至终都坚信对立面的这种可能的和必然的"相合"，那么历史进一步的发展却使这一希望越来越渺茫了。它表明，那些现在开始获得对自身的清晰意识的新力量，无法在其发展中限制和约束自身，它们中的每一个都在为自身要求完全的

65　独立性。针对这种要求，哲学采取了双重方式。它可以在如下意义上推进和支持这种要求，即它对经院主义建造的古老思想堡垒的基座，逐块逐块地加以拆除——或者它必须试着用古典—人文主义的教养所呈上的工具，对这一堡垒进行翻新。15 世纪的哲学分裂为这两种趋向，然而那种退行性运动、那种"复辟"经院主义思想形式的尝试，在哲学界不断得到扩展和增强。在 15 世纪的最后几十年里，在那个以佛罗伦萨柏拉图学园的支配为特征的时代里，这一运动达到其高潮。哲学成为一道防御堤坝，抵抗着从各个方向蜂拥而来的各种世俗力量。可是如果哲学再不危及在库萨那里达到的那些有望成为一种独立而专门的方法论的最初端倪，如果它没有越来越多地返回到"神学"中的话，就无法完成这项任务。费奇诺将其主要作品命名为《柏拉图的神学》，皮科的哲学与文学活动，始于《创世六日》(*Heptaplus*) 这部对摩西五经中的创世史加以譬喻式评注的作品，这些都绝非偶然。如果说在近代宏大的观念论体系中，柏拉图主义被理解为科学的哲学的基础，如果说在譬如莱布尼茨这样一位思想家那里，柏拉图主义导致了对"某种永恒哲学"(*perennis quaedam philosophia*) 的要求，那么佛罗伦萨的柏拉图主义则满足于对"某种虔信哲学"(*pia quaedam philosophia*）的要求。^①并且，在这里信仰要完全恢复到它的中世纪—教会的形式，即"投入的信仰"（*fides implicita*）。"我当然（*ego certe*），"费奇诺在一封信里这样说，"更愿意借着神圣者去信仰，甚于借着人类去认识。"（*malo divine credere quam humane scire*）^②人们在这种尖锐的措辞中感受到，信仰和知识之间的张力现在如何再次激化了。库萨在"有学识的无知"的原则中说明了这个张力，然而他意识到，正是在这个原则中，同时就包含着在哲学的、思辨的道路上克服上述张力的工具。费奇诺和皮科也试图走上这条思辨之路：然而这条路的开端和尽头，它的起始点和目的地，不能再由这样的知识来确保，而只能由启示来确保——在一种半神话、半历史的意义上来理解的启示。

66

关于佛罗伦萨圈子的生命基调，如果人们首先依据豪华者洛伦佐的颂歌，或者干脆依据他的《狂欢节服饰》（*Canti carnasciales-chi*）去评判的话，就会得到一种完全片面的图景。如果说在这里，对艺术与美的崇拜变成了对世界和感性的崇拜，对事物之纯粹"此岸"（Diesseits）的欢欣被强烈且无拘无束地表达出来，却有其他一些声音立即就混杂进对这种根本感情的表达中了。在萨伏那洛拉^③及其真正的历史影响登台之前，在这个圈子里似乎就可以感受到萨伏那洛拉的幽灵了。佛罗伦萨学园那些真正重要的心灵最终

---

① "Non absque divina providentia volente omnes pro singulorum ingenio ad se mirabiliter revocare factum est, ut pia quaedam Philosophia quondam et apud Persas sub Zoroastre et apud Aegyptos sub Mercurio nasceretur, utrobique sibimet consona. Nutriretur deinde apud Thraces sub Orpheo atque Aglaophemo. Adolesceret quoque mox Pythagora apud Graecos et Italos. Tandem vero a divo Platone consummaretur Athenis." 费奇诺：《书信集》，第 8 卷，《费奇诺著作集》第 871 页。

② 费奇诺：《书信集》，第 5 卷，《费奇诺著作集》，第 783 页。

③ 萨伏那洛拉（Girolamo Savonarola，1452—1498），意大利多明我会修士和忏悔布道士，他因对于占据统治地位的贵族和教士的批判而引人瞩目，于 1498 年被处决。——译者注

臣服于萨伏那洛拉，在他面前毫无抵抗地屈从，只有当人们留意到从一开始就掺杂进学园之世界图景中的那些禁欲的特征，才能理解这一点。正是这些特征，与日俱增地规定了费奇诺生命的精神形式和总体伦理态度。费奇诺自己述说过，在 44 岁开始罹患的那场严重疾病中，他如何在哲学中、在世俗作家的读物中徒劳地寻求安慰。直到他向玛利亚许愿并向她祈祷一个康复的征兆之后，才得以痊愈。现在他将这场疾病解释为一个神圣的征兆，即单靠哲学是不足以真正救赎灵魂的，为了不再犯下散播异教错误的罪过，他把自己对卢克莱修的评注付之一炬，并且决心把他在哲学与文学上的全部影响力仅仅用来为宗教、为信仰之巩固与传播而服务。[①] 就连那位皮科，在他同时代人眼中如此闪耀夺目，显得如同一只真正的"精神凤凰"一般，这种不断深沉的幽灵也逐渐降临到他的世界图景中了。禁欲的特征在那个最初孕育着希望的上升时代之后也愈发增多了，那个时代充满对人类精神和对人文主义生活理想与教养理想的某种几乎不加限制的信任。这种否定和鄙弃世界的腔调尤其在皮科的信件往来中强烈而明确无疑地显露出来了。[②] 萨伏那洛拉争夺任何人的灵魂都没有像争夺皮科的灵魂这般坚忍不拔、激情满怀和狂热偏执，而在这场争夺战中，他最终还是获胜了。在去世之前不久，皮科就决定听从萨伏那洛拉翻来覆去的告诫，并踏入圣马可修道院。因此在这段生命的终点仍然有一种放弃——一种听天由命的回归，不仅回归宗教教义，也回归教会的圣礼以及基督教—中世纪的生命形式。

---

① 参见费奇诺:《书信集》，第 1 卷，第 644 页；参见加莱奥蒂（L. Galeotti）:《论费奇诺生平与著作》（"Saggio intorno alla vita ed agli scritti di Marsilio Ficino"），《意大利历史档案》（*Arch. storico italiano*），摘要，第 9 部分，第 33 页起。
② 尤其可参见皮科写给他外甥弗朗西斯科（Giovan Francesco）的书信，《皮科著作集》，第 340 页起、第 344 页起。

　　然而，如果我们认为柏拉图学园对所有伟大的佛罗伦萨人所产生的那种强烈而又直接的影响——这影响甚至一度侵袭了马基雅维利怀疑而冷静的心灵——仅仅与某种倒退运动有关的话，它就说不清了。宗教—神学的兴趣此时如此强烈地规定着哲学思想的全部态度和整个发展，于是宗教精神本身在这个时候就进入一个新阶段。从 15 世纪前半叶的思想劳作中孕育了宗教本身的一种新的、"现代的"概念，而这种思想劳作并未式微。要具体揭示并追踪那些把柏拉图学园和这种劳作关联起来的线索，对于我们来说是如此艰难，而另一方面，那普遍的、直接的整体关联又是如此显而易见且无处不在。费奇诺的学说，不仅仅通过提出与解答认识问题时的那些重要的规定，而与库萨的学说关联着。在形而上学和宗教哲学的根本问题当中，比起在逻辑的根本问题中，整体关联更加清晰可辨。由库萨的思辨确立起来的上帝与世界之间的新关系，反过来赋予库萨的思辨以醒目的特征，而且即便有思想上的所有那些反对浪潮，这种新关系依然在费奇诺那里卓有成效。甚至在库萨不太涉及的某个主题中，这种新关系如今也得到新的确证。如果说库萨在他对世界进行的宗教"辩护"中，常常关联数学的和宇宙论的问题，那么佛罗伦萨学园总是一再地追溯到美的奇迹，追溯到艺术形式与艺术形态的奇迹，并且学园的神正论也以美这种奇迹为根据。宇宙的美，在自身中蕴含着对其神圣本源的暗示，以及对其精神价值的最终和最高的认可。它显现为一种完全客观的东西：作为尺度和形式，作为事物本身上的比例与和谐——然而精神恰恰将这种客观的东西理解为从属于它自身的、从它的本质中产生的东西。如果就连那种下里巴人的、粗野的知性也在区分美丽之物与丑陋之物，如果它也在逃避无形式之物并趋向被赋形之物，那么就可以得出，它不依赖于任何经验　　68

和学说，在自身中就含有美的某种固定的规范。"任何心灵首次在事物中遇到圆的形状时都会赞叹不已，却不知为何赞叹。我们也这样赞叹墙壁的对称、石头的布局、门窗的形状，同样我们也称赞人类躯体上四肢的比例，或旋律当中声音的协调。如果说任何心灵都赞美这一切，并且哪怕不知道赞许的根据它也必定会赞美的话，那么这只有通过某种自然的和必然的本能才可能发生……也就是说，这些判断的根据是精神与生俱来的。"① 于是和谐成为上帝打在其作品上的印记，由于这个印记，他使其作品变得高贵，由于这个印记，他将其作品置入与人类精神的某种内在的和必然的关联中。因为人类精神借着它关于美的知识，借着它在自身中发现的尺度，步入上帝与世界之间，才由此真正将两者联结为一个统一体。我们在这里再次遇到了从库萨那里获得其典型特征的小宇宙思想。在库萨那里，人成为世界的纽带，不仅仅因为他在自身中统一了宇宙的全部要素，而且因为在某种程度上宇宙的宗教命运就在他当中决定下来了。因为他是万物的代表，是万物的全部力量的精华，因此如果人不借着这个进程并在他自身中同时完成对万物的提升的话，他自己就不能向神圣者提升。也就是说，人的救赎并不意味着他与世界的分离，而世界自身则仍然保持为一个绝对低级的、感官的层面——从现在起救赎毋宁扩展至存在之整体。这一思想为佛罗伦萨学园所接纳，并在费奇诺的宗教哲学中成为一个极其重要、极为有效的动机。在费奇诺那里，灵魂也显现为世界的精神"中点"，显现为理智之物的世界和感性之物的世界之间的那个"第三王国"。灵魂高于时间，因为它在自身中包括了时间，同时它又低于那些根本不分有时间的事物；它同时

---

① 费奇诺：《柏拉图的神学——或论灵魂的不朽》(*Theologia Platonica sive de immortalitate animae*)，第 11 卷，第 5 章，第 255 页。

是活动的和不动的，同时是单纯的和多样的。[1] 它包含着较高者，然而又不离弃较低者；因为它绝不献身于某种独一的运动，而毋宁在处于这个运动的中心时也保留着折回和掉头的可能性。以这种方式，灵魂不仅静态地，而更多是动态地将万物包纳在自身中：灵魂不是由那些构成大宇宙的单个部分聚合起来的，它在意向上毋宁指向所有的部分，却不曾专门地坚守和献身于这些方向中的任何一个。[2] 而这种指向并非起源于外部，而是来自它本身。灵魂既不是被某种极其强大的天命、某种单纯的自然力量贬黜到感性之物中的，也不是被那种它不得不彻底被动接受的神恩作用抬升到超感性之物中的。在这一点上费奇诺与奥古斯丁发生分歧，而后者在所有其他地方对于他来说——对于彼特拉克也一样——都算得上至高的宗教权威。并且，这分歧再次意味着对库萨的趋近。因为从那种支配其哲学的基本情志来看，库萨必定会反对保罗—奥古斯丁的神恩拣选的教义。他极少着手去驳斥或限制恩典的作用，然而他确信，真正的宗教冲动并非源自外部，而是源自灵魂的深处。因为灵魂自身的本质就是自我运动和自我规定的能力。"无人能看到你，"《论神观》一书中这样说起那追求上帝的灵魂，"如果他不拥有你；无人能领会你，如果你没有将你自己赐予他。但

---

[1] 参见《柏拉图的神学》，第 1 卷，第 3 章起。

[2] "In universo Dei opere connexio partium est ponenda, ut unius Dei unum quoque sit opus. Deus et corpus extrema sunt in natura et invicem diversissima. Angelus haec non ligat; nempe in Deum totus erigitur, corpora negligit. ... Qualitas etiam non connectit extrema, nam declinat ad corpus, superiora relinquit, relictis incorporeis fit corporalis. Hucusque extrema sunt omnia seque invicem superna et inferna fugiunt, competentia carentia vinculo. Verum essentiali ista tertia interjecta talis existit, ut superiora teneat, inferiora non deserat. ... Est enim immobilis, est et mobilis. Illinc cum superioribus, hine cum inferioribus convenit. Si cum utrisque convenit, appetit utraque. Quapropter naturali quodam instinctu ascendit ad supera, descendit ad infera. Et dum aseendit inferiora non deserit, et dum descendit, sublimia non relinquit. Nam si alterutrum deserat, ad extremum alterum declinabit, neque vera erit ulterius mundi copula." 《柏拉图的神学》，第 3 卷，第 2 章，第 119 页。

是我怎样才能拥有你，我的语词怎样才能抵达你这样一位完全不可通达者呢？我应该怎样请求你，因为还有什么比恳求你将你自己赐予我更荒谬的呢？你是万物中的万物——你怎么可能在将你自己赐予我的同时，不将天空、大地以及它们之内的一切，一起赐予我呢？"但是，灵魂从上帝那里得到的答案消除了这种疑虑："只要你是你的，我就会成为你的。"人愿意或者不愿意成为他自身，这是他的自由——只有当他自发地下决心追求前者时，他才会分有上帝。选择和最终的决断都听凭他自身。[1] 费奇诺的作品《论基督宗教》（De christiana religione）也坚持这种根本观点。[2] 它从这里开始也使救赎主题发生了某种转向，甚至万物，甚至感性世界本身都借着这一转向在宗教的意义上被拯救了。人的救赎，不仅给予他自身一种新的存在，也借此给予宇宙一种新的形式。这种变形、这种"改革"（reformatio）等同于一种精神上的再造。由于人意识到他自己的神性，由于他克服了对其本性的不信任，对于世界的不信任也就随之消除了。在道成肉身的过程中，上帝宣告并且使得世界中不再存在无形式之物、彻底卑贱之物。[3] 如果他不

---

[1]《论神观》，第 7 章："Cum sic in silentio contemplationis quiesco, tu Domine intra praecordia mea respondes, dicens: sis tu tuus, et ego ero tuus. O Domine … posuisti in libertate mea ut sim, si voluero, mei ipsius. *Hinc nisi sim mei ipsius, tu non es meus. … Et quia hoc posuisti in libertate mea, non me necessitas, sed expectas, ut ego eligam mei ipsius esse.*"

[2] 比如可参见第 35 章，第 74 页："Non cogit ad salutem Deus homines quos ab initio liberos procreavit, sed assiduis inspirationibus singulos allicit, quod si qui ad eum accesserint, hos durat laboribus, exercet adversitatibus, et velut igne aurum, sic animum probat difficultate." 如此等等。进一步可参见《书信集》，第 2 卷，第 683 页："Si quis autem dixerit, mentem ab alienis vel extrinsecis ad intelligentiam non moveri, sed ipsam et propria et mirabili quadam virtute suas sibi species, sua objecta concipere, dicemus ex eo sequi mentem esse incorpoream penitus et aeternam, si nequaquam ab alio, sed a seipsa movetur."

[3]《论基督宗教》，第 18 章，第 22 页："Non minus ferme est deformia *reformare*, quam formare simpliciter ab initio … Decuit igitur Deum omnium effectorem perficere quae defecerant, quemadmodum per insensibile verbum omnia creaverat … Quid sapientius quam universi decorem miram primae et ultimae rationis copulam fieri? … *Sic ergo et declaravit et fecit ut* （转下页）

在人里面也使世界变得高贵的话，上帝无法把人提升到自己那里。人越是深入地领会他自己的本性，越是从其根源的纯粹精神性方面把握自身，他就必定因此而赋予世界以越高的价值——正如另一方面，他对自身之信仰的动摇，会将他连同整个宇宙再次推回到虚无中，推回到有朽（Sterblichkeit）的层面。如同费奇诺明确强调的，对救赎思想的这种理解，根本不再关心什么阶序上的层级或中介。正如上帝无须中介（absque medio）就将自身与人关联起来，那我们也必须明白，我们的解脱就在于我们无须中间人就直接依附上帝。[1] 如果说在这里我们就站在了宗教改革的道路上，那么这在另一方面也确实是文艺复兴的一个真正的根本主题，它为这一宗教转向做好了准备。因为人的自我肯定现在同时成为对世界的肯定："人性"（humanitas）理念也赋予大宇宙一种新的内涵和意义。从这里出发，才能理解佛罗伦萨的柏拉图学园可能施加于文艺复兴的伟大艺术家们的那种深刻影响。剔除掉世界中一切看起来畸形的东西，认识到全部无定形之物实则分有了某种形状——根据费奇诺，这就是宗教—哲学认识的要义。然而这种认识不能仅仅停留在单纯概念上；它必须付诸行动并在行动中得到验证。艺术家的功绩就从这里开始。他实现了思辨只能提出却不能实现的那种要求。为确保感性世界能具有形式与形状，人就必须不断地赋予它形式。感性世界全部的美，最终不是来自世界本身，而毋宁根源于此，即它在某种程度上成为一种媒介，人的自由创造力运

71

（接上页）*nihil esset in mundo deforme*, nihil penitus contemnendum, cum regi coelorum terrena conjunxit atque ea quodammodo coelestibus adaequavit."

[1] "Proinde quia Deus homini absque medio se conjunxit, meminisse oportet, nostram felicitatem in eo versari, ut Deo absque medio haereamus. ... Desinant igitur, jam desinant homines suae divinitati diffidere, ob quam diffidentiam mortalibus se ipsos immergunt."《论基督宗教》，第19章，第23页。

用于其上，并在其中确认自身正是如此。但是这样看来，艺术就不仅不外在于宗教的视点，而且还成了宗教进程本身的一个环节。如果救赎被理解为对人之形式与世界之形式的更新，被理解为真正的"改革"①，那么精神生活的焦点差不多就在这个地方，在这里"理念"获得了形体，在这里那存在于艺术家精神中的非感性形态，突然进入了可见物的世界并在其中实现了自身。因此全部思辨必然会犯错，如果它只是以目光追随有形体的东西，而不投入到赋形（Gestalten）的根本行动当中的话。"啊，事物的探究者，"达芬奇这样说道，"勿要矜夸对事物的知识，知识是自然在其惯常的运作中产生出来的；不如因认识到事物之目的与终点而欢喜，这是由你的精神构想出来的。"②对于达芬奇来说科学和艺术正是此类，因为科学是由理性进行的对自然的二次创造，艺术是由想象力进行的对自然的二次创造。③在这里，理性和想象力这两者不再互相对立，而只是人的同一种进行一般赋形的原初力量（Urkraft）的不同表现。

倘若我们也在这里回顾一下这种思想的前史，就会被引向库萨学说在人类精神与上帝的"相像性"（Ebenbildlichkeit）这个根本主题当中完成的一个重要转向。这绝不意味着它们之间的某种事

---

① 布尔达赫在一些深邃的词语史和观念史研究中指出过，复兴概念和再生概念、renasci（再生）概念和 reformatio（改革）概念是如何扎根于宗教思想的圈子的，又是如何逐渐从这个层面被传布到世俗层面的（《文艺复兴和宗教改革两词的意义与起源》["Sinn und Ursprung der Worte Renaissance und Reformation"]，《柏林科学院会议报道》[Sitzungsber. der Berl. Akademie d. Wiss.]，1910年；重印于著作《宗教改革、文艺复兴与人文主义》，柏林，1918年）。可惜布尔达赫在这里没有探讨文艺复兴的哲学文献；然而哲学文献却恰恰在他描述的过程中构成了最重要的中间环节和结合部之一。一处文句，就像我们前文中（参见前文 [见页边码] 第70页，注释2）引用过的费奇诺著作《论基督宗教》中的文句一样，在某种程度上直接使我们见到了思想的骤变："reformare"（转变）意味着通过救赎过程而在精神上对存在进行重新创造，同时还含有那种"世界与人的发现"的含义，后者通过重新进行深入探究的、世俗的教化要素而发生。

② 《达芬奇手稿》，拉韦松编，G，第47页 r。

③ 《论绘画》（ Trattato della pittura ），曼齐 [Manzi] 编，第38页。

实上—内容上的"相似性",因为这样的相似性从一开始就被"有学识的无知"的原理,被"有限者和无限者不成比例"(*finiti et infiniti nulla proportio*)的定律排除了。因此上帝和人既不在他们的存在上,也不在他们的作品上相仿。因为从上帝的创造中产生出了事物本身,所以人类精神则一向只与它们的符号、与它们的象征打交道。人类精神设定这些符号与象征,在它的认识中与它们打交道,并按照固定的规则将它们彼此联结起来。如果说上帝创造出事物的现实性,那么人则建立起观念之物的秩序;如果说前者具有"给出存在的力量"(*vis entificativa*),那么后者则具有"进行模仿的力量"(*vis assimilativa*)。[1] 但是据此看来,如果说神圣精神和人类精神在某种程度上属于不同的维度,如果说它们在它们的存在形式(Existenzform)上以及它们所造就的对象上都迥然不同的话,它们在生产方式上却保有一种共同关联。唯独在这里才有真正的"比较的第三者"(*tertium comparationis*)。这种关系绝不能通过我们从现成事物的世界中得来的任何一种比较来理解,因为它当中涉及的不是一种静态的关系,而是一种动态的关系。这里所寻求的绝不是实体在其本质方面的任何等同,而毋宁是行动当中、运作当中的某种相应(Entsprechung)。实际上,无论摹本多么渴望在实体的本质上分有原型,它也不会停止成为一个僵死的摹本。只有在作用形式上的那种一致性才给予它生命的形式。如果我们把上帝,亦即绝对的创造力,设定为"绝对的艺术",那么倘

73

---

[1] "Si mentem divinam universalitatem veritatis rerum dixeris: nostram dices universalitatem assimilationis rerum, ut sit notionum universitas. Conceptio divinae mentis est rerum productio, conceptio nostrae mentis est rerum notio. Si mens divina est absoluta entitas, tunc ejus conceptio est entium creatio et nostrae mentis conceptio est entium assimilatio: quae enim divinae menti ut infinitae conveniunt veritati, nostrae conveniunt menti, ut propinquae ejus imagini." 《平信徒》系列第 3 书,《论精神》;尤其可参见第 7 章。

使这绝对的艺术决心要以某种形象体现自身的话，对于它来说可能存在双重的道路。它可以创造出一个形象，这个形象尽可能地包罗一般被造物所能达到的完满性，但是另一方面，正因为它已经处在可能的完满性的边界上，就不能再超越这个边界了。或者，它也可以产生出一个本身并不完满的形象，但同时赋予它一种持续提升自身，使自身日益接近于原型的能力。这两种形象孰优孰劣，毋庸置疑：前一种和后一种的关系，就好比某位画家勾勒出来的人物形象——它在一切特征上都和本人相同，然而却是喑哑而僵死的——较之于另一幅形象的关系，后者虽然不那么接近原型，却从它的造物主那里获得了一种自行运动的天赋。而我们的精神恰恰在这个意义上是无限艺术的一种完满而生动的形象，因为无论创世伊始时，我们的精神在其实际所是的情形上多么落后于这种无限的艺术，然而它天生拥有一种力量，借着这力量它能够将自己塑造得逐渐与这种无限艺术相称。[1] 它那独特的完满性就表现为它绝不停留于任何已经达到的目标，而是一定要不断追问和求索，超出这一目标。正如感官的眼睛既不会满足于也不会受限于任何可见之物——因为眼睛从不因观看而餍足——同样，理智的观看也从不因照见真理而餍足。文艺复兴的那种浮士德式的基调，或许就在这里得到了最为清晰的哲学表达和最为深刻的哲学辩护。渴求无限之物，无法停留于任何一个被给定的或已实现的东西上，这不是精神的过错或罪孽，而毋宁是它的神圣天命与不灭性的印记。[2] 这一独特的根本主题如何浸染文艺复兴精神生活

---

① 参见《平信徒》系列第 3 书，《论精神》，第 13 章，第 169 页。

② "Sicut vis visiva sensibilis est infinibilis per omne visibile (nunquam enim satiatur oculus visu)，sic visus intellectualis nunquam satiatur visu veritatis. Semper enim acuitur et fortificatur vis videndi: sicut experimur in nobis, quod quanto proficimus plus in doctrina, tanto capaciores sumus et plus proficere appetimus, et hoc est signum incorruptibilitatis intellectus." 《布道摘编》，第 5 卷（*Ex. serm.*: "Si quis sermonem meum servaverit"），第 488 页。

的所有层面，以及它在这些层面中如何改头换面，我们都可以一步一步地追踪到。它在达芬奇的艺术理论中居于中心[①]，正如在费奇诺关于不朽的哲学学说中，它同样居于中心。库萨区分出无限概念的三重指向与三重含义，因为在作为绝对—无限者、作为绝对极大的上帝（对于人类的理智来说，这样的无限者是无法企及的）之外，还有两种形式的相对—无限者与之对峙。其中一个在世界中，另一个在人类精神中向我们呈现出来。在前者中，绝对者的无限性以如下方式呈现和反映于形象（Bilde）中，即宇宙没有空间上的边界，它延伸至不确定的广度；而在后者当中，这种关系则表现为精神在其进展中不承认任何"极点"（*ne plus ultra*），不承认追求有任何界限。如果说这种根本观点在其宇宙论方面要直到很晚，直到 16 世纪的自然哲学中，尤其是在布鲁诺那里才发生影响的话，那么它在思辨的心理学方面，则由佛罗伦萨学派加以接纳和发扬了。费奇诺的主要作品《柏拉图的神学》就是完全针对这一根本观点而撰写的。不管这部作品多么仰仗于古代和中世纪的先贤，不管它对柏拉图和普罗提诺、新柏拉图主义者和奥古斯丁那里关于灵魂不灭性所提出的全部论证进行了多大的更新，证明活动的全部重点以及认识的全部激情都落在如下思考上了，即精神不会在时间中终结，因为正是精神本身才造就了时间中的全部界限，正是它将生成（Werden）之长河划分成了特定的段落和时期。使得精神一劳永逸地超出时间的，正是这种关于时间、关于时间之无限进展以及关于那些尺度规定的知识——借着这些规定，时间之进展才在某种程度上得以停留并由思维加以"确

[①] 参见，比如说，达芬奇的《论绘画》，第 28 页："Li semplici naturali sono finiti e l'opere che l'occhio commanda alle mani sono infinite; come dimostra il pittore nelle finzioni d'infinite forme d'animali et erbe, pianti e siti."

75　定"。① 在意志这方面，我们会得出同样的结论，因为意志只有超出一切有限的目的设定，才能真正成为属人的意志。如果说自然的一切定在与生命都满足于某个特定的圈子，它愿意固守于它的状态中，那么对于人来说，只要还存在任何可谋求之物的话，任何已获得的东西都显得微不足道。在人看来，没有任何时刻可以让他休憩，没有任何场所可以让他停歇。② 通过将这一思想从人的个体本性转变为人的特有本性，也就是说，通过把心理学考察的范围扩展成历史哲学考察的范围，这一思想将会获得其全部意义。而即便在这里，也是费奇诺宗教哲学的根本思想在这两个领域之间打造起一座桥梁。正如对于库萨来说，人的总体性（Gesamtheit）

---

① "(Mens) corpora dividit in partes plurimas partiumque particulas, numeros auget supra numeros absque fine. Figurarum modos mutuasque illarum proportiones atque etiam numerorum comparationes innumerabiles invenit, lineas supra coelum ultra terminum undique protendit. Tempus in praeteritum absque principio, in futurum absque fine producit. Neque solum ultra omne tempus aliquid antiquius cogitat, verum etiam ultra omnem locum alium semper cogitat ampliorem. ... *Illud ... mihi videtur vim mentis ... interminatam prae ceteris demonstrare, quod ipsam infinitatem esse invenit, quidve sit et qualis definit.* Cum vero cognitio per quandam mentis cum rebus aequationem perficiatur, mens cognitae infinitati aequatur quodammodo. Infinitum vero oportet esse, quia aequatur infinitati. Ac si tempus, quod successione quadam metitur motum, infinitum esse oportet, si modo motus fuerit infinitus, quanto magis infinitam esse oportet mentem, quae non modo motum tempusque stabili notione, sed infinitatem ipsam quoque metiatur? Cum necesse sit mensuram ad id quod ipsa metitur habere proportionem, finiti vero ad infinitum sit nulla proportio." （《柏拉图的神学》，第 8 卷，第 16 章，第 200 页起）最后几个句子包含了直接引自《论有学识的无知》的文字，关于其与库萨的整体关联，此外还可参见《论球戏》，第 2 卷，以及《平信徒》系列第 3 书，第 15 章（前文［见页边码］第 44 页，注释 1）。

② "Non certa quaedam rerum aliquarum possessio aut species aliqua voluptatis sufficit homini, quemadmodum caeteris animantibus, sed paulum quid in iis adeptum se putat, donec restat aliquid vel minimum acquirendum ... Homo solus in praesenti hoc vivendi habitu quiescit nunquam, solus hoc loco non est contentus."《柏拉图的神学》，第 14 卷，第 7 章，第 315 页；第 18 卷，第 8 章，第 411 页："Solemus ... in nullo cognitionis modo quiescere priusquam, quid sit res ipsa secundum substantiam, cognoverimus. Praeterea rationi naturalis est continua per rationes discursio, quousque ad summam perveniat rationem, quae quoniam infinita sit, ideo sola rationis discursum ex se absque fine frustra pervagaturum sistere possit. Siquidem ultra finitum quodlibet mens semper aliquid ulterius machinatur."

在基督当中被综合为统一性 ①，任何个体因而都是"一位来自全体的基督"（ *unus Christus ex omnibus* ），费奇诺也同样赋予基督—理念一种转向，它借此直接过渡到古代斯多亚派意义上的人性理念。② 从这里出发，一种历史哲学就成为可能，尽管它还深受基督教教义思想的羁绊，却在逐渐克服每一种教义的束缚，只要它能够做到，不独在某一个别的信仰形式中，而且在历史上的信仰形式之总体中，看见宗教概念的体现的话。但是这样一来，基督教历史哲学的那种经典形式，如奥古斯丁在著作《论上帝之城》（ *De civitate Dei* ）中构造的那样，就崩塌了。如果说在这部著作中，考察仅仅指向历史的目标，而历史的意义只有在这个目标当中才显现出来，如果说原罪和救赎是宗教的两个极点，也是从它们那里，全部特殊的事件才获得其神学意义，那么现在，考察的目光就可以停留在事件本身的广度上了。发展的思想由此被宗教的圈子接纳了，礼拜上帝时形式与阶段的多样性由上帝理念本身做出了辩护。真正的基督教，并不企图消灭信仰上的对手，而毋宁希望用理性说服他们，通过教诲使他们转信，或者只是默默容忍他们。③因为神圣的天意在任何时刻都不会允许世间存在任何不以某种形式礼拜上帝的区域。神圣天意关心的是，它在根本上被礼拜，而不是被以这样那样的仪式或姿势礼拜；甚至那些看上去卑贱至极

---

① "Una (est) Christi humanitas in omnibus hominibus et unus Christi spiritus in omnibus spiritibus, ita ut quodlibet in eo sit, ut qui sit unus Christus ex omnibus. Et tunc qui unum ex omnibus, qui Christi sunt, in hac vita recipit, Christum recipit, et quod uni ex minimis fit, Christo fit." 《论有学识的无知》，第 3 卷，第 12 章；参见前文（见页边码），第 42 页，注释 1。

② "Singuli namque homines sub una idea et in eadem specie sunt unus homo. Ob hanc ut arbitror rationem sapientes solam illam ex omni virtutum numero hominis ipsius nomine, id est humanitatem appellaverunt, quae omnes homines quodammodo seu fratres ex uno quodam patre longo ordine natos diligit atquecurat." 费奇诺：《书信集》，第 1 卷，第 635 页。

③《论基督宗教》，第 8 章，第 11 页。

和愚蠢至极的信仰方式和礼拜方式都让它感到称心，只要它们是一种属人的形式，是在它们的必然限制中对人类本性的一种表达。^①在这里人们认识到，费奇诺的哲学尽管处处都关联着启示这一神学概念，然而它恰恰就在这个概念本身的核心处酝酿了一次辩证的转折。如果说人类历史蕴含于自身中的全部精神性的价值，都被还原到并被建立在某种统一的启示中的话，那么反过来就得到如下思想，即所寻求的启示之统一性，唯独只能到历史之整体和历史变化的总体当中去寻找。取代了那种抽象的单纯性（它会表现在某种普遍带有约束力的、教条性的公式中），现在出现了宗教性意识形式的一种具体的普遍性，它将这种意识表现于其中的那些各异的象征，联结成一种必然的关联。

---

① 《论基督宗教》，第 4 章："Nihil Deo magis displicet quam contemni, nihil placet magis quam adorari … Idcirco divina providentia non permittit esse aliquo in tempore ullam mundi regionem omnis prorsus religionis expertem, quamvis permittat variis locis atque temporibus ritus adorationis varios observari. Forsitan vero varietas hujus modi, ordinante Deo, decorem quendam parit in universo mirabilem. Regi maximo magis curae est revera honorari, quam aut his aut illis gestibus honorari … Coli mavult quoquo modo, vel inepte, modo humane, quam per superbiam nullo modo coli." 参见库萨于 1452 年 9 月 22 日致艾因多夫的一封信中的话："Inexplicabilis divinae scripturae fecunditas per diversos diverse explicatur, ut in varietate tanta ejus infinitas clarescat; unum tamen est divinum verbum in omnibus relucens." 尤其可参见前文（见页边码），第 29 页起。

第三章　文艺复兴哲学中的自由与必然性

一

当费拉拉的使团于 1501 年年末在罗马亮相时——该使团旨在护送卢克雷齐娅·博尔贾①前往费拉拉与阿方索·埃斯特②完婚——在当时于教皇府邸为恭迎这一使团所举办的诸多庆典演出中，有一场演出呈现了命运女神与赫拉克勒斯之间的斗争。朱诺派遣命运女神去对付她的宿敌赫拉克勒斯，而命运女神没有战胜赫拉克勒斯，反而被他打败、擒获并绑缚起来。鉴于朱诺恳切的请求，赫拉克勒斯虽然释放了命运女神，但条件是朱诺本人和命运女神都不能再对博尔贾家族或埃斯特家族为非作歹，而都应该庇护两个家族之间缔结的这份姻缘。③我们在这里看到的，仅仅是一种宫廷演出，一种被宫廷习俗的话语装点过的演出；而且乍看之下，对赫拉克勒斯这个象征的选择，也不过表达出对那位执政的费拉

---

① 卢克雷齐娅·博尔贾（Lucrezia Borgia, 1480—1519），文艺复兴时期意大利—西班牙地区的一位侯爵夫人，教皇亚历山大六世的私生女。——译者注

② 阿方索·埃斯特（Alfonso I. d'Este, 1476—1534），文艺复兴时期著名的国务活动家和统帅，慷慨的资助者，曾于 1505—1534 年作为费拉拉、摩德纳、瑞吉欧的公爵。——译者注

③ 关于这场会演的更详细报道，可参见，比如说，格雷戈罗维乌斯（Ferd Gregorovius）：《卢克雷齐娅·博尔贾》（*Lucrezia Borgia*），1911 年，第 183 页起。

拉公爵、埃尔科莱·埃斯特、阿方索父亲之尊名的一种暗示。特别令人讶异的是，这场庆典演出在此呈现出来的那同一个譬喻式的对立，不仅在那个时代的文学中一再与我们相遇，而且它本身也渗透到哲学中了。实际上，在接近世纪末时，这同一个主题又在布鲁诺道德哲学的主要作品中重现了。在布鲁诺的《驱逐趾高气扬的野兽》(*Spaccio della bestia trionfante*，1584)中也描述了命运女神如何走到宙斯与奥林匹斯诸神的集会面前，向他们请求先前由赫拉克勒斯在星座序列中占据的那个位次。然而她的要求被置若罔闻。虽然宇宙中任何一个地方都无法阻挡她这样一位游荡不定者和变化无常者；她能够随心所欲地在天地之间的任何地方显现自身。但是赫拉克勒斯的那个位置被赐予了勇气，因为在真理、规律和公正判决会占支配地位的地方，不能缺少勇气。勇气是所有其他美德的庇护所，是正义之盾、真理之塔：不被恶习攻陷，不因苦难折腰，临危不惧，严摒欲望，视财如土，降伏命运。① 我们应当无所顾忌地在这里直接将思想的宫廷式表达与其哲学的表达等量齐观，因为对于文艺复兴的文化和它的总体精神立场来说，这样一种关系、这样一种等量齐观得以可能，恰恰是极具特色的。文艺复兴的那些交游活动，它那些庆典和演出的形式，多么强烈地向我们透露出它的精神，这一点已经由布克哈特为我们表明了。并且，布鲁诺这样一位人物教导道，支配着演出的那些譬喻式面具，其影响一直扩展到那个领域，该领域按照我们的思维习惯只能保留给抽象的、概念的和非形象的思维。在这样一个时代里，生活显得处处都被精神的各种形式掌控和渗透了，这种根本思想表明其影响所及，关涉人对于世界的态度，关涉自由与命运，直

---

① 布鲁诺：《驱逐趾高气扬的野兽》，《对话录》(*Dial.*)，第 2 卷，第 3 部分；《布鲁诺意大利文著作集》(*Opere italiane*)，拉加德 (Lagarde) 编，哥廷根，1888 年，第 486 页起。

至影响到庆典演出——在这样一个时代里，甚至思想也不单单封闭于自身当中，而是要寻觅可见的象征。布鲁诺是文艺复兴哲学的这种根本气质和根本情志的最为直率的代表人物。从他最早的作品开始，从《论观念的影子》（ De umbris idearum ）这部著作开始，布鲁诺就坚持如下思想，即对于人类的认识来说，观念唯有在具有形象的形式当中才得以呈现和体现出来。无论这种呈现与观念之永恒的、超越的内涵相比，看上去多么虚幻如影，它依然是唯一适合于我们的思维和我们的精神的呈现方式。正如影子并不是绝对的黑暗，而是光明与黑暗的混合，那些以人的形式被把握到的观念，就其可被某种受限的和有限的生物所理解而言，也并不是幻象和假象，而是真理本身。[①] 对于这样一种思维方式来说，譬喻绝非单纯的、外在的副产品，绝非偶然的外壳，而是思想本身的载体。布鲁诺的伦理学更多是与人之形式，而非与宇宙之形式相关，它尤其处处寻求这种专门属人的表达工具。布鲁诺的《驱逐趾高气扬的野兽》是对那种伦理—譬喻式公式语言的全面发展，这种语言试图运用可见的空间宇宙中的那些形态来澄清内心世界中的关系。影响人的内心的那些力量被视作宇宙的大能，诸种美德和恶习被视作星座。但是如果勇气（ fortezza ）在这一考察里居于中心点的位置，它就仍然不能仅仅在其伦理意义及其伦理限制中来理解。勇气意味着——按照它在这里表达出来的"美德"（ virtus ）概念在词源学上的源初意义——一般多样性之力量，人类意志之力量，它成了命运的驯服者（ domitrice delta fortuna ）。我们在这里觉察到的——若使用瓦尔堡在另一个领域创制的表达——是一种新的、然而却真正具有古风的激情范式，是一种英雄式情

79

———————

① 布鲁诺：《论观念的影子》，第二意向（ Intentio secunda ）部分，《布鲁诺拉丁文著作集》（ Opera latina ），托克（ Tocc ）、约姆布里安尼（ Iombriani ）等编，第 2 卷，第 21 页起。

感，它在寻求它的语言和它在思想上的正当性。

如果人们要在其真正的深度上，如其所是地把握文艺复兴中有关自由与必然性之关系的哲学学说，就必须处处追溯它的这个最终根源。对于这个永恒的、在其根本形式上保持不变的问题的那些纯粹辩证的主题，文艺复兴哲学只做了少许添加。例如蓬波纳齐的一部作品《论天命、自由意志及宿命》(*De Fato, libero arbitrio de praedestinatione*)，又一次对所有这些主题做出完整的清算，并以学术的彻底性再次将它们置于我们面前。它追溯了这个问题的全部分支，它谨慎地探究了所有那些概念差别，借着那些概念，古代哲学和经院主义试图证明神圣的预知(Vorherwissen)和人类意愿与行动的自由之间的一致性。然而，它本身既没有做出任何在原则上新颖的论断，而且好像也根本没有去尝试。人们必须回溯蓬波纳齐其他的主要哲学著作，尤其是他关于灵魂不朽的著作，以便对他自身的地位做出清晰界定。而随后人们当然也注意到——尤其是在《论灵魂的不朽》(*De immortalitate animae*)一书对伦理学做出的新奠基中——传统的概念与公式的那种彻头彻尾的僵硬状态，如何在这里也开始松动了。在这里我们面对的是与命运女神象征在文艺复兴造型艺术里所经历的那个过程相似的一个过程。正如瓦尔堡和多伦(Doren)的研究为我们展示了这个过程，正如这些研究向我们表明的，命运的那种僵化的中世纪形式还将长久地保持下去，但是在这些形式之外，其他的主题会越来越强地凸显出来，这些主题追根究底是古代的，然而现在被一种新的精神和新的生命充满了——在理智的领域内也发生了同样的变化。即便这里也无法立即得到新的解决方案，而是在找到解决方案之前，似乎必须首先产生出思想的一种新的张力状态。与过往的哲学的某种真正断裂从未发生过；但或许显示出了某种新的思维动力学，显示出了——用瓦尔堡的话来说——对某种新的、"充满能量的平衡状态"的追求。正如造型艺术在寻求形象上的平衡公式，哲学则"在中世纪对上帝的信任与文艺复兴人（Renaissancemenschen）的自我信任之间"寻求思想上的平衡公式。^① 在作为新的人文主义时代之文献标志的那些半哲学半修辞的论文中，上述追求并不比在真正的"哲学"文献中模糊分毫。这条道路从彼特拉克的著作《论命运的补救之方》（De remediis utriusque fortunae）这里开始，经萨卢塔蒂，一直通往布拉乔利尼和蓬塔诺^②。布拉乔利尼尝试的解决方案是，分派那些塑造着人类生活的相互对立的力量去支配人的定在的不同时期。人类当其尚未形成真正的自我意识，当其尚处于孩童状态或最初的青年状态时，最容易遭受外部命运强力的威胁。一旦这种自我意识成形，一旦它通过自由人性的那些根本力量、通过伦理的与理智的努力的那种能量展开其全部效果时，那些威胁就退却了。"美德"（virtus）与"研习"（studium），最终甚至战胜了天堂的一切敌对力量。^③ 这类转变显示出信仰的一个新方　81

---

① 关于文艺复兴造型艺术中命运女神象征的变迁，参见瓦尔堡：《萨塞蒂的遗嘱指令》（"Francesco Sassetti's letztwillige Verfügung"），《艺术科学论文集》（Kunstwissensch. Beiträge），献给施马索夫（August Schmarsow），莱比锡，1907 年，第 129 页起；以及多伦：《中世纪与文艺复兴的命运女神》（"Fortuna im Mittelalter und in der Renaissance"），《瓦尔堡图书馆演讲集》1922—1923 年，第 1 卷，第 71 页起。多伦的文献证明和文献证据最近还得到了帕奇（H. R. Patch）的《中世纪哲学与文学中的命运女神传统》（"The Tradition of the Goddess Fortuna in Medieval Philosophy and Literature"）的补充，《史密斯学院现代语言学研究》（Smith College Studies in Modern Languages），1922 年 7 月。
② 蓬塔诺（Giovanni Pontano, 1429 或 1428—1503），意大利文艺复兴的人文主义者。——译者注
③ 布拉乔利尼：《书信集》，第 2 卷，第 195 页："Verissimum quidem est, quod scribis neque sidera neque coelorum cursus praestantes hominum naturas bonarum artium studiis et optimis moribus corroboratas pervertere ac depravare posse: sed ante assumptum robur, ante adeptos optimos mores, antequam bonarum artium institutis homines firmentur ... plus sidera et coelos valere arbitror ad disponendum animum nostrum quam hominum praecepta et suasiones." 进一步的信息可参见瓦尔泽：《布拉乔利尼》（Poggius Florentins），莱比锡与柏林，（转下页）

向，但与此同时也在它当中显示出灵魂的一种新的分裂状态。但
丁笔下的命运形象在塑形上和思想上的统一性已经一去不返了，
这个命运形象将所有相互冲突的主题都塞进一个巨大的综合当中，
虽然它使得命运能够作为一种具有自身存在和自身特征的本质而
存在，但仍旧将命运嵌入精神的、神圣的宇宙当中了。然而，相
对于中世纪天意信仰的那种确定和安全，这种不确定恰恰意味着
某种新的解放。在中世纪的双重世界说和它所导致的全部二元论
当中，人只是单纯与那些争夺他的力量对峙，他在某种程度上是
任由它们摆布的。他经历这些力量的冲突，然而他并不自主参与
到这冲突里。他是世界的伟大戏剧的舞台，然而他尚未成为真正
独立的对手。但文艺复兴越来越清晰地向我们展现出一幅不同的
景象，踩着车轮的命运女神——这车轮掌控人、碾压人，一会儿
将他抬高，一会儿使他跌入深渊——一变而成为扬着风帆的命运
女神，并且引导船只的不仅仅是她而已，人自己就是那个掌舵者。[①]
那些理论家们的表达也指往同一个方向，这样的表达更多来自于
行动或精神创造的某个特定领域，而不是来自学究式的知识。在
马基雅维利看来，幸运掌握着全部人类行为中的半数，然而它只
将自己给予行动者、迅速而果敢的进取者，而不是游手好闲的旁
观者。在阿尔贝蒂看来，命运的洪流无法拖走那些立足自身、信
赖自身力量、作为勇猛的弄潮儿为自己开辟道路的人。[②]"毋庸置疑，
面对那些反对它的人，命运自身在过去和未来都是极其虚弱无力

（接上页）1914 年，第 196 页、第 236 页起。（Poggius Florentins 为 Poggio Braccciolini 的
异名。——译者注）
① 就此可参见瓦尔堡的萨塞蒂论文中的图画材料（第 141 页），以及前引多伦文献的插
图第 VI 页，图 14 和图 16。
② 马基雅维利：《君主论》，第 25 章；阿尔贝蒂：《桌边谈话》（Intercoenales），《阿尔贝蒂
著作集》，曼奇尼编，第 136 页起；进一步的信息尤其可参见多伦：《中世纪与文艺复
兴的命运女神》，第 117 页起，第 132 页起。

的。"[①] 在这里，马基雅维利和阿尔贝蒂两人都说出了他们那个佛罗伦萨圈子的意见——这种意见不仅支配了像豪华者洛伦佐这样的政客和行动者，也支配了那些思辨的思想家，直到他们的力量和信心被萨伏那洛拉摧毁为止。当费奇诺在致鲁切拉伊[②]的一封信中说，最好还是与命运和平共处、休战不争，让我们的意志去适应命运的意志，由此它才不会强行将我们拉到一条我们不喜欢的道路上去[③]；所以，柏拉图学园年轻一代的领袖皮科的口号，听起来就显得更为果敢和自由了。"精神的奇迹比天还大……在世间没有比人更大的东西，在人中没有比人的精神和灵魂更大的东西。当您向它们提升时，您就升出了天空之外。"[④] 在佛罗伦萨柏拉图主义的那个笃信的世界中，也就是那个笃信宗教的世界当中，现在迸发出一种"英雄式的情感"，结果它导致了布鲁诺的对话《论英雄的愤怒》(*Degli eroici furori*)。

82

　　然而我们在这里并不去探究精神情志当中的这种变迁，而仅仅尝试用它在哲学理论中创造出来的那种体系性的表达去把握它。瓦拉的著作《论自由意志》(*De libero arbitrio*) 开启了关于意志自由的理论探讨。不是其内容，而更多是装扮了内容的那种形式，使这部作品具有了重要意义，使它很快就从论述同一个对象的一大堆经院主义—中世纪论文中脱颖而出。事实上在它当中不仅显示出一种新的文学风格，也显示出一种新的思维风格。自古典时代以来，自由问题首次重新被召唤到纯粹世俗的论坛和"自然理

---

① 阿尔贝蒂:《论灵魂的安宁》(*Della tranquillità dell' animo*) 第 3 卷，通俗拉丁文版《阿尔贝蒂著作集》，第 1 卷，第 113 页起 (参见帕奇:《中世纪哲学与文学中的命运女神传统》，第 217 页)。(引文原文为意大利文。——译者注)
② 鲁切拉伊 (Bernardo Rucellai，1449—1514)，意大利学者。——译者注
③ 费奇诺致鲁切拉伊的那封信的文本参见瓦尔堡的萨塞蒂论文，第 149 页。
④ 皮科:《论天文学》(*In astrologiam*)，第 3 卷，第 27 章，《皮科著作集》，第 519 页。

性"的审判席面前。虽然瓦拉从未直接与教义抗争，但是他——当他有一天被传唤到那不勒斯的宗教法庭时[1]——最终总是半确信半嘲弄地顺服于"教会母亲"的判决。然而在他的作品中，人们到处都觉察到那种批判的、现代式的新精神在起作用，这种精神开始意识到它自己的力量和它在思想上的装备。瓦拉第一个创造出 17 世纪的贝尔[2]和 18 世纪的莱辛所进行的那种形式的教义批判。虽然瓦拉将抉择交由另外一个审查机关，但他要求，调查终究只能从理性的视角出发、运用理性的工具来进行。理性是"最好的作者"，其他任何证据都不能驳倒它。[3]因此，虽然信仰的内容依然是不可触动的，虽然和后来的贝尔一样，瓦拉保证他所关心的只是纯纯净净地将这个内容剥离出来，把它从与"哲学"的危险关联中解放出来；然而对于这个内容的传统论证现在受到了批判性的审查，并且由于这种审查而正被逐层剥落。起初批判指向层级体系的道德基础和法律基础。借着对君士坦丁赠礼的抨击——这一抨击由库萨在《论天主教的和谐》一书中发端，现在又被装配了新武器，以更尖锐得多的方式再次发起——教会进行世俗统治的法律权利被证明为无效。[4]而与对这些基础所做的这一

---

① 关于瓦拉对教会的异端裁判官的态度，尤其可参见沃伊特的描述:《古典古代的复兴》，第 2 版，第 1 卷，第 476 页起。

② 贝尔（Pierre Bayle, 1647—1706），法国哲学家与评论家，18 世纪法国理性主义的先驱，编有《历史与批判词典》。——译者注

③ 参见瓦拉:《驳斥博洛尼亚人本尼迪克特·莫兰迪》（*Confutat. prior in Benedictum Morandum Bononiensem*），《瓦拉著作集》，巴塞尔，1543 年，第 445 页起。"Sed omissis utrinque criminibus inspiciamus civiliter, quid mihi objectas. Nempe quod Livium ausus sum reprehendere, an tu eum nusquam reprehendi posse existimas? ... Et in Demosthene atque Cicerone summis oratoribus nonnulla desiderantur, et in Platone Aristotele, philosophis maximis, aliqua notantur ... Numquid deterius est rationis, quam hominis testimonium? ... An melior ullus autor est quam ratio ?"

④ 参见瓦拉:《所谓君士坦丁赠礼的虚假与伪造》（*De falso credita et ementita Constantini donatione declamatio*），《瓦拉著作集》，第 761 页起。

法学上的驳斥相对应的，是瓦拉在《论修道士的誓言》(*De profes-sione religiosorum*) 一书中进行的伦理上的驳斥。即便在这本书中，像这样的宗教性内容也从未受到损害；然而瓦拉强烈地批评如下要求，即宗教性内容唯独或者首先体现于某种个别的生活形式或者某种特别的社会形式中。僧侣生活的理想、神职人员的价值优越性被果断消除了。宗教和虔敬的本质在于某种自由的关系，这种关系将我这个信仰和意志的主体交付给上帝。如果人们在外在的法律义务的意义上看待这种关系，如果人们认为，能够通过为其添加某种特定的外在行为，使得思绪的纯粹内在性在价值上得到提高的话，那么这种关系的特质就被误解，甚至被消灭了。任何举止，任何行为或不作为 (Lassen)，都无法媲美自我的献身，也无法再抬高这种献身的伦理—宗教意义：谁给出自身，谁就给出了全部 (*omnia dat, qui se ipsum dat*)。对于这种着眼于主体而非客体、着眼于"信仰"而非"作品"的见解来说，不再存在宗教事物的任何等级代理："因为基督的生命不仅仅保存在被覆盖的泥土中。"(*non enim in solis cucullatis vita Christi custoditur*)[①] 而由于从等级的困境中解放出来，思维和行为现在都获得了全新的波动幅度。虽然基督教完全将真理收入囊中的要求是无可争议的，但是基督教信仰的内容一定会越来越偏爱那种按照自然知性的要求所做出的解读。这一点丝毫不加掩饰地表现在瓦拉的首部作品，即对话录《论欢乐》(*De voluptate*) 中。在这里，欢乐不能仅仅被当

84

[①] 参见瓦拉：《反对指控尤金的申辩四》(*Apologia contra calumniatores ad Eugenium IV*)，《瓦拉著作集》，第 799 页。"Via a Christo tradita nulla est tutior, sicut nec melior, in qua nulla professio nobis injungitur. At vita ipsorum, inquiunt, ab illa Christi non discrepat. Sane vero, sed ne aliorum quidem, nec enim in solis cucullatis vita Christi custoditur." 尤其可参见《论修道士的誓言》(*de professione religiosorum*) 这部著作 (瓦伦 [Vahlen] 编：《瓦拉著作集》[*Laurentii Vallae opuscula tria*]，维也纳，1869 年，尤其是第 160 页起)。

作最高的善，而应该被当作绝对的善，当作维持一切生命的原则，由此也被证明为一切价值的根本原则；而这种享乐主义的复兴并不与信仰敌对，而是处于信仰本身的庇护之下。基督教——这是瓦拉的根本论点——并不仇视伊壁鸠鲁主义，因为它本身也无非是某种增强了的和仿佛升华了的伊壁鸠鲁主义。因为难道基督教向其信徒所预言的那种极乐，不正是欢乐的一种最高和最完满的形式吗？[①] 正如人们已经在青年瓦拉的作品中随处察觉到的，相较于对论点的证明，他更在意的毋宁是战斗时的欢欣，而这一点适用于他的全部哲学作品。莱辛的话用在瓦拉身上恰如其分：对于他来说，狩猎的乐趣总是比猎物更有价值。正是这一点给他关于意志自由的作品打上了文学上的和思想上的烙印。这部作品的成功，以及它那直至莱布尼茨依然强劲有力的历史影响，在很大程度上是由于下面这一点，即曾经被经院主义拆分成无限的子问题和不断更新的辩证区分的那个问题，又一次在其整体中得到把握，并得到了最确切的、在风格上和思想上都最洗练的表达。在这里人文主义者瓦拉和哲学家瓦拉并不一致。只有一位人文主义者和天才的文学家才能创造出如今装扮着这个问题的那种外在形式。瓦拉并不探讨神的预知和神的万能这两个概念，并不把它们与人类的意志自由这一概念相对照，瓦拉是从这些概念的某种具象（Verkörperung）出发的。古代的神话如今被分派了一个新角色，它成了逻辑上的可思议性的工具。神的预知表现在阿波罗这个形象中，神的全能表现在朱庇特这个形象中。这两种大能并不相互

85

---

① 尤其可参见瓦拉：《论欢乐》，第 3 卷，第 9 章，第 977 页："Beatitudinem quis dubitat aut quis melius possit appellare quam voluptatem? ... Ex quo debet intelligi non honestatem, sed voluptatem propter seipsam esse expetendam, tam ab iis qui in hac vita, quam ab iis qui in futura gaudere volunt."

冲突，因为关于某个未来事物的知识并不产生这个未来事物，正如关于某个当下事物的知识也不创造这个当下事物。因此，预见某个未来事件的那种确定性，无论如何都不包含其实际发生的实在根据（Realgrund）。因此阿波罗，这位预言塞克斯图斯·塔克文（Sextus Tarquinius）之暴行的先知，并不对这一暴行负有责任。他可以将塞克斯图斯移交到朱庇特的法庭，是朱庇特给予他这种资质、这种意志方向的。当然，瓦拉的研究在这一点上中断了。作为被造物的人将其全部存在都归功于上帝，然而他被赋予了进行意志决断的自由，并且由于这自由他要对他的行为负责，这是如何可能的？在瓦拉看来，这个问题在哲学上再也得不到任何解答。只剩下放弃，只剩下逃避到神秘中。[1] 在这种放弃中，人们不必只看到任何对于危险的神学结论的回避，因为放弃符合瓦拉整体的精神方式。在这里如同在所有地方一样，他都不愿给出任何完备的解答，他满足于把问题以一种极其尖锐的方式摆到我们面前，然后离我们而去，将这个问题留给我们。

　　某种完全不同的氛围弥漫在蓬波纳齐的作品《论天命、自由意志及宿命》中。他没有像瓦拉那样以格言方式探讨意志自由与宿命的问题，在这里一种真正经院主义式的彻底和冷静在分析中又重向我们呈现了。只有更加谨慎、更加批判地运用原典，才能感受到与经院主义的距离。这种回归"纯粹的"、切合原典的亚里士多德的要求无处不在，曾被瓦拉明确拒绝追随的亚里士多德[2]，现在又重新被视为世俗知识的最高权威。但是人们不再期待

---

① 参见《论自由意志》一书，《瓦拉著作集》，第 1004 页起。

② 尤其可参见瓦拉的《辩证法驳议》（*Dialecticae disputationes*），《瓦拉著作集》，第 645 页起。尤其能表明其特征的还有《论自由意志》，第 1004 页："Antonio: Hic te teneo. An ignoras praeceptum esse philosophorum, quicquid possibile est, id tanquam esse debere concedi? ... Laurentius: Philosophorum mecum formulis agis? quasi eis contradicere non audeam!"

这位权威，以及在蓬波纳齐看来体现在亚里士多德身上的人类理性，会与信仰达成某种和解。两者之间的对立不仅不能试图去掩盖，反而被有意强调和激化了。因此对于智慧来说，"双重真理"的学说依然是最终的结论。当然，有一点在这里明朗起来了，即相较于中世纪而言，人们在精神和灵魂上对这种学说的态度已经发生了变化。教会的教义裁决得到极大承认，"投入的信仰"的概念毫发无损，然而人们察觉到——如果人们把这种承认和奥卡姆主义的承认进行比较的话——这时的重心已经极大地往有利于"理性"的方向转移了。人们称蓬波纳齐为"最后一位经院主义者"，但人们同样可以称他为第一位启蒙者。实际上，他的作品从头到尾表现出来的都是一种披着经院主义外衣的启蒙。他处处都以概念方面的纯粹与精确进行着严格冷静的研究；他只将话语交付于知识——结果当然就在达到最终成果和结论之前停顿下来了。他允许教会信仰的超越性世界存在，但是他毫不隐讳如下这一点，即他既不需要它来建立科学、心理学和认识论，也不需要它来建立伦理学。在他看来，这两者都立足于它们各自自主的基础之上：它们已经摆脱神学的形式了。蓬波纳齐有关意志自由的著作也表现出他的思维的这种典型的根本特征。如果说瓦拉的作品是一部专注于思想和文献的作品，他试图将问题压缩在寥寥数页当中，那么蓬波纳齐则再次将一整个序列的论证和反证、定义和区分罗列在我们面前。这部作品的形式是对阿芙罗狄西亚斯的亚历山大 ① 的论文《论命运》（ περὶ εἰμαρμένης ）的评注，对这篇论文加以逐字逐句的探究。这部作品里到处都有一个冥思苦想的知性、一种尖锐无情的辩证法在起作用，它试图彻底思考每一个命题直至

---

① 阿芙罗狄西亚斯的亚历山大（Alexander von Aphrodisias，拉丁文写作 Titus Aurelius Alexander，生活于公元 200 年左右），古代逍遥学派哲学家。——译者注

其最终的推论，并为每一个论据寻找敌对论据。在这里，蓬波纳齐自己的系统评判自然就漂移不定了。唯有瓦拉也予以重视的那一个环节被清楚且确定地强调和凸显出来：神的预知与人类行动的自由绝不是必然冲突的。因为如果说上帝知晓未来的行动，然而他并不从其根据出发而知晓它们，因为这与行为中的自由的假定互不相容，他知晓它们是依据它们单纯的事实性，依据它们单纯的"如是"（Daß）。如果说人能够依据他的"如是"去把握过去和当前的事物，那么与此相反，他把握未来事物则只能按照他关于"因由"（Warum）的知识，因为这个未来恰恰不是被直接给予他的，而是能够从它那些原因中推断出来的；而直接的和间接的、给定的和推断的知识之间的这种分别，并不适用于神的知识。因为神的知识的特征恰恰在于，在它当中，时间形式的那些区别都消失了，而那些区别对于我们对世界的把握来说，则是本质性的。因此，对未来事物的知识就无须任何中介，无须对它借以产生的那些条件施行任何推理程序。[1] 如果说这样一来，人类行动的预见（Praeszienz）问题就像在瓦拉那里一样明确了，那么瓦拉遗留下来的一个问题，也就是神之全能与人之自由和自负其责之间的那个相容性问题，对于蓬波纳齐来说，就远没有那么重要了。他绝不敢明确地表达这一点，然而他自己的判断无疑倾向于严格的决定论。在他的自然哲学著作《论神奇自然效果的原因——或论咒语》（ *De naturalium effectuum admirandorum causis sive de incantationibus* ）中，事件的因果关系是在严格的占星术意义上被理解的，历史的世界和自然的世界都被视作天体的作用的必然结果。而在其他情况下，凡是在蓬波纳齐自由表达看法的地方，对于他来说，天命（Fatum）

87

---

[1] 整体上可参见蓬波纳齐的著作：《论天命、自由意志及宿命》，巴塞尔，1567 年起；尤其可参见第 5 卷起、第 913 页起。

在他斯多亚式的理解中通常依然是一种相对最令人满意的、最适宜于人类理性的解决方案。在蓬波纳齐看来，与其说是逻辑上的阻力，还不如说是伦理上的阻力妨碍了对这个方案的采纳，而他作品的本质部分正好就致力于消除这些阻力。如果说瓦拉在他的著作《论欢乐》中力求让宗教形而上学的形式适应于他那种有着彻底的世俗指向的伦理学的形式，那么蓬波纳齐则坚决地一刀切断了迄今将形而上学与伦理学彼此关联起来的那条纽带。两者在原则上完全彼此独立了。正如对于人类生命的价值所做的评判，并不依赖于我们关于生命之延续、关于人类灵魂之不朽的那些表象，那么追问我们的行动是否有价值，这就隶属于与对这些行动之肇因的追问完全不同的某种观察方式了。无论我们如何裁决后一个问题，伦理—实践的判断依然是自由的，并且这种自由，并非只为我们所需的某种虚妄的无原因之物（Ursachlosigkeit）。

80 多年的时间将蓬波纳齐的著作与瓦拉的著作隔开了：前者撰写于 1520 年，后者似乎在 1436 年左右写就。[1] 正好在这几十年中，佛罗伦萨学园的柏拉图主义使得文艺复兴的哲学思维经历了一场变革。无论就时间而言，还是就体系而言，学园的学说都处在人文主义与帕多瓦学派所代表的经院主义后续繁荣的中间；但同时在这种学说的形成过程中，佛罗伦萨柏拉图主义从库萨那里获得的一种深刻影响始终在起作用。皮科那场著名的演讲，充当了他在罗马为 900 个命题所做辩护的导论，让我们清楚认识到思想在精神上的亲缘关系。如果说皮科将"人的尊严"这个主题置

---

[1] 关于瓦拉的对话录《论自由意志》的日期，参见沃尔夫（Wolff）的专著：《洛伦佐·瓦拉》（Lorenzo Valla），莱比锡，1893 年，第 36 页起；蓬波纳齐的论文最初是作为《论神奇自然效果的原因——或论咒语》这部著作的附录印刷出版的，但正如结尾部分的一个注释表明的，它在 1520 年便已经完成了。

于中心点上，那么他起初只是接受了以前的人文主义在修辞上已经反复变更过的某些特定动机。马内蒂[①]作于 1452 年的论文《论人的尊严和卓越》(*De dignitate et excellentia hominis*)已经是依照皮科的演讲也在遵循的那同一种形式上与思想上的图式来建构的了。他使生成之精神世界、文化世界对峙于自然世界，亦即对峙于单纯既成事物(Gewordenen)的世界。唯独在前一个世界中人类精神才好像在家一般；在它当中，人类精神证明了自己的尊严和自由，"由于这些是我们的，亦即人的，因为它们由人建立，由人摧毁：全部住所、全部集镇、全部都市，总之，世界上的一切建筑。绘画是我们的，雕塑是我们的，技艺是我们的，我们的知识，我们的……智慧。所有发明……都是我们的，种种不同的语言和各种各样的文字，都是我们的，我们越是思考它们必然具备的好处，我们就越发强烈地赞叹不已、惊讶莫名"[②]。如果说马内蒂的这些话语在本质上回归了古代斯多亚派的思想遗产，那么皮科的演讲中则增添了某种新的要素。因为那个颇具特色的、在库萨以及其后在费奇诺那里完成了的小宇宙主题的改造（参见前文［见页边码］第 68 页起），贯穿于皮科的全部见解中。这样一来，他的演讲就不仅仅是单纯的修辞精品了。它在修辞上的激情同时包含着一种现代特有的思想上的激情。人的尊严并非基于其存在，并非基于宇宙结构中一劳永逸地分配给他的那个位置。如果说阶序体系将世界划分成一些层级，并为每个东西指派一个层级，作为宇宙中归属给它的位置，那么这种根本观点并没有抓住人类自由

---

① 马内蒂(Giannozzo Manetti, 1396—1459)，意大利人文主义者、语文学家和政治家。——译者注
② 依据秦梯利的《文艺复兴中人的概念》(*Il concetto dell'uomo nel rinascimento*)（重印于《布鲁诺与文艺复兴思想》，第 111 页起）对马内蒂的著作的详尽分析，这些句子出自马内蒂的论文《论人的尊严和卓越》(1452)。（引文原文为拉丁文。——译者注）

89 的意义和问题之所在，因为后者在于对我们通常习惯于在存在与作用之间假定的那种关系的反转（Umkehr）。古老的经院主义定律"作用跟随存在"（*operari sequitur esse*）在物的世界中或许是适用的；而人的世界的本性和特质在于，在它当中适用的是与此相反的规定。在这里，存在并不为活动的方式预先给出某种一劳永逸的、固定不变的方向，而是活动的源初方向才规定和设定了存在。人的存在随其行动而来，而这种行动并非仅仅展现于意志能量之内，而是涵盖其全部构造性力量。因为任何真正创造性的构造所包含的，并不仅仅是对世界的某种单纯的作用；它预设了一点，即作用者与被作用者、行动的主体与它的对象相区别，并且有意识地与后者相对立。并且，这种对立绝非终结于某个特定结论的任何一次性的进程，而是始终必须被重新执行。人的存在及价值有赖于这种执行，因此总是只能以动态而非静态的方式加以刻画和规定。我们尽可以在事物的阶序性层级阶梯中提升自己，我们可以爬升至上天的才智，乃至达于全部存在的神圣本源：只要我们停留在这个阶梯的任何一级上，我们在那里就找不到自由所特有的价值。在僵死的阶序体系中，这份价值必定始终显现为某种陌生的东西、某种不可通约的东西以及某种"非理性的东西"，因为这种单纯存在的秩序捕捉不住纯粹生成的意义及运动。随着这一思想——在其总体形式上而言，皮科的学说极大地一方面被亚里士多德—经院主义的传统，另一方面被新柏拉图主义的传统规定着——实现了一次全新的突破。因为现在表明，无论创世的范畴还是流溢的范畴，都不足以刻画存在于上帝与人之间以及人与世界之间的那种关系。通常意义上的创世无非只能这样来理解，即通过创世，被创造物不仅被赋予了某种特定的、受到限制的存在，而且它同时被预先给出了意愿及实现的特定范围。然而人冲破了所有这一类界限：他的作用并不绝对受到其现实性的摆布，而总是在自身中包含着新的、原则上超出一切有限领域的那些可能性。这就是他的本性的奥秘，不仅较低的世界，就连具有才智的世界都因为这奥秘而艳羡人类。因为唯独在这奥秘中，那个支配着其余所有地方的创世规则、创世的固定"类型"被废除了。在创世的末尾——皮科讲演以之开头的那个神话这样描述道——造物主产生了如下愿望，即造出这样一个东西，它能够认识他的作品的根据，能够因作品的美而热爱作品。"但在永恒典范中根本没有借以塑造新物种的原型，创世者在他的宝库中也没有什么可以让他的新子继承，世界之中也没有这个宇宙沉思者的一席之地。那时处处皆被充满；最高的、中间的以及最低的每一个层面都被分派了相应秩序的本质。……最后，造物主决定，这个他不能给予任何专属之物的造物，要与每一其他造物共享其所有。因此他把人这种形象未定的造物置于世界的中间，对他说：'亚当，我们没有给你固定的位置或专属的形式，也没有给你独有的禀赋。这样，任何你选择的位子、形式、禀赋，你都是照你自己的欲求和决断拥有和掌控的。其他造物的本性一旦被规定，就都为我们定下的规律所约束。但你不受任何限制的约束，可以按照你的自由抉择决定你的自然，我们已把你交给你的自由抉择。我已将你置于世界的中心，在那里你更容易凝视世间万物。我使你既不属天也不属地，既非可朽亦非不朽；这样一来，你就是自己自由的形塑者，可以把自己塑造成任何你偏爱的形式。你能堕落为更低等的野兽，也能照你灵魂的决断，在神圣的更高等级中重生。'……野兽……从母胎里带出了它们将会拥有的全部。上界的精灵自太初或那之后不久，就已是他们在永恒中永远将是的样子。父在人出生时为他注入了各类种子以及各种生命的根苗。这些种子将在

90

113

每个培育它们的人那里长大结果。培育其植物性的种子，他就变成植物；培育其感觉，他就变成野兽；培育其理性的能力，他就变成天上的生灵；培育其智性，他就成为天使和神子。"[①] 布克哈特称皮科的演讲为文艺复兴的文化时代最为高贵的遗产之一，而且实际上，它以相当质朴和简明的方式将其意愿之整体和认识概念之整体结合在一起了。显然两个极点在这里相遇了，文艺复兴的心灵特有的那种伦理—理智的张力就基于它们的对立。对人类意志的要求以及对人类认识的要求，便是彻底投身于世界以及彻底区别于世界。意志和认识可以，甚至必须投身于宇宙的每一个部分；因为只有历经万有的全部界域，人才能彻底测量他自己加以规定的那个界域。然而另一方面，对世界的这种完全的开放性绝不意味着消融于其中，或某种神秘主义的、泛神论的自我迷失。因为人类意志只有当它意识到任何单个的目标都绝不可能满足它时，才能成其所是；人类知识只有当它了解到任何单个的内容都绝不可能充满它时，才能成其所是。因此，对于宇宙的整体，这就总是同时具备了一种绝不受缚于它的任何部分的能力。这种彻底投身（Hinwendung）的力量就对应于一种彻底回转（Rückwendung）的力量。人与世界、"精神"与"自然"之间的二元性被严格保留着；然而另一方面，这种二元性没有被持续推进到某种带有经院

① 皮科：《关于人的尊严的演讲》（*Oratio de hominis dignitate*）（目前学界通常将其简写为《论人的尊严》），《皮科著作集》，第314页起。（译文部分依据布克哈特的翻译，参见《意大利文艺复兴时期的文化》，第8版，第2部分，第73页——译者注）关于人作为自由生物甚至超越于精灵和天堂的理智生命之上的思想，源自赫尔墨斯主义传统，这个传统对佛罗伦萨学派产生了强劲的影响：费奇诺将赫尔墨斯主义的古老著作集翻译成了拉丁文。关于这种整体关联的更进一步的信息，可参见布尔达赫对《波西米亚农夫》（*Der Ackermann aus Böhmen*）的评注（参见《从中世纪到宗教改革》，第3卷，第1章，第239页起、第325页起）。（中译文采用了顾超一等人的译文，少数地方依据卡西尔的德文译文有所改动。参见《论人的尊严》，北京：北京大学出版社，2010年，第27页起。——译者注）

主义—中世纪印记的绝对二元论。因为两极性（Polarität）并非绝对的，而是相对的对立性：两极之间的区别，只有当它同时在自身中包含着两极之间的某种相互关联时，才是可能的和可理解的。我们在这里面对的是佛罗伦萨柏拉图主义的一种基本构想，这种构想绝不会被其他相反的思想规定、被在它当中逐渐强盛起来的"超越性"与"禁欲"的风气完全克服或清除殆尽。费奇诺和皮科在其余所有地方都受到新柏拉图主义动机的强烈影响，然而在这里，"分离"概念的那种真正柏拉图式的基本意义重新显露出来了。"超越性"本身设定和要求"分有"，而"分有"也设定和要求"超越性"。客观地看来，这种相互规定或许还显得如此神秘莫测、自相矛盾；但它立即表明自身是必要的和富有洞见的，只要我们从那个自我、那个进行意愿和认识的主体的本性出发。单纯的定在中的那些似乎永远在闪避的事物，都在意志的自由活动和知识的自由活动中直接关联起来了。因为这种活动同时具有分离的力量与统一的力量：它自己就能够极为精确地进行区分，并不会因此就使区分开的东西瓦解为一种绝对的分离。

而如果我们在这里以真正符合库萨的方式，将自我与世界、主体与客体的关系重新理解为一种"对立面的相合"，如果追踪皮科关于"人的尊严"的演讲中的那些思想动机在历史上的后续影响，那么这种整体关联就更加清晰地凸显出来了。即便在皮科的演讲中，我们也已经清楚听到了库萨思辨的余音。"由于人性之统一性（*Humanitatis unitas*），"《论猜想》一书中这样说，"以人的方式受限（*contracta*），它[①]明显依据它这种限定的本性而内包（*complicare*）万物。它的统一性具有的力量也就涵括了万物，而且

92

---

① 指人性。——译者注

将万物控制在它的领域内，使得万物中无物逃得出这力量的作用（potentiam）。……于是人就是上帝，当然不是在绝对的意义上，因为他毕竟是人；因而他是一位人样的上帝（humanus deus）。于是人也是世界，当然并非在受限的意义上是万物，因为他毕竟是人；因而人是小宇宙（μικρόκοσμος）或人样的世界（humanus mundus）。人性的领域，其能力中就囊括着上帝与大全世界。于是人就能成为一位人样的上帝，而正如他以人的方式成为上帝，他也能成为一个人样的天使（humanus angelus）、一只人样的动物（humana bestia）、一头人样的狮子或熊（humanus leo aut ursus），或者任何别的东西。万物都以人的方式存在于人的本性的可能性当中。……那么在人性中，万物都以人的方式展开，正如万物在宇宙中以宇宙的方式展开。因为人性就作为人样的世界存在着。在人性中，万物也以人的方式被内含，因为人性也就是人样的上帝；因为人性是统一性，于是也是在人的意义上受限的无限性。……那么人性之创造力的目标也就是人性自身。并非因为它在创造，它便从自身出发得到什么，而是因为它展开了它的力量，它才达到它自身。它也没有造就任何新东西，而是造就了它通过展开自身而得到的东西①，在这里它所经历的全都是已经包含在它自身内的东西。"②

只要人文主义超出一种单纯的博学运动，只要它试图为自己寻找某种哲学的形式和哲学的论证，它就必须到处都回溯到这些根本的命题上。因此我们看到，它们的影响并不局限于某个个别的圈子，而是超越了民族的界限和哲学学派的界限。它们是那场精神运动的起始点，它从意大利蔓延至法国，从带有柏拉图印记的哲

---

① 意即只得到本就蕴含在它之中的东西，比如从种子里得到花。——译者注
② 库萨：《论猜想》，第2卷，第14章（比较前文［见页边码］，第45页）。（引文原文为拉丁文。——译者注）

学式人文主义蔓延至带有亚里士多德印记的哲学式人文主义。在这里，对于我们而言，不仅思想的那种实质—体系性的整体关联清楚地显露出来，单个历史线索之间也清楚地相互分离开来。因为德塔普雷斯^①，法国的这位亚里士多德研究的真正革新者和"亚里士多德复兴"的创始者，同时是第一版库萨作品全集的出版者，他不仅从他处处都极其钦佩和崇敬地提及的库萨那里，也从佛罗伦萨的柏拉图学园那里，受到了决定性的影响。^② 因此两者也在他的学生博维鲁斯^③的作品中融合在一起了，这部作品直接推进和系统贯彻了皮科演讲中的根本思想。^④ 这部作品——1509 年的《论智者》（ *De sapiente* ）——或许是文艺复兴哲学中最引人瞩目以及某些方面最具有特色的一部创作。因为旧的事物与新的事物、幸存

---

① 德塔普雷斯（Jacques Lefèvre d'Étaples，亦写作 Jacobus Faber Stapulensis，1450 或 1455—1536），法国神学家与人文主义者。——译者注

② 柏拉图学园的种种学说早就在法国，尤其是在巴黎大学，找到了知音，这一点加甘（Guguin）在 1496 年 9 月 1 日致费奇诺的一封信中就指出来了。"Virtus et sapientia tua, Ficine,"原文如此，"tanta in nostra Academia Parisiensi circumfertur, ut cum in doctissimorum virorum collegiis, tum in classibus etiam puerorum tuum nomen ametur atque celebretur."（《加甘书信与演讲集》，蒂阿斯奈［Thuasne］编，巴黎，1903—1904 年，第 2 卷，第 20 页起）引文依据梅斯特维特：《伊拉斯谟的开端——人文主义与"现代虔敬"》，第 165 页。关于佛罗伦萨的柏拉图学园对德塔普雷斯哲学发展的影响，尤其可参见勒诺代（A. Renaudet）的《意大利早期战争时巴黎的宗教改革前状态与人文主义》（*Préréforme et Humanisme à Paris pendant les premières guerres d'Italie, 1494—1517*），巴黎，1916 年，第 138 页起，诸如此类。

③ 博维鲁斯（Charles de Bouelles，拉丁文写作 Carolus Bovillus，1479—1567），法国哲学家和神学家。——译者注

④ 博维鲁斯著作的主题与皮科的演讲《论人的尊严》的主题有多么相近，在——比如说——第 24 章的一个文句中就表现出来了："Hominis nichil est peculiare aut proprium, sed ejus omnia sunt communia, quecunque aliorum propria. Quicquid hujus et hujus. illius et alterius et ita singulorum est proprium, unius est hominis. Omnium enim in se naturam transfert, cuncta speculatur, universam naturam imitatur. Sorbens enim hauriensque quicquid est in rerum natura, omnia fit. Nam neque peculiare ens homo est, hoc vel hoc, neque ipsius est hec aut hec natura, sed simul omnia est."《论智者》一书是 1509 年撰写的，在 1510 年与博维鲁斯的其他一些著作一道在巴黎出版。关于这个版本，以及博维鲁斯的认识论——这里不能探讨了——的基础，参见《认识问题》，第 3 版，第 1 卷，第 66 页起。

的事物和有创造力的事物在其他任何地方都不会像在这里一样，如此密切地相互共存。在这里，中世纪思维的那种根本冲动仍然无拘无束地起着支配作用，它试图以密实的类比之网进行编织，并在这个类比网络中捕捉住宇宙之整体、物理世界以及精神世界之整体。正是这同一个不断重复的基本图式，会向我们揭示与展现出小宇宙及大宇宙的秩序、诸元素和诸自然力量及伦理力量的秩序、三段论的逻辑世界、实在的根据与结果的形而上学世界。然而在对世界整体的这种图式性—譬喻性的呈现当中，思想现在被真正的思辨内容和独特的新印记所席卷，以至于有时候令人们直接想到现代哲学中伟大的观念论体系，想到莱布尼茨或黑格尔。在博维鲁斯看来，世界之构成发生在四个各不相同的层级中，它们似乎展现了那条从"客体"通往"主体"、从单纯"存在"通往"自我意识"的道路。存在作为最抽象的要素，是所有事物所共有的；自我意识作为最具体、最成熟的要素，只归属于最高的被造物，亦即人。而处于最外围的这两极之间的，则是作为预备阶段、作为精神之潜能（Potenz）的自然。它在自身中体现出生命的各种不同的形式，然而它也只延伸到理性的门槛上，那种反思的、反求诸己的知识的门槛上。存在（Esse）、存活（Vivere）、感知（Sentire）、理解（Intelligere），如上所述，这是存在为了获得它自身、获得它自己的概念所历经的四个不同的阶段。最低的层级，如此这般的实存（Existenz）是每一个定在者都具有的，无论石头还是植物，无论动物还是人类。然而超出单纯实体性的基础之上，现在出现了主体性生命的各种秩序。[1] 博维鲁斯这里简直预知了黑格尔的公式，按照这个公式，精神发展进程的意义和目标就是"实体"

---

① 参见《论智者》，第1章、第2章。

成为"主体"。人的理性就是"自然母亲"借以返回自身，借以完成它的循环并将自己交还自身的那样一种力量。^①然而在返回之后，它就不再以它出发之前的那一种形态存在了。一旦最初的分离在人这里被设定之后，一旦他走出其原初状态的那种单纯性之后，他就再也无法回到这种完好无损的单纯性中了。他必须经历对立，才能超越对立找到他的本质的真正统一；那种统一并不排除差别，反而设定和要求差别。因为简单的存在本身是没有任何力量的，只有当它在其自身内发生分化，又走出这种分化状态，恢复统一，它才真正富有成果。^②在对这一思想的贯彻和表述中，博维鲁斯明显追随着库萨对三位一体学说作过的阐释。和库萨一样，博维鲁斯全力强调，真正的三－一性（Drei-Einheit）不应静态地，而应动态地去理解——它不应被理解为三种"本性"并存于某个自在的单纯实体上，而应被理解为从单纯"可能性"过渡到"现实性"、从"潜能"过渡到完满的"实现"的那种发展的连续统一。如果把对上帝的这种根本理解转移到人身上就会得出，人真正的现实性仅仅在于他历经这一进程的所有个别阶段。唯独在这个生成过程中，他才能获得并理解他特有的存在。因此我们称为"智慧"的东西，按照其真正的概念来看，就不是对外部对象的某种知识，而是对我们自己的"自身"（Selbst）的知识：并非自然，而是人性

95

---

① "Fit iterum ut rite diffiniri a nobis possit ipsa ratio adulta esse et consumata nature filia, sive altera quedam natura prime nature speculatrix et que ad prioris nature imitationem omnia in semetipsa effingit cunctaque sapienter (vires supplens matris) moderatur. Rationem quoque eam vim diffinimus, qua mater natura in seipsam redit, qua totius nature circulus absolvitur quave natura sibi ipsi restituitur."《论智者》，第 5 章。

② "Natura sapienti simplex esse condonavit. Ipse vero sibi ipsi compositum esse: hoc est bene beateque esse progenuit … Accepit enim sapiens a natura substantialis munus hominis, ex cujus fecunditate studiosum hominem parturivit. Insipiens vero parem quoque ac substantialem hominem mutavit a natura, sed nullo virtutis fenore splendescit. Hic igitur homo rite habere et non habere, ille vero habere et habere predicatur."《论智者》，第 6 章、第 7 章。

（ *humanitas* ）构成了智慧的真正客体。一位智者就是那样一个人，他穿透包含于人之本质中的那些对立，认识它们并由此克服它们。他既是潜能中的人（ *homo in potentia* ），也是现实中的人（ *homo in actu* ），既是出自开端的人（ *homo ex principio* ），也是出自终点的人（ *homo ex fine* ），既是存在着的人（ *homo existens* ），也是显现着的人（ *homo apparens* ），既是萌芽中的人（ *homo inchoatus* ），也是完成了的人（ *homo perfectus* ），既是出自自然的人（ *homo a natura* ），也是出自理智的人（ *homo ab intellectu* ）。① 而对博维鲁斯来说，智慧的这一定义中同时包含着对自由问题的表述和解答。因为自由在他看来无非意味着，人并不像其他的事物一样，从自然那里获得其完备的存在，并且似乎从自然那里获封其永久的采邑，人毋宁必须自行获取存在，必须通过美德（ *virtus* ）和技艺（ *ars* ）去塑造存在。他的自我价值取决于进行这种塑造的力量的大小。因此在博维鲁斯这里，某种完整的伦理学体系加入思辨形而上学的体系中，两者基于相同的基础。正如存在本身分为存在（ *Esse* ）、存活（ *Vivere* ）、感知（ *Sentire* ）和理解（ *Intelligere* ）四个层级，因此人能够自由选择是穿透这些层级序列的整体，还是固守和停留于某个个别的层级上。当他沉溺于怠惰的恶习，沉溺于中世纪式的"厌倦"时，他可能会沦落到那样一个层级上，在那里只剩赤裸裸的定在而缺乏形式，因而也缺乏对这种定在的某种意识；他也可以提升到最高的层级上，在那里他通过自己的自我认识的中介，赢得对宇宙的认识。② 因为一方唯有通过另一方才能被达到。对自身的认识与对世界的认识，仅仅从表面看是相互区别并相互反对的两个进程。实际上，只有当自我投身于世界，当它力求将世界完整地裹挟进

① 《论智者》，第6章。
② 《论智者》，第1章、第2章。

自身并在其形式与"种属"（Species）的整体中仿制世界时，自我
才能获得它自身。这种仿制从表面看只不过是一种消极的成就，
是记忆的一种功能，然而实际上它自身中已经包含了理智亦即思
维着的考察和反思的全部力量。因此，当"较大的世界"（*major
mundus*）进入"较小的世界"（*minor mundus*）时，"较大的世界"
的真理才能在它当中被理解。世界包含事物之整体，但是只有人
才认识这一整体；世界将人作为它的一个部分包含在内，而人在
其本原上把握着世界。因此与世界相较而言，人既能被称作极大
也能被称作极小：若我们以实体的尺度来衡量，他就是极小；若
以知识的尺度来衡量，他就是极大。"世界就实体而言是极大，就
知识而言是空无。人就知识而言最伟大，就实体而言最渺小。任
意一方都存留于任意一方当中，任意一方都向任意一方敞开。因
为人的实体存身于世界中，而世界的知识存在于人当中。世界是
实体性世界，人是合理性世界。世界中的实体之间分离到哪种程
度，事物之间差异到哪种程度，人当中的理性就分歧到哪种程度。
两者当中都有万物，随便哪一方里面都有随便哪一方，且两者里
面都是空无。人当中没有实体，同样地，世界当中没有知性及其
概念。两者都是空的，两者也都是满的。人缺乏事物却富于理性，
而世界充满事物却空无理性。"[①]"实体性"与"主体性"的对立、"自
在存在"（An-Sich-Sein）与"自为存在"（Für-Sich-Sein）的对立表
达得再清楚不过了。[②]而博维鲁斯像黑格尔一样要求，即便这种对

97

---

① 《论智者》，第 19 章。（引文原文为拉丁文。——译者注）

② 还可以参见第 24 章："In omni quippe mundana substantia: aliquid delitescit humanum, aliqua
cuivis substantie indita est hominis atomus, homini propria, qua componendus est et conflandus
studiosus homo, quam sibi vendicare et ingenii vi abstrahere a materia natus est homo … Qui
igitur conflatus est et perfectus a natura homo, (homo, inquam, noster situs in mundi medio)
matris imperio per mundum (circumferri iussus); exquirit a singulis que sua sunt, abstrahit a qual-
ibet mundi substantia proprie speciei atomum. Illam sibi vendicat atque inserit ex（转下页）

立也要在最高的思辨综合中被超越。"自然"的人、绝对的人（ *homo* ）必须成为"艺术"的人，成为人－人（ *homo-homo* ）；而这种差别的必然性一旦被认识到，它也就随即被克服了。在这两种最初的形态之上现在产生了最终的也是最高的形态；人－人－人（ *homo-homo-homo* ）的三一性，潜能与活动、自然与自由、存在与意识之间的对立在它当中同时被把握和被消除。① 在它当中人不再作为宇宙的部分出现，而是作为宇宙的眼睛和镜子；亦即作为一面不是从外部接受事物之形象，而毋宁在自身中赋形和构造形象的镜子。②

（接上页）plurium specierum atomis suam elicit profertque speciem, que naturalis et primi nostri hominis fructus seu acquisitus studiosusve homo nuncupatur. *Hec itaque hominis est consumatio: cum ad hunc modum ex substantiali scilicet homine rationalem, ex naturali acquisitum et ex simplici compositum, perfectum, studiosum.*"

① 《论智者》，第 22 章："Manifestum … est sapientiam esse quendam hominis numerum, discrimen, fecunditatem, emanationem eamque consistere *in hominis dyade, genita ex priore monade.* Primus enim nativus noster et sensibilis homo ipsiusque nature mutuum monas est et totius humane fecunditatis fons atque initium. Artis vero homo, humanave species arte progenita, dyas est et primi quedam hominis emanatio, sapientia, fructus et finis. Cuius habitu qui a natura homo tantum erat, artis fenore et uberrimo proventu reduplicatus homo vocatur et homohomo. Et non modo ad dyadem, sed et ad usque tryadem humane sapientie vis hominis numerum extendit humanitatemque propagat. Sine quippe medio extrema sunt nulla; sine propinquitate nulla distantia; sine concordia dissociatio nulla et sine concurrentia nulla disparata. Sunt autem monas et dyas, Natura item et ars quedam extrema. Similiter et nature homo et artis homo, seu substantialis homo et vera ejus imago virtute progenita; nature mutuum sive naturale donum et hominis acquisitum. Horum igitur extremorum symplegma est aliquod, concordia et concurrentia aliqua. Aliquis amor, pax, vinculum: et medium aliquod amborum, proventus, unio, fructus, emanatio. Juncta etenim invicem monas et dyas tryadem eliciunt proferuntque, suam copulam, unionem et concordiam. Itaque sapientia quedam est trina hominis sumptio, hominis trinitas, humanitas tryas. Est enim trinitas totius perfectionis emula, cum sine trinitate nulla reperiatur perfectio."

② "Homo nichil est omnium et a natura extra omnia factus et creatus est, ut multividus fiat sitque omnium expressio et naturale speculum abjunctum et separatum ab universorum ordine: eminus et e regione omnium collocatum, ut omnium centrum. Speculi etenim natura est, ut adversum et oppositum sit ei, cujus in sese ferre debet imaginem … Et in quocunque loco cuncta mundi statueris entia: in ejus opposito abs te collocandus et recipiendus est homo, ut sit universorum speculum … Verus igitur et speculi et hominis locus est in oppositione, extremitate, distantia et negatione universorum, ubi inquam omnia non sunt, ubi nichil actu est. Extra omnia, in quo tamen fieri omnia nata sunt … Nam consumatis et perfectis omnibus, postquam actus singuli（转下页）

这符合文艺复兴哲学的性格，它并不满足于抽象地表达这些
思想，而是为它们寻找某种形象化—象征性的表达。因此古代的普
罗米修斯神话就理所当然地浮现出来，从现在开始它经历了某种复
活和精神上的再生。普罗米修斯主题是古代哲学频繁指涉的那些原
始神话主题当中的一个。柏拉图在《普罗泰戈拉》中，还有普罗提
诺和新柏拉图主义，都曾尝试对它做出譬喻式的解读。当这一主题
现在遭遇基督教的亚当主题时，要么与它融合，要么与它对峙并借
着二者之间的这种对立使它发生内在的转变。布尔达赫详尽地追踪
和展现了亚当主题的路径与发展过程，以及这一动机在中世纪向文
艺复兴的过渡时期里表明自身多么富有成果和具有效力。教会观点
依据圣经的描述所塑造的那个初人（Urmenschen）形象，如今在柏
拉图—奥古斯丁思想与新柏拉图主义—赫尔墨斯主义的影响之下
获得了全新的意义。如果初人成了对具有精神的人（ homo spiritualis ）
的表达，那么在这一形象中就汇聚起这个时代所有的那些精神趋势，
它们指向某种更新和再生，指向人的某种革新。[1] 这一转折在英语

（接上页）sua loca sortiti sunt, vidit Deus deesse omnium speculatorem et universorum oculum ...
Viditque nullum supremo huic oculo inter cetera superesse locum. Plena quippe actuum erant
omnia; quodlibet suo gradu, loco et ordine constiterat. Et ex actibus diversis disparatisque spe-
ciebus aut rerum differentiis et mundi luminaribus (que per se intermisceri, confundi, concurrere
et fas et possibile non est) fieri homo haudquaquam poterat. Extra igitur cunctorum differentias
et proprietates in opposito omnium loco, in conflage mundi, in omnium medio coaluit homo:
tanquam publica creatura, que quod relictum erat in natura vacuum potentiis, umbris, speciebus,
imaginibus et rationibus supplevit." （《论智者》，第 26 章 ）这些句子在历史上具有特别的
意义，因为它们呈现出微观宇宙主题在文艺复兴哲学内部经历的那场特别的"骤变"。
在博维鲁斯以及皮科和库萨那里，这个主题不仅将人与世界的统一性包含在自身之
内；而且正是在这种统一性本身之中，在关联之中，对立这个环节，"主体"与"客体"
的两极格局得到了强调。因此，我们就直接站在莱布尼茨单子论的门槛上了，因为
即便单子，照其本性和本质来看，恰恰为了完整地表现这个宇宙，为了能够成为
这个宇宙的"活生生的镜子"，也必须与现象的宇宙相分离。
[1] 参见布尔达赫：《宗教改革、文艺复兴与人文主义》，第 171 页起。

文学里就烙印在朗兰①的诗歌《耕者皮休斯》(*Piers the Plowman*)中，在德语文学里则烙印在萨茨②作于1400年的一篇农夫与死神的对话当中。这篇对话曾被布尔达赫称为德意志全部时代中最伟大的诗歌作品，在它的塑造力和强大的语言力量中已经可以辨认出一些新的观念性力量，此时这些力量正亟待表达。我们在此面对的不是学说，而是诗作，某种新思想的气息贯穿其中，使这诗作生机盎然。而这新思想与经院主义的任何附属物都全无干系，它在我们面前仿佛不受约束，活动自如。并不是抽象的哲学考察在抛出和不断编造问题，而是生活本身，它给自身提出的问题是对其本源和价值的永恒追问。因此全部对立都从单纯辩证性的对立转化为戏剧性的对立了。然而，这篇对话只是为我们给出了这些对立，并没有给出它们的消解之法。农夫与死神之间的争执，命运的毁灭力量与反抗这一力量的人的精神之间的争执，似乎无有定论。这篇对话以上帝的判决告终，胜利被归给了死神，然而战斗的荣誉归于控诉者，亦即农夫。"这场冲突并非全无意义，你们双方都全力出击了，苦难迫使这一位做出控诉，他的指控又迫使另一位讲出真话。因此，农夫，这位控诉者，荣誉归于你! 死神，胜利归于你! "③然而，死神的胜利同时就是他的失败，因为现在他的物质强力得到证实和确保，他的精神力量却被瓦解了。生命的毁灭、上帝交付于死神的事务，不再意味着生命的虚无，因为即便生命的存在被毁灭了，它却依然保留着某种不可摧毁的价值：这份价值是自由的人赋予他本身、赋予世界的。人类重生的保障

① 朗兰 (William Langland，1330—1387)，英国著名诗人。——译者注
② 萨茨 (Johannes von Saaz，亦写作 Johannes von Tepl 或 Johannes von Schüttwa，1350—1414)，生活于波西米亚地区的德语诗人。——译者注
③《波西米亚农夫》，伯恩特 (Bernt) 与布尔达赫编，柏林，1917年，《从中世纪到宗教改革——德国教化史研究》，第3卷，第1编，第33章，第85页。

就在于对人类自身的这种信仰中。这部诗作的譬喻形式就好比一幅轻薄的面纱，透过它我们清楚地瞥见了艺术塑造和思想运作中的那条大线索，并且我们在这条线索中明确地辨认出即将到来的文艺复兴的根本见解。农夫针对死神所做的那篇伟大的控诉陈词，将人颂扬为最完美、最华丽的事物，因为人是上帝最为自由的创造，布尔达赫在这篇陈词中正确地发现了相隔多于两代人之后表达在皮科关于人的尊严的演讲中的那种精神。"天使、恶魔、小妖、女巫，它们是被上帝束缚住的精灵；人是上帝的造物中最为高贵、最为机敏和最为自由的。"[1] 这篇控诉呈辞的典型特征是，它坚决抛弃了基督教教义那种悲观厌世的特征，在它对人的自我力量、对人那符合上帝意愿的良好本性的不可动摇的信仰当中，包含着某种佩拉纠主义的要素。[2] 如果它的这个特征被进一步凸显出来，那么它由此也就预示了不久之后在德国哲学中得到概念上的表达与辩护的一种观点。正如《波西米亚农夫》的诗人在这里忽略了人类本性的败坏，它由亚当的堕落招致，被上帝的诅咒宣判，并通过绵延不绝的繁衍不断遗传到全部人类后裔身上；库萨也在不久之后以几乎相同的语句驳斥了这一学说。"整个力量认识到它自身是由于最善好者而以最善好的方式存在的。凡一切存在之物，都安息于它自己的独特本性中，就像安息于由最善好者而来的最善好的本性中一样。因此在万物中，自然的无论何种馈赠，都是最好的……因此都是从在上的无限全能而来的。"[3]

　　我们在这里就处在亚当主题经历内在变迁的那个点上，借此

100

---

① 《波西米亚农夫》，第25章，第58页；参见布尔达赫的评注，第323页。
② 布尔达赫：《宗教改革、文艺复兴与人文主义》，第315页。
③ 库萨：《论诸光之父的赐予》，第1章，《库萨著作集》，第284页起；参见前文（见页边码），第45页，注释4。（引文原文为拉丁文。——译者注）

它便能直接过渡为普罗米修斯主题。要实现这一过渡，它无须在思想内容上做出转变；只要将着重点略做调整就足够了。人是受造物，然而他的创造者赋予他以创造本身这一天赋，这就将他标记为优先于其他所有受造物的了。通过运用他的这个根本的和源初的力量，他才能获得他的规定，完成他的存在。有关普罗米修斯这个造人艺术家的神话，对于中世纪思维来说也颇为亲近：它在德尔图良、拉克唐修①和奥古斯丁那里都出现了。然而从本质上看，中世纪的观点在这个神话中把握到的是一种否定性的特征：它在其中看到的仅仅是对圣经中创世主题的一种异教式的改写，面对这种歪曲，它仍试图严丝合缝地重塑创世主题。真正的普罗米修斯，——基督教信仰所能认识和容忍的那个普罗米修斯——并不是人，而是独一的神："那个独一的神创造了万有，并从尘土中造出人来，他是真正的普罗米修斯。"②薄伽丘在他的《诸神谱系》（Genealogia deorum）中，对普罗米修斯传说做了一种"神话即历史论的"（euhemeristischen）③解读，它区分出两种创造：经由第一种，人获得了存在，经由另一种，这种存在才被赋予了某种精神内涵。相较之下，薄伽丘的解读已经意味着根本规定上的某种转变。从

---

① 拉克唐修（Laktanz，亦写作 Lactantius，全名为 Lucius Caecilius Firmianus，约250—约320），来自罗马的阿非利加行省的拉丁修辞学教师，基督教护教士，教会教父。——译者注

② 关于普罗米修斯主题在中世纪的塑造，尤其在拉克唐修（《神圣学院》[Institut. Divin.]，第2卷，第11章）和德尔图良（《为基督徒辩护》[Apolog.]，第18章；《致殉道者》[Adv. Marc.]，第1卷，第1章）那里的塑造，参见图坦（J. Toutain）为达朗贝里（Daremberg）和萨利奥（Saglio）的《古代词典》（Dictionnare des antiquités）写的词条"普罗米修斯"词条，第4卷，第684页。关于文艺复兴造型艺术中对这个主题的重新接纳，参见哈比希（Georg Habich）：《论据称出自科西莫的两幅普罗米修斯画像》（"Über 2 Prometheus-Bilder angeblich von Piero di Cosimo"），《巴伐利亚科学院会议报道——哲学语文学类》（Sitzungsber. der. Bayer. Akad. d. Wiss.: Philos.-philol. Klasse），1920年。（引文原文为拉丁文。——译者注）

③ 一种以神话为史实或认为神话源于史实的观点。——译者注

自然之手中产生的未经教化的无知之人，唯有通过一个新的创造活动才能获得他的完满：如果说前者给予他身体上的现实性，那么后者才给予他一种独特的形式。普罗米修斯在这里是人的文化英雄，是知识与国家—伦理秩序的创制者，借着这种天赋，他在真正的意义上"革新"了人类，也就是说，他为人类打造了一种新的形式和本质性。[①] 然而，文艺复兴哲学现在也逐渐超出了上述这种对普罗米修斯主题的理解，因为它越来越果断地把赋形方式（Formgebung）归置到单个主体的活动当中。个体本身的活动现在并立于造物主和救世主的活动之侧。这一根本看法甚至渗透到了基督教柏拉图主义的思想世界中，甚至在费奇诺那里，这种英雄式的个体主义偶尔也会爆发出来。即便对于费奇诺来说，人也绝不是那个创生的自然的奴隶，而毋宁是自然的竞争者，他将自然的作品加以完成、改善和提炼："人类艺术经由它们自身对自然所创造的那些事物本身进行创作，就好像我们并非自然的奴隶，而是其竞争者。"[②] 我们看到，这一思想后来如何在博维鲁斯那里得到

① 薄伽丘:《诸神谱系》，第 4 卷，第 4 章。"Verum qui natura producti sunt rudes et ignari veniunt, immo ni instruantur, lutei agrestes et beluae. Circa quos secundus Prometheus insurgit, id est doctus homo et eos tanquam lapideos suscipiens quasi de novo creat, docet et instruit et demonstrationibus suis ex naturalibus hominibus civiles facit moribus, scientia et virtute insignes, adeo ut liquide pateat *alios produxisse naturam et alios reformasse doctrinam.*"

② 费奇诺:《柏拉图的神学》，第 8 卷，第 3 章，第 295 页。费奇诺的 "人性"（*humanitas*）概念中一直存在的那种张力，在他那里除了表现在别处之外，也表现在对这个词的解释中，他偶尔还以中世纪的方式进行词源游戏，将这个词与 *humus*（尘土）放在一起（*homo dicitur ab humo* [人被认为源自尘土]，《书信集》，第 1 卷，第 641 页），同时他在其他一些地方又明确驳斥过这种推导："(humanitatem) cave ne quando contemnas forte existimans humanitatem humi natam. Est enim humanitas ipsa praestanti corpore nympha, coelesti origine nata Aethereo ante alias dilecta Deo."（《书信集》，第 5 卷，第 805 页）在这里，他作为艺术家的塑造天赋在世纪初的时候于农夫与死神的交谈中经历过的那种对立，清晰地显现出来了（尤其可参见《波西米亚农夫》，第 24 与第 25 章）。布尔达赫的评注（第 310、317 页）援引伊诺森三世的著作《论弃世——或论人类境况的悲苦》（*De contemptu mundi sive de miseria conditionis humanae*）作为死神演讲的塑造方面的间接或直接的文献来源。如果这种整体关联经得住考验，那么从这个方面出发（转下页）

激化和增强，并且现在他也在《论智者》一书的阐述中追溯到了普罗米修斯传说。这个传说在这里获得了一种与博维鲁斯的自然哲学与形而上学相适应的解释和变形。既然他的形而上学划分了四重，它将全部存在划分为存在（*Esse*）、存活（*Vivere*）、感知（*Sentire*）与理解（*Intelligere*）所构成的根本秩序，那么在支配着博维鲁斯全部学说的那个类比游戏里，诸宇宙元素中的土对应于第一个层级，水对应于第二个层级，气对应于第三个层级，火则占据了最高位置，并由此成为"理性"的类比物和相像者。斯多亚派的根本思想在这里与某种形式的"光的形而上学"（Licht-metaphysik）结合起来了，后者起源于新柏拉图主义，后来在文艺复兴的自然哲学中，尤其在帕特里奇[①]那里再次获得了系统的更新。[②] 因此对于博维鲁斯来说，普罗米修斯主题现在可能成了联结他的自然哲学和精神哲学的一个中间环节。当这位智者从尘世的人当中造出天上的人，从潜在的人当中造出现实的人，从自然当中造出理智的时候，他是在模仿普罗米修斯，后者飞上天际，以便从诸神那里取来赋予万物以生命的火。他成为自己的创造者和主人，他赢得并占有他自身，而那种单纯"自然的"人则始终隶属于某种异己的力量，并保持为这一力量的负债人。[③] 一旦我们进

（接上页）又可以看到，文艺复兴时代宗教的、哲学的和人文主义的思想圈子是多么紧密地相互交缠在一起的。因为这部著作恰恰成了马内蒂的小册子《论人的尊严和卓越》（1452）反抗过的东西：后者在许多地方，似乎在相当大的程度上构成了费奇诺为"人性"辩护的直接的文学典范。（进一步可参见秦梯利：《文艺复兴中人的概念》，第153页起；参见前文［见页边码］，第88页。）（引文原文为拉丁文。——译者注）

① 帕特里奇（Franciscus Patricius，意大利语写作 Francesco Patrizi，1529—1597），意大利威尼斯的人文主义者、哲学家、作家、文学理论家、国家理论家、历史理论家、军事科学家和诗人。——译者注

② 参见帕特里奇：《宇宙大全》（*Pancosmia*），第4卷，《新宇宙哲学》（*Nova de universis Philosophia*），费拉拉，1591年，第4部分，第73页起。

③ "Sapiens ... celestem hominem inde profert, e tenebris emendicat elicitque splendorem: ex potentia actum, ex principio finem, ex insita vi opus, ex natura intellectum, exinchoatione（转下页）

展到价值顺序，"自然"的人和"艺术"的人之间、"初始的人"
（*primus homo*）和"后续的人"（*secundus homo*）之间的那种时间顺
序就会经历其反转：在时间上第二位的东西就成为价值上第一位
的东西。因为人要获得他的规定就只有通过如下方式，即他为自
身给出规定，他——如同皮科在他的演讲中所说的——成为他自
己的自由塑造者（他自身好比自由的、可敬的塑造者和制造者［*sui
ipsus quasi arbitrarius honorariusque plastes et fictor*］）。我们后来在布
鲁诺那里遇到这一思想时，它已经完全脱离了，甚至有意识地抛
弃了它最初的宗教根源。唯有那种强化为英雄式的、泰坦神式的
自我宣扬的情感依然在布鲁诺那里起着支配作用。即便这个自我
承认某种超越之物，承认某种超出人的理解力的全部界限的东西，
它仍然不会将超感性物作为单纯的恩典馈赠接受下来。谁分得这
样的馈赠，他可能就自在地比那些寻求以自己的力量去获取关于
神圣之物的知识的人拥有更多的财富，然而这种客观的财富难以
与自主努力和行动的那种独特价值相匹敌，因为人不是作为容器
或者单纯工具，而是作为艺术家、作为起作用的原因在对神圣之
物进行领会。这样布鲁诺就将单纯笃信的接受者和那样一些人区
分开了，他们在自身中感受到攀升的冲动和飞跃的力量，感受到

103

（接上页）perfectum, ex parte totum et ex denique semine fructum. Hac enim in parte celebrem
illum Prometheum imitatur, qui (ut poetarum fabule canunt) aut divum permissione aut mentis et
ingenii acumine admissus nonnunquam in ethereos thalamos, posteaquam universa celi palatia
attentiore mentis speculatione lustravit, nichil in eis igne sanctius, preciosius ac vegetius reperit.
Hunc ergo quem dii tantopore mortalibus invidebant illico suffuratus mortalium indidit orbi eo-
que luteo ac figulinum hominem (quem fixerat prius) animavit. Ita et sapiens vi contemplationis
sensibilem mundum linquens penetransque in regiam celi conceptum ibidem lucidissimum sapi-
entie ignem immortali mentis gremio in inferiora reportat eaque sincera ac vegetissima flamma
naturalis ipsius tellureusve homo viret, fovetur, animatur. Sapiens nature munera studioso homine
compensat, seipsum insuper acquisivit seque possidet ac suus manet. Insipiens vero … manet perpes
nature debitor, substantiali homine oberatus et nunquam suus." 博维鲁斯：《论智者》，第 8 章。

那种通往神圣之物的"理智推动力"（*impeto razionale*）："前者在自身中拥有较大的尊严、力量和效用，因为他们拥有神圣之物，后者则更值得尊敬，更有力量和效用。前者的尊严好比驮负圣物的驴子，而后者好比圣物本身。在前者那里，被思考和照见的实际上是神圣物和那些绝妙的、令人敬重和顺从的事物，而在后者中被思考和照见的是人性自身的卓越。"① 如果人们把布鲁诺的对话《论英雄的愤怒》中的这些语句和库萨在《论有学识的无知》一书当中用来定义人性（*humanitas*）的概念与理想的那些语句进行对照，就会由此概括出 15 和 16 世纪思想运动的整体。库萨不仅尝试将这一理想融合进宗教思想的领域之内，而且对他来说，这简直就意味着基督教根本学说的完成与圆满，即人性理念与基督理念融为一体。然而哲学的发展越是大步向前，这一联结就越是松动，以至最终完全消解了。布鲁诺的表述以一种颇具特征的确定性表明了导致这一消解的那些力量。人性的理想包含自律（Autonomie）的理想于自身中；而自主的理想越是强烈，它就越是挣脱库萨和佛罗伦萨学园试图将人性概念引入其中的那个宗教领域。

二

迄今为止的考察向我们展示出，在文艺复兴的宗教思想世界内部，自由问题如何逐步改造，自由原则如何越来越强烈地向前推进。在这种推进中，神学教义学必定会逐渐失去基础。这个进程想必会更加困难，如果教义学的奠基者仍旧被文艺复兴哲学完全视为经典的作者，视为哲学与宗教上的权威的话。彼特拉克率

---

① 布鲁诺:《论英雄的愤怒》,《对话录》, 第 3 卷; 参见《布鲁诺意大利文著作集》, 拉加德编, 第 641 页。（引文原文为意大利文。——译者注）

先表达了对奥古斯丁的钦慕——他将奥古斯丁从古代先贤的行列中挑选出来并视其为"千万人中最为珍贵者"[①]。佛罗伦萨学园也走在同一条路上，它在奥古斯丁身上处处都见到"基督教柏拉图主义者"的真正典范。只有当人们想到这一历史关系时，才能完全衡量这里所要克服的那些阻力的大小。然而，即便清除了这些阻力，这本身仍不足以使人断定自由思想的胜利。因为在这之前需要开展与另一种力量的斗争，那种力量通过千万条线索与文艺复兴的精神生活结合在一起。莱布尼茨在神正论中区分了天命的三重形式：针对"基督教的天命"（ *Fatum Christianum* ），他提出"穆罕默德的天命"（ *Fatum Mahumetanum* ）和"斯多亚派的天命"（ *Fatum Stoicum* ）。表现在这些概念中的三种基本的思维方向，在文艺复兴中还都是完全鲜活的力量。从异教和阿拉伯来源中获得滋养的那个占星术的思想世界，在这里起作用的强烈程度并不亚于基督教的思想世界。如果说古代文化可以被召唤来抵制基督教中世纪的传统与教义学，那么在面对这个新的对手时它最初显得软弱无力，甚至显得只是强化了对手的力量。因为那条通往希腊哲学的"古典"时代的道路起初是向文艺复兴封闭的。它无非只能在希腊化时代的掩护与伪装中看待希腊哲学；它只能经由新柏拉图主义的中介去窥探柏拉图的学说。文艺复兴凭着对古代的概念世界的更新，重新又直接贴近了古代的神话世界。人们在布鲁诺那里还能感觉到，这个世界最终绝不会沉沦，它毋宁渗透进哲学思维本身中并处处起着规定作用。并且，在艺术感受或者情感——而不是概念性思维——探求自我与世界、个体与宇宙之间的对峙关系时，这种作用的表现要强烈得多，也深邃得多。这些力量在文艺复兴

---

① 彼特拉克:《论自身照护的神秘冲突》,序言。

中越是能够独立地展现出来，越是能够无拘无束地发挥作用，中世纪对抗占星术体系的那些阻力就越发失效了，甚至基督教的中世纪也不能缺少这一体系，并且永远不能完全将它消除。中世纪接受了占星术体系，正如它从根本上容忍和推进了古代异教的那些根本想象。古老的诸神形象继续活跃着，然而他们被贬黜成了恶魔，成了较低等级的精灵。尽管人心中那种畏惧魔鬼的原始情感表达得如此强烈，然而现在也被对独一上帝之全能的信仰平息和限制了，一切敌对力量都不得不屈服于上帝的意志。如果说中世纪的"知识"，尤其是中世纪的医学和自然科学，都因此从头到尾充斥着占星术要素的话，那么中世纪的信仰则针对这些要素进行了持续的修正。它并不否认或清除这些要素，但却让它们受到神圣天意的力量的管辖。占星术借着这种隶属关系就能够毫无争议地继续充当世俗知识的原则。即便但丁也是在这种意义上接受占星术的，他甚至在《飨宴》（ *Convivio* ）中给出了一种每个部分都与占星术体系相对应的完整的知识体系。三艺（ *Trivium* ）和四艺（ *Quadrivium* ）组成的七门科学被指派给七个星体：文法对应月球，雄辩对应水星，修辞对应金星，算术对应太阳，音乐对应火星，几何对应木星，天文对应土星。[1] 后来的人文主义在其最初的形式中也未见其对占星术的态度有任何变化。彼特拉克在这里还是完全顺应了基督教的根本观点：他对待占星术的立场与奥古斯丁并无差别，他明确援引过后者的论证。[2] 而如果说萨卢塔蒂在其青年时代倾向于信仰占星术意义上的天命，那么他在其较晚的作品《论天命和命运》（ *De fato et fortuna* ）中则战胜了这种诱惑并明确反抗

---

① 但丁：《飨宴》，第 2 篇，第 14 章。
② 彼特拉克：《日常熟事书信集》，第 3 卷，第 8 封。（进一步的情况可参见沃伊特：《古典古代的复兴》，第 2 版，第 1 卷，第 73 页起。）

这种信仰。星辰并不具备任何独立的力量，它们只能被视为上帝手中的工具。[1] 然而人们越是迈步向前，就越发感觉到，世俗精神和世俗教育的推进如何恰恰强化了对占星术的那些根本学说的钟爱。对待占星术的这种摇摆不定的精神与伦理态度，导致在费奇诺一向适度均衡的生命中出现了骚动不安与内心持续紧张的时刻。就连费奇诺也屈服于基督教教会的根本观点；就连他也强调，天体虽然对人的身体有某种力量，却不能对他的精神和意志进行任何强制。[2] 而且从这里出发，他反抗那种想要用占星术工具去揭秘未来的企图："倘若我们更加仔细地考察这件事，我们与其说是被天命本身，不如说是被那些断言天命的傻瓜驱使了。"[3] 然而明确无误的是，他竭力获取的这种理论确信并不能触动他生命感受的核心。那种对星辰力量的信仰，尤其是对引发灾祸的土星——它在费奇诺自己的星象图里处在上升星座的位置——的信仰，仍一如既往地支配着他的生命感受。[4] 这位智慧之士没法逃脱他的星象的力量，他唯一能做的就是引导这种力量向善，亦即在自身中尽可能地强化来自这一力量的善行（wohltätigen）影响，并防止有害影响。生命的赋形就基于这种在预先规定的界限之内塑造出统一性与完善性的能力，并且我们的最高努力不能也不该伸展到这个

---

[1] 关于萨卢塔蒂的著作《论天命和命运》(1396)的更进一步的情况，尤其可参见马丁(A. v. Martin)：《萨卢塔蒂与人文主义的生活理想》(*Coluccio Salutati und das humanistische Lebensideal*)，莱比锡与柏林，1916 年，第 69 页起、第 283 页起。

[2] 费奇诺致卡瓦尔坎蒂书信，参见《书信集》，第 1 卷，《费奇诺著作集》，第 633 页。"Corpus … nostrum a corpore mundi fati viribus tanquam particula quaedam a tota sui mole violento quodam impetu trahitur, nec in mentem nostram fati vis penetrat, nisi ipsa se sua sponte prius in corpus fato subjectum immiserit … Recipiat a corporis peste seipsum animus quisque et in mentem suam se colligat, tunc enim vim suam fortuna explebit in corpore, in animum non transibit."

[3] 费奇诺：《书信集》，第 4 卷，第 781 页。(原引文为拉丁文。——译者注)

[4] 参见费奇诺致卡瓦尔坎蒂书信，《书信集》，第 3 卷，第 731—732 页。

界限之外。在他的著作《论三重生命》(*De triplici vita*)的第三卷《论上天安排的生命》(*De vita coelitus comparanda*)中，费奇诺依据星辰的规定和力量发展出一套完整的、贯彻到细节之中的有关生命形态的系统。[①] 在这样一种例证上人们尤其清楚地认识到，文艺复兴新的生命感受、文艺复兴的人性概念与理想，是针对两种不同的根本力量来实施的。将自我解放出来的任何尝试都面临着一种具有双重类别与双重特征的必然性，正如"恩典的王国"在一方面，而"自然的王国"在另一方面，要求得到自我的承认与臣服。前一种要求越是强烈地受到抑制，后一种就必定越是极力凸显并宣称自身是唯一有效的。现在，一种内在性的结合在对抗超越性的结合，自然主义的结合在对抗宗教的和神学的结合。后者是更加难以克服和战胜的，因为文艺复兴的自然概念最终是从它的精神概念和人的概念从中生长起来的同样一些精神力量当中获得滋养的。于是，这里所要求的恰恰是这些力量应当在某种程度上转而针对其自身，它们应当给它们自身设置边界。针对经院主义和中世纪教义学所进行的斗争是矛头向外的，现在则产生了一种向内的斗争。人们可以料想，这场斗争必然会变得多么困难与艰辛。实际上，文艺复兴的整个自然哲学——它产生于15世纪，延续到16世纪甚至17世纪初期——都与魔法的、占星术的基本因果观极为紧密地交织在一起。"依照自身的本原"(*juxta propria principia*)去理解自然，这无非意味着从位于自然本身中的那些天生的力量出发去解释自然。然而比起在天体的运动中，这些力量在哪里还能更为清楚地显露出来，并表明自身是易于理解的和普

---

① 关于费奇诺的著作《论三重生命》及其在占星术上的地位，尤其可参见潘诺夫斯基、萨克斯尔：《丢勒的忧郁》("Dürers Melancolia")，第1卷，《瓦尔堡图书馆研究集》，第2号，莱比锡与柏林，1923年，第32页起。

遍的呢？如果说在什么地方，宇宙的内在规律、无所不包的普遍
规则甚至对于所有特殊事件都是可辨识的，那必定是在这里。因
此在文艺复兴的时代，占星术和魔法压根不与"现代的"自然概
念冲突，它们毋宁成了这种概念的最为强大的工具。就学者们个
人以及就事实而言，占星术与新的经验性自然"科学"彼此结成
了联盟。人们一定会在单个思想家的形象中自行想起这个联盟，
人们一定会在这个联盟、在例如卡尔达诺①这样一个人的自传里向
我们呈现的那种形式中考察它，以便全面估量它对生活本身、对
生活的理论理解及现实形态所施加的力量。直到哥白尼和伽利略
才解除了这个纽带，然而即便这种解除也并未表现出"经验"对
于"思维"、计算和计量对于思辨的任何单纯的获胜。它们要凭此
获得成功，毋宁必须首先完成思维方式本身的某种转变，必须产
生某种理解自然的新逻辑。对于认识文艺复兴哲学内部的那些伟
大的、体系性的总体关联来说，没有比追溯这种新逻辑的生成过
程更为重要的了。因为在这里关键的和本质的东西并不是如此这
般的结果，而是取得结果的那条道路。如果说这条路在我们中间
仿佛是被一堆光怪陆离的迷信牵引着，如果说在布鲁诺或康帕内
拉这样的思想家那里，神话与科学、"魔法"与"哲学"之间的界
限从未被准确地划定，那么在这里我们就越来越深入地洞见到精
神过程的那种动力学，正是借着它，这两个领域才能缓慢而持久
地进行"争执"。

108

　　当然这种持久性不能这样去理解，即在这里各种思想在时间
上的次序同时也表达和再现着它们在体系上的次序。这里根本不
涉及某种沿着直线导向特定目标的、持续的时间性"进步"。旧的

---

① 卡尔达诺（Gerolamo Cardano，也写作 Geronimo 或 Girolamo，拉丁文写作 Hieronymus
Cardanus，1501—1576），意大利医生、哲学家和数学家，文艺复兴人文主义者。

事物和新的事物不仅在长久的时间段里并行不悖，而且两者还常常相互过渡。因此在这里一种"发展"只能在如下意义上被言说，即正是在这种摇摆不定的往来反复中，那些单个的思想主题越来越清晰地彼此逐渐分离，并以特定的、典型的形态显露出来。思想的内在进程就在这些典型的构造上澄清了，它完全无须对应于它在时间中的经验性过程。在战胜占星术世界图景的过程中，主要可以区分出两个不同的阶段，其中一个阶段就在于对这一世界图景的内容加以否定，另一个阶段则在于尝试给这种内容装扮某种新形式，并尝试由此给予它某种新的方法论论证。后一种尝试是如下这种考察自然的方式的特征，它不是直接源自现象本身，而是通过亚里士多德—经院主义的自然概念的中介去考察自然，并试图将自然嵌入这些概念的体系中。在这里就产生出一种独具特色的混合形式，一种经院主义的占星术和占星术式的经院主义，它的典范存在于中世纪的各个体系中，尤其在阿威罗伊主义中。在意大利文艺复兴中，这一思想类型在蓬波纳齐的作品《论神奇自然效果的原因——或论咒语》（1520）中再次得到了特别的体现。如果人们考察一下这部作品的内容，那么它乍看之下似乎无非是一部关于古代和中世纪迷信的纲要。各种各样的预兆和奇迹现象、不同形式的占卜术和魔法在这里被加以总结并被分组加以整理。如果说蓬波纳齐以批判的和怀疑的立场对待单个的奇迹陈述，他却丝毫没有触及分类本身的真理性和可信性。对于他来说，这种真理性是由"经验"确保的，哲学批评家（der philosophische Kritiker）简单地接受经验，对其内容不做更改。因此，尽管任何一种作用方式都还是极其怪异而不可信的，但是那种并不预先规定观察，反而恰恰必须"拯救"观察的理论，却不能驳斥这些作用的纯粹"如是"，不能驳斥它们的事实性，而毋宁要为这个"如是"寻找"为何"，为现象寻找"根据"。当然要找到这一根据，只有当我们放弃现象最初在其中向我们呈现那种"孤立状态"，只有当我们将每一种特殊的作用——不论这样的作用看起来多么扑朔迷离——还原为一般规律性的某种普遍形式，才是可能的。而对于蓬波纳齐来说，这个形式现在恰好就在天体的效应中、在占星术的因果性中呈现出来了。因此后者在他看来不多不少正是自然事件的全部解释都必须依靠的那个根本假设。任何事件，只要它没有以这种方式被关联到全部存在和全部生成的最终的、可认识的原因上，它就无法得到完整的理解；而另一方面，根本没有任何自然事实——至少就本原和可能性而言——是不能通过星象对较低世界的影响来加以解释的。因此对于蓬波纳齐来说，所有异常的"奇迹"都归根于这样一种影响。他到处都试图证明，要对所谓的巫术作用、魔法现象、释梦术、手相术和通灵术做出解释，不需要这种力量以外的任何其他力量。如果说民间信仰只有通过在这些现象中看到个人力量与个人意志活动的流露，才能弄明白这些现象，那么理论家则必须抛弃这个前提，因为它将自然事件交付于任意（Willkür）。对于理论家来说，根本不存在任何直接来自魔鬼的或直接来自神的那种打破该事件规律的干涉。因为就连上帝对世界的影响也唯有通过诸天体的中介才能实现。它们不仅是上帝意志的标志，也是上帝意志的真正的、不可或缺的中介因（Mittelursachen）。[1] 我们能否为每个特殊事件指出这类中介因，我们能否在完整无缺的序列中追踪这些中介因，在这里都是无所谓

---

[1] "Et certe (cognosces) superos in haec inferiora non operari nisi mediantibus corporibus coelestibus ... Ex quibus concluditur omnem effectum hic inferius aut per se aut per accidens reduci ad coelum et experitia corporum coelestium miranda et stupenda posse cognosci et pronuntiari." 蓬波纳齐：《论神奇自然效果的原因——或论咒语》，第10章，巴塞尔，1567年，第122页起。

110　的，只要我们知道存在这样的序列，并且它无条件地被需求，那就足够了。① 哲学的知性，无法在任何个别情况下摆脱这一需求，无法满足于跳过了占星术的因果性媒介或者提前中断了其研究的那种解释，因为即便这条根本规则只有一个例外，自然秩序也会因此而失去一切内在的支撑。如果天使或魔鬼无须天体的中介就能够直接对自然客体、对人类世界施加影响的话，那么这些宇宙物体本身的意义和必然性，它们必须在世界的整体中实现的那些功能，就再也无法理解了。② 人们发现，我们在此面对的是占星术所独有的一种形式与论证。因为在这里起主导作用的，既不是那种想要触及未来并获取其秘密的情感，也不是经验观察或者数学理论——在这里发挥作用的是某种逻辑，它试图在某种程度上将占星术的形式先天地（*a priori*）演绎为唯一与我们的自然知识相宜的形式。用一个现代的措辞来说，占星术的因果性成了"自然的可理解性的条件"。在蓬波纳齐看来，占星术并不意味着跃入到奇迹信仰之中，而意味着，他能见到的唯一的拯救方式就是对于自然规律那种无条件的有效性的唯一可靠的保证。因此我们在此面对的是一种彻底"合理的"占星术，无论这乍看之下显得多么悖谬。断言星辰对于全部尘世之物的无条件的支配，是为了建立起科学理性的无条件的优先性。蓬波纳齐在这里所追求的是他其

---

① "Ultimo supponitur, quod in rebus difficilibus et occultis responsiones magis ab inconvenientibus remotae ac magis sensatis et rationibus consonae sunt magis recipiendae quam oppositae rationes … His modo sic suppositis tentandum est sine daemonibus et angelis ad objecta respondere … Effectus inferior immediate non fit a Deo super nos, sed tantum mediantibus ejus ministris. Omnia enim Deus ordinat et disponit ordinate et suaviter legemque aeternam rebus indidit quam praeterire impossibile est." 蓬波纳齐:《论神奇自然效果的原因——或论咒语》，第 131、134 页；参见第 12 章，第 223 页及其他各处。

② 参见蓬波纳齐:《论神奇自然效果的原因——或论咒语》，第 10 章，第 142 页，第 13 章，第 299 页及其他各处。

余的所有哲学著作都在追求的那个目标。他想用"知识"代替"信仰"的地位；他寻求的不是某种超越的解释，而是某种纯粹"内在"的解释。正是在这个意义上，他那种不受任何有关不朽与来世生活假定影响的伦理学，就倾向于在自己的基础上进行确认，并试图从理性的某种源初的、自主的确定性出发进行推导；他的心理学指往这个方向，这种心理学反对"灵魂"和"精神"的二元对立，并试图证明，即便精神的那些最高级的功能，也唯有在与感性、因而在与身体的各种功能的有机结合中才能被理解。蓬波纳齐在《论灵魂的不朽》一书中为伦理学和心理学所争取的东西，就是《论咒语》一书想要为自然哲学实现的东西。它试图表明，所有就其现实性或可能性而言无可争议的那些"魔法的"作用，都不能挣脱那独一的、内在的自然因果性的框架。自然本身无从分辨寻常之物和不寻常之物，唯独我们的理解力，设定了这样的区别。因此，所有那些起初显得超出其范围的东西，越是深入探究就越是将我们带回到这个范围中。偶然之物和个体之物消解为必然之物和普遍之物。如果说这个结果一方面显得像是占星术世界观的胜利的话，那么另一方面，经过更严格的考察后可以发现，这一世界观本身遭到某种特有的瓦解。正如瓦尔堡在占星术史中所阐明的，占星术从一开始就表现出一种精神上的两面性。作为理论，它试图以冷静清晰的线条勾勒，将宇宙的永恒规律摆在我们面前，而它的实践则立足于"宗教起因的最原始的形式"，即畏惧魔鬼（Dämonenfurcht）这种征兆之中。[1] 蓬波纳齐《论咒语》一书的精神史意义就在于，即便还完全处在占星术观念的禁区中，它仍

111

---

[1] 瓦尔堡:《路德时代异教 – 古代的预言——言辞与形象》（"Heidnisch-antike Weissagung in Wort und Bild zu Luthers Zeiten"），《海德堡科学院会议报道——哲学—历史学类》，1919 年，第 24、70 页。

然率先在那两个在此之前难解难分地交织在一起的根本环节之间做出了清晰的、有意识的分割。在这个意义上，这部著作包含着真正的批判性思维工作，虽然它起初显得像是一座奇迹信仰的宝库。星象信仰中的那些纯粹"原始的"、魔鬼一类的要素被剥除了，取代它的唯有关于这一个牢不可破的事件规律性的思想，这种规律性不承认任何例外或偶然：信仰的那种"魔鬼一类的"因果性在科学的因果性面前屈服了。[1] 当然后者本身——因为对于蓬波纳齐来说尚不存在任何数学自然科学——仍然完全被束缚在传统的占星术的想象范围之内。但是在这里已经能够预见到，如果这个框架有一天被打破，如果占星术的原因概念被数学物理学的原因概念替代，那么这后一种概念的形成将不再面临任何内部的阻碍。在这种完全间接的意义上，甚至蓬波纳齐这部如此奇异和费解的作品本身，也有助于在纯粹方法论方面为那种有关自然事件的新的、精确-科学的根本见解铺平道路。

然而这项成就本身也包含了另外一种后果，在蓬波纳齐那里实现的那种向严格的自然主义的进发，唯有付出这样的代价才能换来，即就连对于精神生活之整体的权力和那点仅有的支配权都被让渡给自然主义的根本观点了。在这里不允许存在任何界限与分界线，同样也必须认真对待这个要求：原因和结果的整体关联应该被设想为某种绝对独一无二的和明确的关联。因果关联（Kausalnexus）的独一性（Einzigkeit）排除了这种情况，即在我们称作"自然"的那个具有通盘规定的领域之外，尚有落于这种规

---

[1] 就此可参见"哲学的"（逍遥学派的）原因概念和"宗教的"原因概念的对立：《论神奇自然效果的原因——论咒语》，第10章，第198页，第13章，第306页起及其他各处；也可参见道格拉斯（Douglas）:《蓬波纳齐的哲学与心理学》（The philosophy and psychology of Pietro Pomponazzi），剑桥，1910年，第270页起。

定之外的某个地带。甚至精神生活连同它当中通常被我们视为一个自由生成和具有创造性生产力的领域的全部因素，只有当我们将其追溯到这些无所不包的规律时，才可谓真正被理解了，现象世界的一切秩序和关联一般而言都是基于这些规律的。这在蓬波纳齐的语言中无非意味着，占星术的因果性不仅构成了对自然中发生之事的一切解释的原理，也构成了历史的建构性原理。如同自然中的全部存在和生成一样，历史中的全部发展也处在星象的威力之下。它由此获得最初的推动力，由此它的一切后续进展也决定性地被规定了。这种思想在运用于宗教史的时候尤其表现出它的激进主义。蓬波纳齐进行这种运用时并不是孤军作战，他在其中只是说出了占星术体系一直以来所趋向的那个推论。信仰形式和自然形式一样，总是有它们自己的"时代"，有它们繁荣与衰败的周期，并且都可以在天空中被识读出来，这是占星术熟悉的一种观点。因此，犹太人的信仰被追溯到木星与土星的会合（Kon-junktion），迦勒底人的信仰被追溯到木星与火星的会合，埃及人的信仰被追溯到木星与太阳的会合，穆斯林的信仰被追溯到木星与金星的会合。甚至在基督教面前，占星术的这种历史建构也毫不退缩：达斯科利①在1327年企图确定基督的出生星位，后来被处以火刑而死。布克哈特说这类企图在其广泛的效果方面必定随之带来"对全部超感性物的某种正式的晦蚀（Verfinsterung）"②。这一推论或许在哪里都不如在蓬波纳齐的作品中一样，以如此清醒的意图表现出来。他正好需要这种"晦蚀"，以便在它的对照之下，自然规律的自足和自主更加清楚、更加鲜明地凸显出来。这样他在

---

① 达斯科利（Cecco d'Ascoli, 1269—1327），意大利诗人、医生、天文学家、占星术士和自由思想者。——译者注
② 参见布克哈特：《文艺复兴的文化》，第3版，第2卷，第243页。

这个问题上推进到了最遥远的边界，因此他得出了或许之前从未如此清晰和坦率地被表述过的结论。天空中的变化，同时以内在的必然性引发了之后的"诸神的形态变迁"。尽管我们在这里似乎处在一个完全"非理性的"、无法通达自然因果性的领域当中——难道宗教的最终根据不在启示当中，不在传道者和先知们所获得的那种直接的灵感中吗——然而正是在这里，蓬波纳齐特有的方法论再次插手了。他完全不否认启示，另一方面又极力要求，就连启示也要符合自然的普遍进程和规律。神圣之物从不直接作用于较低的尘世，而始终只是通过特定的中介因在起作用，这条根本原则即便在启示这一点上也不容打破。甚至各种宗教形式的产生，由于它是经验性的、在时间当中的产生，也都与这些中介因相关联。宗教创始人本身的觉醒都以某种自然的"禀赋"为前提，它继而要求特定的条件，只有在这些条件下它才能起作用。如果我们对这些自然状况进行概括并试图探究它们最终的统一性根据，就会再度追溯到各种星象的力量上。所有精神性的存在和事件，也都依赖于星座（Konstellation），因为星座不仅孕育了艺术家和诗人，也孕育了宗教预言家，也就是先知（vates）。即便在这里，所有想象都必须防止某种外在的、某种神性的或魔鬼的"纠缠"。尽管作为最后终点的上帝，是一切事件的本源，也是先知所受启迪的本源，然而这种启迪本身取决于宇宙形势，后者从它那一方面看又是由天体的布局显明的。也就是说，通过天体布局，先知的力量被唤醒，且其成败已成定局。[1] 任何信仰形式都无权要求像永

① "Illa oracula non semper reperiuntur vera: quoniam stellae non sunt semper secundum eundem et unum motum: et vulgares attribuebant hoc numinibus iratis, cum veram causam ignorarent. Sed haec est consuetudo vulgi, ascribere daemonibus vel angelis quorum causas non cognoscunt ... Deus autem non tantum unius est causa, verum omnium; quare et omnium vaticiniorum causa est, secundum tamen alteram et alteram dispositionem coelorum ... dat unum vaticinium （转下页）

恒真理一样超出时间之上，相反，每种信仰形式都表明自身是受时间规定和束缚的。和所有自然的存在一样，信仰也有繁荣与衰败、产生与消逝的周期。甚至异教信仰也有它的时日，那时它的神拥有支配力，它的祷告和祈求全都灵验。这一点同样适用于犹太教和伊斯兰教，无可否认的是，和基督的使命一样，摩西和穆罕默德的使命也是由特定的"奇迹"宣告和证实的。然而在这类迹象和预兆中所涉及的并不是绝对意义上的奇迹，并不是那些与自然绝对敌对、处在自然秩序之外的现象。我们称作奇迹的东西，毋宁是那些罕见的和不寻常的、只有在漫长的时间间隔中才会再现的现象，它们与世界上每一次巨大的精神变革相关联。奇迹在某种新的信仰兴起时表现得最为丰富多彩、效验昭彰；当这种信仰开始衰老并被另一种更强健有力的信仰战胜时，它就变得虚弱而衰竭了。无论就诸神而言，还是就他们的外在表达、他们的宣示和神谕而言，这一点都是适用的，即它们拥有自己特定的、被写定在星象中的时刻："因为不论文字抑或声音，都不能从自身发出这种预兆，而是借着给予庇护的天体的力量，由这样的立法者及其印记做出预兆。……因为好比此刻，针对众人所做的布道会奏效，如果所唱的赞歌恰逢那些神的时刻，并在那个时刻于称颂他们有所裨益的话；然而有所裨益乃是因为众星辰那时庇护了众人，而现在却不予庇护，众星辰对那些此刻在场的人是仁慈的。"[①]在蓬波纳齐看来，即便基督教也落在这个生成与消逝的领域之中，并不在它之上。与其说我们在其中发现了某种绝对永恒的持存，

（接上页）et secundum alteram alterum … Modo quis est tam philosophiae expers, qui nesciat secundum dispositionem varietatem et effectus variari." 蓬波纳齐：《论神奇自然效果的原因——或论咒语》，第12章，第230页起。

① 蓬波纳齐：《论神奇自然效果的原因——或论咒语》，第12章，第287页起。（引文原文为拉丁文。——译者注）

不如说验证了产生与消失的那种普遍有效的规则。蓬波纳齐毫不迟疑地对时间中的各种征兆做出解释，使得它们预示着基督教信仰之终结的临近。即便曾经战胜了异教的诸神和各种崇拜的十字架符号，也并未被赋予任何毫无节制的力量与效用；然而在这个尘世上的精神事物中，犹如在自然事物中那样，没有任何东西的终结不是与其开端一道同时被预先规定了的。①

蓬波纳齐的作品在这里同时为我们展望了文艺复兴哲学与之缠斗的那些问题，以及它在自身中必须克服的那些对立。自然的新概念以及人性的新概念正要在这里兴起。然而这两者无法直接与彼此关联，因为它们看上去不仅有区别，而且似乎体现了彼此直接对立的精神趋势。对它们的规定越是清楚和分明，它们之间的冲突也就越是显得无法缓和。从"自然"的立场来看，自由的世界始终是一个奥秘、一种奇迹。而这奇迹无法在得到承认的同时，并不因此而丢掉文艺复兴所把握到的自然概念的那种独特含义，因为这种含义仅仅存在于关于自然阐释的统一性和独一性的思想中。这种方法上的一元论目前似乎排除了存在的内容方面的一切二元论。精神历史的世界不能作为一个"国中之国"与自然的世界并存，而必须被撤回到自然中并还原到自然的根本规律上。从文艺复兴的认识概念的立场看来，这种还原似乎是不可避免的，然而文艺复兴的生命感受一直在不断对抗这种还原。在蓬波纳齐的著作《论咒语》中，我们在某种程度上看到了这场运动

──────────

① "*Ita est in talibus legibus veluti in generabilibus et corruptibilibus.* Videmus enim ista et sua miracula in principio esse debiliora, postea augeri, deinde esse in culmine, deinde labefactari, donec in nihil revertantur. Quare et nunc in fide nostra omnia frigescunt, miracula desinunt, nisi conficta et simulata; nam propinquus videtur esse finis … Non enim influit aliqua virtus de coelo nisi in quodam tempore, et non ultra: ita est etiam de virtutibus imaginum." （蓬波纳齐：《论神奇自然效果的原因——或论咒语》，第 12 章，第 286 页。）

的一极，在皮科针对占星术所作的檄文中，这场运动的另一极呈现在我们面前。但是此外也不乏一些在两极对立面之间创造某种平衡和进行某种调和的尝试。只要人们回溯文艺复兴哲学的一个根本主题，即"小宇宙"的主题，这样一种调和的做法似乎就呈现出来了。因为在这里人们从一开始就处在某个中间层面，在其中文艺复兴的自然概念和它的"人性"（humanitas）概念相遇并相互规定。正如人区别于自然，人作为自然的象征和形象又同时被关联到自然之上了。人将自然包容于自身中，另一方面又不消散于自然中；他包含了自然的全部力量，此外他还给那些力量添加了一种特别新颖的力量，即"意识状态"（Bewußtheit）的力量。从这里开始，某种新主题甚至也闯入了占星术的思想世界，并逐渐从内部改造这个世界。占星术的世界观不仅自古以来就与小宇宙思想相关联，而且它似乎正好就是后者的单纯结论和贯彻。费奇诺在《论三重生命》一书中对占星术体系的描述开始于如下思想：世界的确不是僵死要素的集合，而是一个有生命的东西，它当中绝不可能有任何与整体并存且外在于整体的、具有某种独立存在的单纯"部分"。我们从外表看来当作宇宙的部分的东西，深究之下，毋宁应被理解为机体器官，它在宇宙的生命整体关联中具有它特定的位置和必要的功能。整个的作用整体关联必须分解为这样一种器官的多样性；然而这种差异化绝不意味着部分从整体中分离，而只是意味着各自对整体的不同表达，每一个都是整体的自我表现的一个独特的方面。然而另一方面，在各种独特力量的相互交错中，如果与此同时它们之间不存在某种特定的等级秩序的话，宇宙的这种封闭性，"世界的和谐一致"（concordia mundi）就是不可能的。宇宙的作用不仅保持着某种特定的形式，而且始终指示着某个特定的方向。这条路从上通向下，从理智之物的王

116

国通向感性之物的王国。从上层的天界持续涌动出一种激流，它不仅维持着尘世的存在，而且一再让其结出果实。然而，这种流溢说的物理学形式——费奇诺对它的陈述依旧完全是在比较古老的阐述的意义上，尤其是在《智者宗旨》(*Picatrix*)这部晚期希腊化时代关于魔法和占星术的经典手册的意义上[①]——并没有持续多久。因为自从 15 世纪的哲学思维对层级宇宙概念做出决定性的批判之后，上述形式的最坚固的基础就被摧毁了。在由库萨发端的那种新宇宙论中，不存在绝对的"上"和"下"，因此也不存在任何绝对唯一的作用方向。世界有机体的思想在这里扩展到这

117

种程度，以至于每一个世界要素都能以相同的权利被视作万有的中心（参见前文［见页边码］第 28 页起）。较低的和较高的世界之间迄今为止的那种片面依赖关系现在越来越表现为一种纯粹的关联关系（Korrelationsverhältnisses）的形式。因此即便在占星术思维的普遍前提持续生效的地方，这种思维的类型及其根据都必须逐渐发生转变。在德国这种转变最为清晰地显露在帕拉塞尔苏斯[②]的自然哲学中。"大"世界和"小"世界[③]之间的那种整体关联与彻底对应在这里得以彻底坚持。对于帕拉塞尔苏斯来说，它构成了全部药物学的前提。正如哲学是"药物的最初根据"，天文学是它的"另一根据"。"首先，医生须知他必须在那涉及天文哲学（*astronomicam philosophiam*）的另一半中来理解人，而且必须将人转换为它，又将天体转换为人。否则他绝不能疗愈人，因为天

---

① 关于《智者宗旨》，参见里特（Hellmut Ritter）:《智者宗旨——希腊化魔法的一部阿拉伯语手册》,《瓦尔堡图书馆演讲集》，第 1 卷，1921—1922 年，第 94 页起。

② 帕拉塞尔苏斯（Paracelsus，原名 Theophrastus Bombast von Hohenheim，1493 或 1494—1541），瑞士—奥地利医生、炼金术士、占星术家、神秘主义者和哲学家。——译者注

③ 这里的"大世界""小世界"与前文中的"大宇宙""小宇宙"含义类似。——译者注

体在它们那个层面上包含了人一半的身体，也包含了人半数的疾病。孰能身为医生而不知这一半身体上的疾病？……一个医生如若不是宇宙结构学的专家，哪里称得上医生？这是他应当尤为熟知的一个主题……因为一切知识都源自天体结构学（*cosmographei*），如若没有天体结构学，什么都不会发生。有关人与世界之间的和谐的知识构成了一切理论医学的课题。但这种和谐不能在单纯依赖的意义上来理解。'两个一模一样的双胞胎中，是谁仿效了谁，使得自己看起来像那另一个？谁也没有仿效谁。如果我们与木星和月亮的关系就像双胞胎的关系一样，那我们为什么说自己是木星之子和月亮之子呢？'要将这种相似关系解释成因果关系，那就有必要将它的重心从'外部的'存在移到'内部的'存在，从事物的存在移到'心灵'的存在。那么实际上，说火星仿效人要比说人仿效火星更合适，'因为人要多于火星和其他行星'。"[1] 在这里人们再次认识到，一种新的、根本上陌生的主题如何闯入占星术那密不透风的自然主义思想领域之内。纯粹因果性的观察方式突变为目的论的观察方式，并且通过这种观察方式，有关小宇宙和大宇宙的关系的全部规定现在都在某种程度上获得了新的预兆，尽管它们就其内容而言仍然保持不变。即便在这里，占星术的命运主题也与人的伦理自我意识相对峙。在帕拉塞尔苏斯的药物学和自然哲学的外部构造中，已经显示出这种特有的混合。《奇迹医粮》（*Buch Paragranum*）试图展现医疗学的"四根支柱"，它在哲学、天文学和炼金术这三根支柱之外列举了"美德"（*virtus*）："第四根支柱是美德，它将陪伴一位医者直到最后，因为它包含

118

---

[1] 帕拉塞尔苏斯：《医学、自然科学与哲学著作集》（*Medizinische, Naturwissenschaftliche und Philosophische Schriften*），祖德霍夫（Karl Sudhoff）编，第8卷，慕尼黑，1924年，第68页起、第91页起、第103页起及其他各处。

和维持了其他三根支柱。"① 小宇宙的思想——在文艺复兴哲学对它的理解中——不仅容许而且简直招致了向另一个种类的这种转换（μετάβασις εἰς ἄλλο γένος），这样一种从物理学向伦理学的过渡，因为在小宇宙思想中，宇宙论从一开始就不仅与生理学和心理学，而且也与伦理学相关联。如果说这一思想要求从世界出发去理解人的自我的话，那么在另一方面它也包含着如下要求：真正的世界认识（Welterkenntnis）必须经过自我认识的中介。这两种要求在帕拉塞尔苏斯这里仍然直接并存着。一方面，人在他看来无非是"镜子中的形象，由四种要素组成"，而"同样地，正如镜子中的形象永远无法使其存在为人所理解，无法让人明白其所是，因为它仅仅作为僵死的形象存在在那里，因此人也这样存在于自身之中，并且从他当中获得的，无非是来自外部认识的东西，因为它是他在镜子当中的形象"②。然而这个"僵死的肖像"包含纯粹主体性的全部力量、认识和意愿的全部力量于自身中，且恰恰因此在一种全新的意义上成了世界的核心和中心点。"因为人的心灵是如此伟大的事物，以至于无人能将其表达出来。而正如上帝本身、原初质料和天体这三者永恒存在和不可改变，人的心灵同样如此。因此之故，人是通过和凭借他的心灵寻求极乐的。而如果我们人类正确地认识我们的心灵，那么对于我们而言在这个尘世上万事皆有可能了。"③

　　因此，甚至在占星术的世界图景整体上依旧不受指摘的地方，也表露出那种在这一图景本身之内为主体性博取某种新地位的清晰愿望。帕拉塞尔苏斯在这里只接纳被吝于称赞前辈的他称为"最

---

① 帕拉塞尔苏斯：《奇迹医粮》，《医学、自然科学与哲学著作集》，第 56 页。
② 帕拉塞尔苏斯：《奇迹医粮》，第 72 页。
③ 帕拉塞尔苏斯：《论图像书》（*Liber de imaginibus*），第 12 章，《帕拉塞尔苏斯著作集》，许泽（Huser）编，巴塞尔，1589 年起，第 9 卷，第 389 页起。

好的意大利医生"的费奇诺的思想。[①] 他对费奇诺的这种赞赏显然
缘于后者的三卷本《论生命》（*De vita*），这三卷书尝试在占星术的
基础上给出医学的总体结构。然而，关于星辰照射的学说——通
过其作用，它们规定着人类在身体上和伦理上的全部特征——在
费奇诺的这部著作中已经经历了一种特有的松弛。尽管在费奇诺
看来，那条将每个人从其诞生之时起就和"他的"星球关联起来
的纽带是牢不可破的。他自己时常抱怨在他的星象图中处在上升
星座的那颗灾祸之星对他和他的生命的总体进程所施加的影响。
木星提供给其他人的那种生命进程的容易和安稳，并未给予这位
"土星之子"。然而对于费奇诺来说，在这种对占星术的天命的认
可当中，绝不包含某种对生命的独立形态的最终放弃。导致他屈
服于命运之意志的那种让人厌倦和痛心的听天由命，逐渐让位给
某种新的和更加自由的语调。尽管人不能选择他的星辰，因此不
能选择他在身体上和伦理上的本性、他的性情，然而人依然是自
由的，可以在这个星辰为它预先规定的界限之内做出他的选择。
因为每个星辰在它自己的界域内都包含着多种相互区别的，甚至
相互对立的生命形态，而且在它们之间做出的最终抉择对于意志
而言是开放的。正如土星代表怠惰的魔鬼，代表那种沉浸于自身
当中、毫无益处的忧郁的魔鬼，它在另一方面也是理智观察、专
心致志、才智以及沉思的守护神。星辰本身中的这种两极性，恰
恰在占星术的体系中得到了认可和清晰可见的表达，现在为人类
的意志抉择开辟了道路。如果说对于人类而言，意愿和实现的范
围被严格地圈定了，那么这意愿的方向却并非如此。根据这一方
向朝向的那些较高的抑或较低的、精神的抑或感性的力量（星球

---

① 致克劳泽（Christoph Clauser）书信，《帕拉塞尔苏斯著作集》，第 7 卷。

将它们作为不加区别的可能性囊括在自身中），那些不仅相互区别，而且相互对立的个别的生命形式就产生出来了。并且和生命的形态一样，生命的幸运与不幸也依赖于意志的这种推动。同一个星球可以成为人的朋友或敌人，可以展开它给予祝福或招致灾祸的力量，这取决于人对待它的那种内心态度。因此，对于那些过普通生活的人来说，土星是他们的敌人，而对于那些试图展开他最深处的天赋的人，对于那些将整个灵魂投入于神圣沉思的人来说，土星则是他们的朋友和保护人。于是费奇诺保留着"星球亲子关系"（Planetenkindschaft）的思想：然而在这种来自星球的自然出身之外，他现在也认识到一种精神的、人们所说的"拣选的星球亲子关系"（Wahl-Planeten-Kindschaft）。尽管人总是必须诞生于某个特定的星球之下，并在它的支配下度过他的一生，然而他想要在自身中将这个星球所包含的哪些可能性和力量加以展开并使之成熟，这是取决于他的。确实，依据他允许在他当中起作用、他所推动的那些不同的精神倾向和渴望，他能够时而受一个星辰的影响，时而受另一个星辰的影响。① 在这条道路上，费奇诺试图将占星术的根本学说嵌入神学的体系当中。对于他来说，存在着一种三重的事物秩序，他称之为天意（providentia）、天命和自然。天意是精神的王国，天命是灵魂的王国，自然是物体的王国。如果说物体的运动处在自然规律的强制之下，如果说"理性的"灵魂只要和身体相关联并作为推动性的力量寓居于身体之内，它就持续受到物体世界的反作用，并因此被卷入物体世界的必然性当中，那么人内部的纯粹精神原则则具有摆脱所有这类束缚的能力。我

---

① 我这里并不探讨费奇诺著作《论三重生命》中的种种细节，而只限于指引读者注意潘诺夫斯基和萨克斯尔的《丢勒的忧郁》第 1 卷第 32 页的描述，那里（在附录 4 中）也复述了费奇诺著作中涵盖面非常广泛的各种样本。

们称之为人的"自由"的东西，就是他虽然身处这种三重秩序之下，却能够从一重秩序挪动到另一重秩序当中。尽管我们通过我们的精神承受天意，通过我们的想象和感性承受天命，通过我们独特的本性承受宇宙的普遍本性，然而我们毕竟凭借着我们理性的力量，成了我们自己的主宰（我们的法则 [*nostri iuris*]），并从每一个枷锁中解脱出来，因为我们能够时而接受这一个，时而接受另一个枷锁。[①] 就连费奇诺的占星术体系也在这里汇入了佛罗伦萨学园的那个思想圈子，皮科的《论人的尊严》演讲就是在这个圈子中进行的。人在任何一重存在秩序中，都只具有他给予自身的那种地位。他的个体确定性归根结底取决于他的规定，而后者与其说是他的本性的结果，不如说它是他的自由行动的结果。

如果说尽管费奇诺不断与这个问题角力，但是始终停留在某种空洞的表面解决和某种妥协上，那么由于皮科那篇反对占星术的檄文，我们就立足于某种全新的基础之上了。占星术的魔力在这里一击即溃。皮科能够达到这样的成就，乍看之下必定显得像是一种奇异的历史反常，然而他的整个学说还完全处于那种魔法—卡巴拉主义思维的强制之下，它支配着皮科的自然哲学以及他的宗教哲学。在那900个命题当中——皮科的哲学生涯就是从对它

---

① 参见费奇诺:《柏拉图的神学》，第 13 卷，第 289 页起: "Iis quasi tribus rudentibus toti machinae colligamur, mente mentibus, idolo idolis, natura naturis ... Anima per mentem est supra fatum, in solo providentiae ordine tanquam superna imitans et inferiora una cum illis gubernans. Ipsa enim tanquam providentiae particeps ad divinae gubernationis exemplar regit se, domum, civitatem, artes et animalia. Per idolum est in ordine fati similiter, non sub fato ... Per naturam quidem corpus est sub fato, anima in fato naturam movet. Itaque mens super fatum in providentia est, idolum in fato super naturam, natura sub fato, supra corpus. Sic anima in providentiae, fati, naturae legibus non ut patiens modo ponitur, sed ut agens ... Denique facultas illa rationalis quae proprie est animae verae natura, *non est ad aliquid unum determinata*. Nam libero motu sursum deorsumque vagatur ... Quamobrem licet per mentem, idolum, naturam quodammodo communi rerum ordini subnectamur, per mentem providentiae, per idolum fato, per naturam singularem universae naturae, tamen per rationem nostri juris sumus omnino et tanquam soluti, modo has partes, modo illas sectamur."

们的辩护开始的——有不少于 71 个都属于这个被皮科本人明确称为卡巴拉主义推论的层面。^① 因此也就不难理解，伯尔这位最优秀的占星术史的行家之一，何以会对皮科如此无条件地抵制占星术表示惊讶：在皮科的分裂本性中，新柏拉图主义和新毕达哥拉斯主义的神秘主义比他敏锐的批判本能还要强大；然而在另一方面他又代表着几乎所有那些不断滋养和深化了占星术信仰的基本哲学趋势。^② 可是如果人们考虑到皮科著作的精神特质，这样一种解决方案之达成就不能被归结到——像伯尔所做的那样——某种外在的推力，被归结到萨伏那洛拉布道的震撼性影响。这里起作用的毋宁是那些内在的和独立的力量，它们的最终根据当然并非皮科的自然观，而是他总体的伦理观。如果说皮科在他的形而上学、神学和自然哲学当中还通过撕扯不断的纽带与过去相连，那么在伦理学中他便成了真正的文艺复兴精神的第一位宣告者和开路先锋。他驳斥占星术的著作也建立在这个伦理人性的基础上。主导着皮科《论人的尊严》演讲的那种思想，在这部著作里得到了完全的、纯粹的抒发。"如果你向这里攀升而超越到天界，那么，大地之上，除人而外就别无伟大之物，在人之内，除精神与心灵而外就别无伟大之物；如果你滑向肉体并对天界起疑，你就视自己为苍蝇，甚至某种比苍蝇更微不足道的东西。"^③ 在这些语句里，某种真正柏拉图式的动机再次活跃和生效了。这里所要求的是一种"超越性"，它不再承认任何空间性的尺度，因为它完全超出空间形式。虽然这一思想显得如此简单与质朴，它的矛头却指向古希

① 皮科：《900 个结论》（ Conclusiones DCCCC ），《皮科著作集》，第 63 页起、第 107 页起。
② 伯尔：《星象信仰与星象解释》（ Sternglaube und Sterndeutung ），第 2 版，莱比锡，1919 年，第 50 页。
③ 皮科：《论天文学》，12 卷本，第 3 卷，第 27 章，第 519 页。（引文原文为拉丁文。——译者注）

腊—新柏拉图主义以及基督教—中世纪的世界观基于其上的一个前提。因为这种世界观的特征恰恰是：它在空间上和精神上同时接受了超越—主题、柏拉图的超越性（ἐπέκεινα），它将两种含义不可分割地交织在一起。在所有其他地方，皮科都受到新柏拉图主义及其对各种思想动机进行折中主义杂糅的魔力吸引；而在这里，他成功地支配了这种杂糅做法并清晰地划定了界限。由此他就同时实现了对古代精神世界的总体理解的充实与深化。在这条漫长而又艰辛的从普罗提诺向柏拉图、从希腊化（Hellenismus）向古典希腊文化进行回溯的道路上，已经迈出了第一步。在皮科著作中的最初几句话里已经包含了这种典型的暗示，即在真正希腊化的、古典希腊的整个思想世界中，占星术只是一个局外人。柏拉图和亚里士多德一次都没有提及过占星术：他们更多是以这种鄙夷的沉默，而不是烦琐的批驳来评判它的。[1] 跟在这种历史证据之后的是那些真正至关重要的体系证据。皮科在这里为了贯彻他的根本命题就必须成为认识的批判者——他必须将数学—物理学的因果性形式与占星术的因果性形式区分开来。如果说后者以对隐秘的质（okkulter Qualitäten）的采用为基础，那么前者则满足于经验与经验性直观教导给我们的东西。对它来说，并非星象的任何神秘"流溢"——它们通过同感（Sympathie）去把握每个个别星辰的亲缘物——都能作为联结天界与尘世的纽带。它毋宁用直接呈现给观察并在经验上得到确信与证实的独特现象取代了这种凭空捏造的虚构。如果说费奇诺那种占星术式的物理学令全部尘世的、自然的作用都取决于星象之照射，那赋予万物以生命的灵气（Pneuma）在这些照射中从较高的世界传播到较低的世界中，

---

① 《论天文学》，第 1 卷，第 415 页。

那么皮科则不仅在细节上而且在整体上，不仅在内容上而且在方法上都抛弃了这种解释。因为全部现象都要从它们自身的本原（*ex propriis principiis*）出发，从它们的近因和个别原因出发去把握。但是，我们无须到远处去寻找天界所包含的那些实在的作用的近因，它们仅仅存在于光和热的力量当中，也就是说，存在于那些众所周知的、能够向感官呈现出来的现象中。单单这些力量就构成了全部天界作用的工具，构成了在方位上相互远离的事物借以彼此动态关联的媒介。① 皮科在这里给出的，乍看之下好像仅仅是一种自然哲学的理论，大概如同我们后来在泰莱西奥② 或帕特里奇那里所遇到的一样。然而如果人们认清这一理论所处的整体关联，就会发现它当中隐匿着更多的东西。因为在这里被发现并被明确建立起来的，无非是那个"真实原因"（*vera causa*）的概念，开普勒和牛顿将接续这个概念，他们对归纳法的根本见解就以这个概念为依据。甚至那种直接的历史总体关联似乎也在这里得到了确保，因为开普勒从他的第一部研究方法的主要著作开始，从他为第谷（Tycho de Brahe）所做的辩护开始，就一直援引皮科及其对占星术的批驳。我们以纯粹概念的方式构想为对某个自然现象的阐释的那些根据，并非每个都是"真的"，只有当它表明自身是可证实的、可经由观察和测量确定的，它才是真的。尽管皮科并未与那些数学自然科学的奠基者们同等清晰地表达这一原则，然而他处处都将这一原则作为固有的标准加以运用。皮科借着它的助力成

---

① 《论天文学》，第 3 卷，第 5 章，第 461 页："Praeter communern motus et luminis influentiam nullam virn caelestibus peculiarem inesse." 尤其可参见第 3 卷，第 19 章，第 503 页："Pastores, agricolae et ipsum saepe vulgus ineruditum statum aeris praecognoscunt non a stellis, sed ab aeris ipsius dispositione … Quare raro fallunt, aerem scilicet ex aere, sicut medici aegrum ex aegro praejudicantes, hoc est ex propriis principiis, non quod faciunt astrologi, ex remotis et cornmunibus in universalibus, imo, quod pejus est, fictis imaginariis fabulosis."

② 泰莱西奥（Bernardino Telesio，1509—1588），意大利哲学家和自然科学家。——译者注

为最早几个人之一，反对接受那些仅仅固守在方位上的力量。方位是一种几何 – 观念的规定，而不是物理 – 实在的规定，从它当中无法产生任何具体的、物质的作用。[1]不仅观念之物而且纯粹虚构之物都被占星术错认成实在之物并装点以实在的力量。占星术士为了定位而在天界中划定的那些线条，他将天界划分成的各个宫（Häuser），计算性思维的这一整套机制在占星术中都隶属于某种奇特的位格（Hypostase）：它成了某种具有魔力的自成一格的（*sui generis*）存在。然而当人们弄清下面这一点的时候，所有这些构造便都消失了：它们根本没有存在论的意义，而只有指称的意义。即便真正的自然科学，当然也像占星术一样，不能缺乏指称要素，不能没有只以符号进行的运算。然而对于它们而言，这些符号不是最终一锤定音的东西，更遑论什么独立实存着的东西了，它们反而只构成思想的一个媒介；它们是从对各种现象的感性把握通往对它们的原因的思想性把握的道路上的一个阶段。然而这样一个阶段所预设的，就不仅仅是某种模模糊糊的符合，不仅仅是在空间和时间上分离开的那些存在要素之间的某种单纯的类比关系。要谈论某种现实的因果连接，我们必须学会追踪那个从宇宙的某个特定的点出发，一步一步、一环一环地发生的连续的变迁序列，我们必须学会提出所有这些连续的变化所遵从的那个统一的规律。如果我们不能从经验上证明天体作用的那种形式，那么将天体看作未来事件的征兆，并希望识破它的征兆，就是无用之举。因为天体所能表明的，实质上只有它造就的东西（*non potest coelum ejus rei signum esse, cujus causa non sit*）。[2]凭着这些核心命题，皮科超出

124

---

[1]《论天文学》，第6卷，第3章，第584页起。
[2]《论天文学》，第4卷，第12章，第543页："Non potest igitur coelum significare inferioria, nisi quatenus causa effectum indicat suum, quare qui causam quidem non esse victi ratione fatentur, signum tamen esse contendunt, hi vocem suam ignorant."

了对占星术的单纯批判：他划出了一条鲜明的分界线，将占星术的魔力符号与数学和数学自然科学的理智符号分别开了。从此以后，通过数学—物理学的种种记号解开"大自然密码"的道路就打开了，那些记号同时也被理解成那样的，即它们不再作为异样的力量，而作为精神自己的创造物，与精神对峙。

然而，皮科对占星术的批判的最终根源并不在于种种逻辑的或认识批判的（erkenntniskritischen）考量。他的著作针对占星术而回荡着的那种激情，照其真正的本源来看并不是思想上或伦理上的激情。那是他在伦理上的唯灵论根本观点，他总是拿这种观点与占星术对抗。接受占星术，与其说意味着颠倒了事物的存在秩序（Seinsordnung），不如说颠倒了事物的价值秩序（Wertordnung）——意味着宣告"物质"是"精神"的女王。如果人们考虑一下占星术的基本形式及其历史根源，这种抗辩当然就显得像是过时了。因为这种基本形式恰恰表明，天体在这里绝没有被视作某种单纯质料性的东西，被视作宇宙中的团块，这些团块反而是因种种精神本原，因赋予它们灵魂并规定了它们的运行的那些理智生物才富有生气的。如果人的命运服从于天体，人的存在就不被关联和束缚于一种物质性本原上了，只有在各种理智性力量构成的那种通盘支配着万物的阶序中，这种存在的固定位置才被规定下来。然而现在看来，对自由概念的那种理解和规定恰恰在这一点上介入进来，正如皮科在《论人的尊严》演讲中说的那样，这种自由概念受到了损害：不仅当人的精神被归属于自然因果性之下的时候如此，当它被归属于并非由它本身设定下来的别的任何一种规定之下的时候也如此。下面这一点不仅表明了人对于其他自然生物的优先性，还表明了他在"精神的王国"中、在理智生物的王国中所宣称的优先性，即他并非从一开始就成形地接受

了他的本质，而是凭借他的自由决断塑造了他的本质。这种塑造
与每一种外来的决定相矛盾——不管这种外来的决定本身被视作
"质料的"还是"精神的"，被视作物质性的还是精神性的。对人
的纯粹创造力和这种创造力的自主性的信赖，这种真正人文主义
的信赖因此就在皮科那里战胜了占星术。这样看来，他首先是在
将人类文化的世界与占星术的世界进行对照的时候，才发现了他
的论题的关键证据的。人类文化的世界绝非宇宙力量的作品，而
是天赋的作品。在天赋中，我们似乎当然会遇到某种"非理性的"、
某种在其各要素和各种因果性本源方面不可进一步分解的力量，
这样我们通过承认天赋，又被引到概念性把握的某种边界前了。
然而这个边界是人性的边界，而不是神秘主义的边界。我们可以
在它这里逗留，那时我们便一度被推向它那里，这样我们便可凭
此详细考察人的存在和人的使命的圈子了。我们逗留在那些唯有
我们才可以抓住的终极根据（因为它们表现了我们自己的本质）
那里。谁若是还想将这些根据关联于另外的某种先于它们的根据
之上，谁若是认为能够从宇宙的种种潜能和作用出发"说明"它们， 126
他就只能以这种说明迷惑一下他自己。我们在那些伟大的思想家、
国务活动家和艺术家的作品中认出和敬仰的，并非星辰的力量，
而是人性。使亚里士多德和亚历山大超迈他们同时代的所有人，
也赋予他们意义和力量的，并不是他们有更好的星象，而是他们
有更好的"天赋"（*Ingenium*）；而这天赋并不回溯到星辰，不回溯
到某种形体性的原因，而是直接回溯到上帝，将上帝作为一切精
神性存在的来源与本源。精神的奇迹要大于天体的奇迹：如果人
们企图将精神的奇迹归因于天体的奇迹，那不是对它的概念性把

握，而是对它的否定和敉平。①

这样看来，克服了占星术的世界图景的，首先并不是经验自然科学方面的种种根据，并不是观察与数学计算这些新方法。在这些方法完全成形之前，已经发出了关键的一击。解放的真正动机并不是关于自然的新观点，而是关于人自身价值的新观点。"美德"（*virtus*）的力量对抗"命运"（*Fortuna*）的力量，对自身确定和信赖的意志对抗命运。在真正的和最真确的意义上被刻画为人的命运的那个东西，它并不从上方、从星辰那里降临，而是从人内心的最深处升上来。我们自身将运道说成是女神，还将它放到天体上，而实质上命运乃是"灵魂的女儿"（*sors animae filia*）。②标志着文艺复兴哲学中那些源自不同的思想圈子的动机相互交织又相互促进的情形的是，像开普勒这样一位大人物在这个问题上也直接接受和推进了皮科的思想。开普勒是自然科学家、数学家和天文学家，他也根本没有完全摆脱占星术的魔力。分离在他那里完全是逐步逐步实现的，而在这个过程中，我们在文艺复兴哲学的

127

---

① 《论天文学》，第 3 卷，第 27 章，第 517 页起："Admiraris in Aristotele consummatam scientiam rerum naturalium, ego tecum pariter admiror. Causa coelum est, inquis, et constellatio, sub qua natus est; non accedo, non tam vulgata ratione, quod nati eodem astro multi non fuerunt Aristoteles, quam quod praeter coelum, sub quo tanquam causa universali et Boetiae sues et philosophi … pariter germinant, causae proximae sunt Aristoteli propriae et peculiares, ad quas singularem ejus profecturn referamus. Primum utique … sortitus est animam bonam, et hanc utique non a coelo, siquidem immortalis et incorporeus animus, quod ipse demonstravit nec astrologi negant. Tum sortitus est corpus idoneum, ut tali animae famularetur, nec hoc etiam a coelo, nisi tanquam a communi causa, sed a parentibus. Elegit philosophari. Hoc et principiorum opus quae diximus, hoc est animi et corporis, et sui arbitrii fuit; profecit in philosophia, hic arrepti propositi et suae industriae fructus … At profecit plus longe quam coaetanei et quam discipuli. Sortitus erat non astrum melius, sed ingenium melius: nec ingenium ab astro, siquidem incorporale, sed a Deo, sicut corpus a patre, non a coelo … Quod vero ad id attinet, quod principaliter hic tractatur, nego quicquam in terris adeo magnum fieri vel videri, ut autorem coelum mereatur. Nam miracula quidem animi (ut diximus) coelo majora sunt, fortunae vero et corporis, utcumque maxima sint, coelo collata minima deprehenduntur."

② 《论天文学》，第 4 卷，第 4 章，第 531 页。

发展过程中追踪过的那些中介现象和过渡现象，又全都再次显现出来了。妨碍和阻止这种分离的，并不仅仅是在开普勒时代还在要求天文学家和占星术士的身份融合的那些社会本性和经济本性方面的根据。开普勒谈过最智慧却又非常贫困的天文学母亲必定养育出"傻乎乎的占星术女儿"[①]，但他的种种措辞也并不总是以反讽而明朗的口吻表现出对于占星术的同一种优越性。对于各行星的会合，他在 1623 年的一部著作中虽然没有将对于下方世界[②]的直接影响归功于那些会合，但却将某种"刺激和推动"归功于它们了。而从这种——即使只是间接的——因果性的思想出发，他又进一步退到了单纯"符合"的思想："原因"与"结果"的关系被某种关联关系（ein Verhältnis der Korrelation）代替了。天体并不做任何交易，然而它"击鼓"催促那些产生于自然根据，产生于物质原因和产生于人类情感与激情的事物。[③]但针对占星术的真正关键性的论据，开普勒也不是从自然事件的世界，而毋宁是从精神创造的世界中取来的。即便对他而言，那证据也是对精神的原初力量、对"天赋"的力量的反思，那种反思在这里产生了最终决断。那时成为他的星象的，并非水星和火星（他在《世界的和谐》[Harmonia mundi] 中就是这样说的），而是哥白尼和第谷。这位占星术士在他的星象图里徒劳地寻找下面这些现象的根据：他

---

① 开普勒：《论蛇夫座足部新星》（ De stella nova in pede Serpentarii ），1606 年，第 12 章。（参见《开普勒著作集》，弗里斯编，第 2 卷，第 656 页起。）"Quod astrologica attinet, equidem fateor, virum illum (Fabricium) auctoritati veterum et cupiditatem praedictionum, ubi haec duo conspirant, alicubi succumbere et quodam quasi enthusiasmo praeter rationem abripi: verum ista cum ingenti doctorum virorum turba communia habet. Quo nomine vel solo veniam meretur. Quid ringeris, delicatule philosophe, si matrem sapientissimam sed pauperem stulta filia, qualis tibi videtur, naeniis suis sustentat et alit."

② 指人间世界，这里涉及占星术的一些观点。——译者注

③ 参见开普勒在 1623 年左右所做的关于大型会合与各种预测的演讲，《开普勒著作集》，第 7 卷，第 697 页起，尤其可参见第 7 卷，第 706 页起。

于 1596 年发现了行星间距离的比例，又于 1604 年和 1618 年发现了行星运动的规律。"它们并未与天国的标记一道，融汇于新近点燃，并蔓延至行动中的生命力的那束光焰之内，而是一部分潜藏于灵魂最深层的本质之中——依据柏拉图的学说……一部分自然而然地通过眼睛以别种方式被接纳进来；生辰星座的作用是独一的，即它榨取天赋与决断的灵光，刺激心灵不知疲倦地辛劳，助长求知的欲望；简而言之，不注入心灵，就不能唤醒所说的这些能力的任何一种。"[1] 这样看来，在皮科反对占星术的那部著作中已经出现过的那种交互规定，便在这里得到了确认。自由问题与认识问题最紧密地关联在一起：对自由概念的理解规定了认识概念，正如反过来说后者被前者规定了一样[2]，因为认识的自发性与生产性最终认可了对人类自由和人类创造力的那种信念。我们先前就指明了在文艺复兴思维中越来越展开的普罗米修斯主题对于中世纪神学的世界图景的逐步重塑的意义，如今可见，在根本上是同一个主题在针对占星术、针对古代晚期世界观的斗争中构成了驱动力，也最终决定了对它们的胜利。布鲁诺在《驱逐趾高气扬的野兽》中就为这整场精神运动创造了特别的符号。黄道带上的那些星座在那耽于幻想与迷信的人看来似乎是他的命运的最高统治者，应当被另外一些力量推翻和代替。一种新的道德哲学应当被奠定，它纯粹依照那立于灵魂立场上或落于灵魂之舵上的"内心的光"，将对象呈现出来。良心与自我意识的这个本原，"良知"本原，如布鲁诺称呼的[3]，代替了无意识地起作用的那些如宇宙恶

---

① 开普勒：《世界的和谐》，第 4 卷，第 7 章，《开普勒著作集》，第 5 卷，第 262 页起。(引文原文为拉丁文。——译者注)

② 原文如此。这两个分句同义反复，后半句应该是卡西尔笔误，疑应为"正如反过来说前者被后者规定了一样"。——译者注

③ 布鲁诺：《驱逐趾高气扬的野兽》，《布鲁诺意大利文著作集》，拉加德编，第 412 页。

魔一般的力量。"我们排在首位的是那在精神的意义上位于我们内部的（ *che intellettualmente è dentra noi* ）那种天体，然后是那种可见的、以有形的方式在我们眼前呈现出来的天体。我们从我们精神的天体那里取来代表野蛮的雌熊、代表妒忌的箭矢、代表轻率的幼驹、代表恶意诽谤的狗、代表谄媚的雌狗；我们排除了代表暴力活动的武仙、代表阴谋的天琴……代表冷酷的仙王。[①] 如果我们这样净化了我们的家园，再造了我们的天体，那么就会有各种新的星座、新的影响和力量、新的命运起支配作用，因为一切取决于这个上方世界，而且从相反的原因必定产生出相反的结果。哦，我们这些幸福的人，我们这些圣洁的人，但愿我们只以正确的方式培育我们的精神和我们的思维。如果我们想改变我们的状态，那就改变我们的习俗吧；如果我们想改善这种状态，那么我们的习俗便不可恶化。净化我们内心中的欲望吧，这样从内心世界的重塑达到感性的外部世界的改造就不难了。"[②] 这样一来，即便在人们通常视作文艺复兴的"自然主义"趋势的典型代表的那位思想家那里，自然哲学和宇宙论也带有一种伦理印迹，只有通过在他内部点燃的英雄式情感，人才能与自然相抗衡，并成熟到直观它的无限性和不可度量性的程度。

129

---

① 雌熊、箭矢、幼驹等皆代表星座名。——译者注
② 布鲁诺：《驱逐趾高气扬的野兽》，《布鲁诺意大利文著作集》，第439页起。（卡西尔将引文中最后一句附上了意大利文原文。——译者注）

第四章　文艺复兴哲学中的主体—客体问题

一

文艺复兴与中世纪之间的那种具有双重面向与双重意义的关联，正如它与古代的关联一样，在别的任何地方都不如在它对自我意识问题采取的立场上表现得那么明显。它赖以为生的所有精神源泉，都汇流到这个核心问题上了。但从这种多样的和对立的历史条件性（historischen Bedingtheit）中，如今也产生了体系方面的一些新问题。当然，有意识地将这些问题表达出来，那只不过是文艺复兴哲学最晚近的成果之一：有意识的表达只有到了笛卡尔那里，在某种程度上甚至只有到了莱布尼茨那里才做到。只有到了这里，新的"阿基米德"点才被发现和被规定，从那个点出发，经院主义哲学的概念世界才得到彻底改造。而这样一来，人们就习惯于从这里开始，从笛卡尔的"我思"原则开始确定现代哲学开端的年代。这个开端似乎根本没有经过历史的传导，正如笛卡尔本人感受到也说了出来的，它是基于精神的某种自由的行动，精神必须凭着某种冲击，凭着某种罕见而独立的意志决断，抛下自己过往的一切，这才走上以思维的方式自我规定的新道路。这里根本不涉及某种逐步的演进，只涉及某种真正的"思维方式的革命"。但如果人们追溯长期孕育了这场革命的种种理智与普遍精神性力量的生成与不断增长，那根本不会减损它的价值和意义。这些力量最初根本没有形成任何统一性，也根本没有显示出任何精炼有力的有机组织。它们更多的是相互对立，而不是协同作用，正如它们有着完全不同的起点，它们似乎指向不同的理智终点。

131 然而它们全都在一项否定的功绩中达成了一致：在某种程度上它们意味着对那样一片土壤的松动，从那片土壤中会产生出有关"主体"与"客体"之间关系的那种新的、特别具有现代色彩的根本观点。在文艺复兴哲学中很难说有任何流派没有参与这一工作。不仅形而上学，而且自然哲学和经验性的自然认识，不仅心理学，而且伦理学和美学，都插手了这项工作。即便学院内部的不同流派之间的种种差异，也在这里达成了平衡，因为产生于柏拉图主义的那场运动，在这一点上与始于经过更新和革新的亚里士多德主义的那场运动汇合起来了。这个时代的历史意识以及体系意识（systematisches Bewußtsein）感到自己在为同一些根本性问题张本，也被推向了某些特定的实际决断。

希腊哲学的一个基本的功绩是成功地将自我意识概念以及世界概念从神话思维的层面解脱出来了。这两项任务相互限定对方，因为只有希腊思维所勾画的新的宇宙图景，才为这里产生的新的自我观创造了条件。比起对物的世界的看法来，对自我的看法与种种神话的成分和预设交织得更深，也更紧密。因为甚至在柏拉图那里，自我的问题还难解难分地与灵魂的问题扭结在一起，这就使得柏拉图的哲学语言在论述这个问题时，除了那些在某种程度上都可以回溯到灵魂（ψυχή）这个基本含义之上的术语之外，再也没有别的任何术语了。在柏拉图本人那里，这种局面表现为从始至终支配着他的整个学说的一种持久的张力。因为如今甚至

辩证法家柏拉图在他自己的那条路上，在对知识不断进行分析和
越来越深地为知识奠基的那条路上赢获的那些新颖的根本洞见，
也必须披上柏拉图形而上学心理学（metaphysischer Psychologie）的
语言的外衣。"先天"的概念规定，以及对这种概念规定的必然性
根据的揭示，都是在柏拉图的灵魂回忆说的形式下进行的；确定
性的不同等级和种类的划分依托于灵魂的不同部分的划分。当然，
在以柏拉图老年对话录为标志的柏拉图思辨之顶点上，似乎达到
了对各个问题领域的可靠而清晰的划界。《泰阿泰德》还将意识的
统一性规定为灵魂的统一性（ἕν τι ψυχῆς），但这个灵魂概念剥除
了所有原始神话的成分，剥除了能让人回想起俄耳普斯密教的灵
魂概念和灵魂信仰的痕迹。它在某种程度上只是还象征着在知觉
内容上贯彻纯粹思维的那种进展不已的结合过程和结合功能。尽
管如此，动机与表现手段的这种两极性一直延续到如今。柏拉图
哲学了解两种相互尖锐对立的表现形式，其中一种对存在的领域
有效，另一种对生成的领域有效。只有对于恒久存在者，对于与
其自身保持同一，并保持同一种状态的东西，才可能有严格的知
识。但生成者、受时间限制者和时时变化者却无法通过知识来加
以把握；那么如果可以的话，它就只有在神话语言中才能被描述。
然而人们会问，依据柏拉图认识论的这种根本的区分，哪种认识
手段才适合于把握和表现灵魂。这个问题并没有任何毫不含糊的
答案，因为灵魂突破了柏拉图原先的那种划分，它既属于存在的
领域，又属于生成的领域，而它在某种意义上又既不属于存在的
领域又不属于生成的领域。它是介于二者之间的某种东西，正如
它不能放弃现象和生成的世界一样，它同样不能放弃理念的那种
纯粹存在（das reine Sein）。每个人的灵魂依其本性来看都见过存
在者，而且总是有能力把握存在的纯粹关系；但每个灵魂同时也

在其自身带有朝着感性杂多和感性生成的倾向、趋势、追求。在这种双重的运动中，它的存在和它真正的本质性表现出来。这样一来，它就保持为生成与存在、现象与理念之间的一个"中保"。它被关联于存在者与生成者、同一者和差异者这两极，而没有进入一个或另一个领域，没有局限于它们之上。毋宁说它既与纯粹理念对立，也与各种现象、与感性知觉的各种内容相对立，一直保持为某种自身独立的东西。作为思维和知觉的"主体"，它并不与被知觉者的内容或与被思维者的内容重合。当然，柏拉图《蒂迈欧》的神话语言必定模糊了这种区别，因为正如它只了解一个时间中的事件的维度，它也必定将一切质的区别转化为时间上的起源与创造的区别。那么灵魂在这里就成了一种混合物，成了创世者德穆革制造出来的一个混合物，而德穆革将同一的东西（ταὐτὸν）和差异的东西（θάτερον）这两种对立的本性刻印在一起和在某种程度上融合在一起了。与神话表达方式的本质和特点相符的是，含义方面的某种理想的差异，被转化成存在与衍生物（Abstammung）之间的某种存在论上的差异。而柏拉图灵魂学说本质上就是以这种形式影响了后世的。在整个中世纪，《蒂迈欧》都是一部基本的哲学读物，都几乎是唯一传世的柏拉图对话录，这部对话录以卡西迪乌斯①的译本而为人所知，被人阅读。这样一来，将灵魂理解成主体性之本原的苏格拉底—柏拉图灵魂概念，在这里就只能在神话的外壳和神话的客体化形式（Objektivierung）下被思考了。在古代思维本身中，这个客体化过程就已经发端了。亚里士多德将灵魂解释成身体的形式，但这样一来它同时就成了

① 卡西迪乌斯（Calcidius，也写作 Chalcidius），古代晚期的学者和哲学家，生活于公元 400 年左右的西罗马帝国，曾将《蒂迈欧》的一部分翻译成拉丁文，并为这部对话录撰写了拉丁文评注。——译者注

在身体中起作用的、为身体所固有的运动之力了。它是表现出身体的观念性"规定"的目的因，正如它是将身体导入它的这种规定的日渐开展之中的动力因。在将灵魂理解成身体的"隐德莱希"的这种做法中，灵魂又成了纯粹的自然潜能，成了有机生命与有机形态的力量。虽然亚里士多德自己在他的学说的某个关键点上，感到要对他最初的灵魂概念进行某种改造和扩展。因为当这个概念用来涵括和说明生命的种种现象时，它就不足以涵括知识的所有规定了。知识在其最高和最纯粹的形式下不再与某种个体东西，而是与某种绝对普遍的东西，不再与某种"物质性"内容，而是与某种纯粹理智的内容相关联。而这样一来，这种知识在自身内部加以实现的灵魂力量，与那对象就是同一种类的，这样它也就必须被设想成脱离了所有身体因素、与后者不相混杂的（χωριστὸς καὶ ἀμιγὴς）。但这种隔离又直接被改写成了形而上学一存在论上的隔离。亚里士多德的奴斯（νοῦς），即纯粹思维的、"永恒真理"思维的主体，同样是一种客观的"精神的东西"，正如灵魂作为有机身体的形式是一种自然的东西。正如后者是推动力，前者是思维力，由外部（θύραθεν）进入人的内部。新柏拉图主义采用了这个规定，但新柏拉图主义同时也解除了这个规定在亚里士多德那里得到的那种特殊性格含有的思维力（Denkkraft），因为新柏拉图主义又将这个规定纳入从一下降到多，从理智东西下降到感性东西的那个普遍的力量阶序中去了，并在其中为其指定了一个固定的位置。这里的发展越广泛，在如其本然的思维力和它出现于作为具体个体的人之中的那种形式之间，便越是充斥着一些半神半魔的中间形态。这个发展过程的终结形态和它逻辑连贯的体系化表述，在中世纪阿拉伯哲学中，尤其是在阿威罗伊主义学说中保留下来了。在这里，因为灵魂又完全被撤回种种客观－形而上

134

学力量的领域中了，这样一来，不仅主体性原则，连个体性原则也被放弃了。思维的根本力量超出所有个体化方式，因为如其本然的理智绝非四分五裂，而是构成了一种绝对的统一。思维的活动恰恰在于，自我走出了将它作为单纯的生物凝滞下来的孤立状态，它克服了这种状态，它也与那唯一的绝对理智、与主动理智（intellectus agens）融合起来了。如今这种融合的可能性不能仅仅从神秘主义的立场，而必须从逻辑学的立场来获取了，因为它单凭自身，似乎就能真正说明思维的过程，并能证明它必然的效用了。思维的真正主体不是个体，不是"自身"（Selbst），而是一切思维者所共有的某种非人格性的、实体性的存在，后者与个别自我的"联系"从来都是一种外在的和偶然的联系。

但现在看来，在这一点上，从亚里士多德主义与新柏拉图主义的相互攻错中发展出来的这个逻辑—形而上学的体系，便与信仰的体系发生了公开的争执，而此前它似乎构成了信仰体系最稳固的支架。基督教信仰至少不能做到的是放弃"主体主义"原则，放弃个体灵魂的独立性与自我价值，同时又不会因此不忠于它自身的那些宗教基本预设。13 世纪伟大的基督教思想家感受到了这种分裂，而为了避开这种分裂，他们不断与阿威罗伊主义得出的那些系统的结论做斗争。阿奎那自己的一部名为《论理智的统一性——反对阿威罗伊主义者》（De unitate intellectus contra Averroista）的著作便致力于驳斥它们。这部著作的基本思想是，阿威罗伊主义者的论题实质上消除了它声称要予以说明的思维现象。理智自在地是什么，它就其普遍本质而言是什么，这个问题当我们并不操练思维的功能时，其本身就不会被人提出来。然而在经验中，我们除了在个体形式下、在与某个思维着的自身相关联之外，是无从了解这功能本身的。因而排斥这个自身，便等于消除了一切知识论都必须建立于其上的那个事实。而宗教上的自身确定性在其特征和最内在核心方面受到的阿威罗伊主义的威胁，还要远多于知识理论受到的威胁。因为这种确定性要求，宗教的基本格局的两个环节，即上帝和自我，要维持其独立性。要想抓住和获得信仰的普遍的、绝对的内容，我们除了设身处地进入宗教生活的核心之外，别无他法，但人格性并不是这种生活的任何单纯偶然的界限和障碍，而是在它之中作为必不可少的建构性本原在起作用。基督教的第一位伟大的体系思想家，奥古斯丁，就已经将这个推论发挥到了极致。众所周知，他在宗教上的主体主义直接把他引向了后来作为逻辑学家和作为认识的批判者的笛卡尔所表述的那些基本结论。宗教上的观念论和笛卡尔的逻辑观念论（logischer Idealismus）基于其上的，正是同一个内心化（Verinnerlichung）原则，同一个向自身反思的原则。"别向外求，回到你自身：真理寓于人之中。"（*Noli foras ire, in te ipsum redi: in interiore homine habitat veritas*）真正的存在（*esse*）、知识（*nosse*）和意愿（*velle*）构成了一切理论的不可动摇的出发点，因为精神对任何东西都不如对在它当前临在的东西了解得那么好，而任何东西都不如它自身那般当前临在。[1] 在这些命题中，宗教体验相对于在教义上对某种形而上学的灵魂和上帝学说得出的所有推论的优先性，被固定下来了。将自我嵌入某种建构性的客观认识图式中去的那种做法停止了，因为这种间接的规定恰恰达不到它的特殊本质和特殊价值，那价值完全是某种自成一格的（*sui generis*）价值。

要理解与文艺复兴哲学一道发端的那种措辞，人们必须回想这种对立，回想在中世纪学问体系与生活体系中已然存在的这

---

[1] 奥古斯丁：《论三位一体》（*De trinitate*），第 14 卷，第 7 章；《论真宗教》（*De vera religione*），第 39 章以及其他各处。

种张力。阿威罗伊主义出现于 14 和 15 世纪，尽管它在经院主义的那些经典系统内部遭受了各种抨击，但它的理论基础还是未被动摇。它在相当长的时间里构成了意大利大学里占支配地位的学说。在经院主义研究真正有学识的中心帕多瓦，阿威罗伊主义学说从 14 世纪上半叶一直坚持到 16 和 17 世纪。[①] 但反对它的运动日渐成形。极有特色的是，这场反对运动绝不局限于学派的圈子里，而是从其他方面得到推动的。主张文艺复兴教化理想和文艺复兴的那种新的人格理想的那些人，最先倡导针对阿威罗伊主义的斗争。彼特拉克也是这条路上的先驱，他终其一生对阿威罗伊主义，发起的富有激情的争论未免掺杂了一些理论上的误解，但这对它的价值并无多大的损害，因为这里问题的关键并不仅仅是思辨—理论的探讨；这里是一种天才的人格，从其原初生命感的权利出发在反对那些限制并威胁废除这种权利的推论。主张"个体性"的这位艺术家和大师，首先发现了个体性不可耗竭的财富和价值，他在抵抗那种认为一切个体性都不过意味着某种彻底偶然之物、某种纯粹"偶性"的哲学。在他那里，奥古斯丁成了这场斗争的真正保护人。彼特拉克作为历史上的先行者之一，并不单纯受到精神在历史上的种种创造物的客观内容影响，而是希望到那些创造物背后去感受它们的创造者的生命，并与其感同身受。此时他凭借这方面的天赋，在许多个世纪之后，直接与奥古斯丁相契合。个体性的抒情天分在个体性的宗教天分上熊熊燃起，因为抒情诗与宗教在彼特拉克的神秘主义的那种特有的形式中汇合为一。这种神秘主义不像阿威罗伊主义的神秘主义那样是关乎宇宙论的，而是纯粹心理学导向的。而且，虽然它极力寻求和渴望灵

---

① 进一步的情况参见勒南（Ernest Renan），《阿威罗伊与阿威罗伊主义》（*Averroes et l'Averroisme*），第 3 版，巴黎，1866 年。

魂与上帝的统一，这种统一却并非让它愿意安歇的唯一的和本质的目标；它总是一再深入对自我内心动荡的直观中，然后赞叹和享受这种动荡的各种表现形式——恰恰在它们的对立之中。由此人们就可以理解，彼特拉克在他针对阿威罗伊主义的斗争中是如何不断强调他的宗教信仰，他是如何在这场斗争中感到自己完全是捍卫信仰的天真、反对人类理性之僭妄的正统基督徒的——以及另一方面，这种基督教却是如何在他那里获得了一种完全私人性的、审美意味多于宗教意味的特征的。哲学的反思如果希望成为阿威罗伊主义的主宰，就必须走上另一条道路；它不能沉浸于个体性的感受与享受之中，而必须努力为个体性建立起某种更深的原则。我们曾看到，正是库萨的学说最先获得了这个原则。在库萨于帕多瓦学习的那个时代，帕多瓦学派的阿威罗伊主义正如日中天，但没有任何迹象表明，他的思想从阿威罗伊主义那里得到了任何本质性的推动。在他后来的主要体系著作中，他明显在与阿威罗伊主义的基本学说做斗争；而且使用的与其说是源自他的形而上学，不如说是源自他的认识论的一些论据。这种认识论是不承认感性东西的领域与理智东西的领域之间有任何绝对张力的，因为尽管感性东西和理智东西是相互对立的，理智却正好需要感性知觉的这种对立和抗拒，因为只有通过后者，它才能成全其自身，才能达致它完全的实现（参见前文［见页边码］第 47 页起）。这样看来，我们也不能设想精神的任何功能是在绝对与感性材料脱离的情况下就能被实施的。精神要起作用，就需要与其相应和"相符"的物体；此外这里还表明，思维活动的差异化与个体化必定是与物体的有机化齐头并进的。"也就是说，正如你的眼睛的视觉不可能是别的任何人的视觉，即便它与你的眼睛相分离，与另一个人的眼睛结合起来也是如此，因为它在你的眼睛具有的那

137

个尺度，在另一个人的眼睛里就再也找不到了，而且正如你的视觉做出的那个区分不可能是另一个人的视觉中的区分，那么也不可能是同一种理智在所有人的脑中进行思维。"这里透显出一种思想，它在莱布尼茨那里才得到完备而系统的贯彻和展开。思维的纯粹活动并非仅以感性的和物体的东西为无关紧要的和漠无差别的基质，也并非仅仅将它当作像一件僵死工具一般与它对立的一个器官来利用的；这种活动的力量和成就恰恰在于，它如其本然地理解了感性东西中的种种区别，并在自身中将其重现。依此看来，个体化本原（ *principium individuationis* ）就不能到思维的单纯"质料"中去寻找，而是必定建立在它的纯粹形式上。灵魂作为能动的思维力量，并非像在一个外在的居所中一样被关在身体中，而是或多或少清晰地表现了在它内部存在的所有差异和在它内部发生的所有变化。这样看来，在灵魂和身体之间就不仅有一种结合的关系，还有一种连贯的"相合"：全盘的相称，正如库萨称呼的那样。[①] 在这里，当他发现对立的观点不仅得到阿威罗伊，而且得到某些新柏拉图主义者的学说的支持，那么文艺复兴的新柏拉图主义、佛罗伦萨学园的一大特征就是，它在这个关键问题上完全与库萨立于同样的基础上。即便费奇诺也在他的主要著作《柏拉图的神学》和他的书信中不断与主张"主动理智"的独一性的那种学说相斗争。即便他也为此而诉诸直接的经验，后者总是使我们所谓的"我们的自我"和"我们的思维"只在绝对个体性的

138

---

① 库萨：《平信徒》系列第 3 书，《论精神》，第 12 章，第 167 页起："Sicut enim visus oculi tui non posset esse visus cujuscunque alterius, etiam si a tuo oculo separaretur et alterius oculo jungeretur, quia proportionem suam, quam in oculo tuo reperit, in alterius oculo reperire nequiret: sic nec discretio, quae est in visu tuo, posset esse discretio in visu alterius. Ita nec intellectus discretionis illius posset esse intellectus discretionis alterius. Unde hoc nequaquam possibile arbitror unum esse intellectum in omnibus hominibus."

形式下呈现出来。在自身的本质和这自身在直接的意识中向我们呈现的方式之间，却不可能有任何原则上的差异性："对于精神而言，有什么能比它对自身的认知再自然不过的？"（*quid enim menti naturalius, quam sui ipsius cognitio*）①

现在看来，有另一个过程与这个旨在厘清"主体性"概念的理论基础和条件的过程相对立，那个过程才使我们明白了规定和支配这整场精神运动的最终目的的那些力量。费奇诺建立他的灵魂学说和个体不朽论的那个基础，与其说是他对人类认识的根本洞见，毋宁说是他对人类意志的根本洞见。爱欲学说是费奇诺心理学的关键枢纽，它成了佛罗伦萨学园的一切哲学努力的核心；正如兰迪诺②的《卡玛尔迪斯辩论》（*Disputationes Camaldulenses*）③告诉我们的，它成了学园对话的永不枯竭的主题。学园对那个时代的全部精神生活、对 15 世纪的文学和造型艺术发挥的全部影响，都发源于这个核心。与此同时，这里还发生了某种持续的相互影响：正如贝纽维尼④在他的《咏天国神圣之爱》（*Canzone dell' amor celeste e divino*）中以诗的形式表达了费奇诺爱欲学说的基本思想，皮科也通过他为贝纽维尼的诗写的评注，将这些思想重新引回到纯哲学领域中了。⑤皮科和费奇诺在这里的唯一的追求似乎就是尽可能忠实地再现柏拉图的爱欲理论：二人都直接引入柏

139

---

① 费奇诺：《书信集》，第 1 卷，第 628 页。（引文原文为拉丁文。——译者注）

② 兰迪诺（Christoforo Landino，拉丁文写作 Christophorus Landinus，1425—1498），意大利人文主义者、诗人、文学理论家、哲学家和翻译家，长年在佛罗伦萨大学担任修辞学和诗学教授。——译者注

③ 关于兰迪诺的《卡玛尔迪斯》以及它作为文献对于佛罗伦萨学园历史的价值，尤其可参见德拉托尔（Della Torre）：《佛罗伦萨柏拉图学园史》（*Storia dell' Academia Platonica di Firenze*），佛罗伦萨，1902 年，第 579 页起。

④ 贝纽维尼（Girolamo Benivieni，1453—1542），意大利诗人，柏拉图学园的成员。——译者注

⑤ 皮科：《皮科著作集》，第 734 页起。

拉图《会饮》中的描述，费奇诺在他自己的一部著作中最深入地评注过这一描述。然而佛罗伦萨学园的"基督教"柏拉图主义的特殊性和特质，在任何地方都没有像在这里一样清楚地表现出来。费奇诺在一封致孔特罗尼（Luca Controni）[①]的信（他随信寄去了他的《会饮》评注和他的著作《论基督宗教》）中这样写道："我把我所许诺的爱寄给你，我还把宗教寄给你，因为我认为我的爱是宗教性的，而宗教是充满爱的。"[②]实际上费奇诺的爱欲学说是他的心理学与他的神学相会并难解难分地相互融合的那个点。即便在柏拉图那里，爱欲也属于存在的一个中间领域；在神圣东西和人的东西、理智世界和感性世界之间，它的作用在于使双方相互关联和相互结合。只有当它本身并不排他性地只属于两个世界之一时，它才能实施这种结合。它自身既不是饱满，也不是空乏，既不是有知识的，也不是无知的，既不是不朽的，也不是有朽的，而是从所有这些对立面中混合成了它的"魔力般的"本质。爱欲的这种在自身内分裂的本性，构成了柏拉图的宇宙的真正的驱动环节。这里首先有某种动态的机制渗入宇宙的静态结构中了。现象的世界和爱之间不再简单地相互对立，现象本身毋宁在"追求"理念（ὀρέγεται τοῦ ὄντος）[③]。这种追求是使得一切生成得以发生的根本力量；这种内在的不满足表现出那样一种永远生机勃勃的"不宁"，它给所发生的一切事情预先规定了一种特定的方向，即朝着理念那不变的存在的方向。但在柏拉图的体系内部，这个方向是不可逆的。虽然存在着某种"向存在的生成"（γένεσις εἰς οὐσίαν）[④]，反之

---

① 生平不详。——译者注
② 费奇诺：《书信集》，第1卷，第632页。（引文原文为拉丁文。——译者注）
③ 原意为"对存在者的追求"，卡西尔用来阐释对理念的追求。在柏拉图那里，理念就是不变的存在者，或者说真正的存在者。——译者注
④ 原意为"向存在的发生"。——译者注

却不然，并没有什么存在对生成、理念对现象的追求。在这里分离
（χωρισμός）的动机被最严格地保存下来了，善的理念只有在如下意
义上才是变易的"原因"，即它表现了生成的目标和目的，而不是
在如下意义上，即它作为动力在干涉经验—感性现实的熙熙攘攘。　　140
后来这种方法格局在新柏拉图主义的体系中得到了其形而上学的阐
释及其形而上学的人格化。即便在这里，一切有条件的和被衍生的
存在都有回归第一原因的本能。但在无条件者那一面，却并没有任
何反向追求（Gegenstreben）与有条件者对无条件者的这种追求相应。
新柏拉图主义的超越性存在者（Überseiende）与超越性的一（Über-
Eine）也"超越了生命"（ὑπὲρ τὸ ζῆν）。绝对者的纯粹客观性本身超
越了主观意识的领域，不管这主观意识被理解成实践的还是理论
的意识。因为正如追求的规定一样，认识的规定也是远离了绝对
者的。一切认识都预设了与某个他者的关联，这种关联将会与绝
对者的纯粹自足状态、与它封闭于其自身的状态相冲突。[①]

　　费奇诺关于爱欲的理论突破了这个思想藩篱，因为它将爱欲
过程理解成某种完全相互的过程。人在爱欲中表现出的对上帝的
追求，如果没有上帝对人的反向追求，就是不可能的。在费奇诺
思想中活跃着的，也给他的新柏拉图主义留下了某种新的烙印的，
乃是基督教神秘主义的基本思想。上帝，绝对客观的存在，同样
也纠缠到主体性中去了，而且与作为相关项、作为绝对对立面的
主体性结合在一起了，正如一切主体性都被关联到他之上，也以
他为旨归一样。爱本身只能在这种双重形式中得以实现：它既是
高等东西向低等东西、理智东西向感性东西的迫近，也是低等东
西对高等东西的渴慕。正如上帝喜爱世界的某种自由的爱慕，正

─────────

① 尤其可参见普罗提诺：《九章集》，第6卷，第7章，第35、41页及其他各处。

如他在其恩典的自由行为中拯救了人和世界，对于一切理智东西而言，这样一种双重的追求方向也是本质性的。"一切神灵的特征就在于，由于它们看到了高等东西，就不会停止望向低等东西并为其操劳。这也是我们的灵魂的特点，我们的灵魂不仅接纳自己的身体，也接纳一切地上事物以及大地本身的身体，为的是看护和促进它们。"精神东西本身的一个基本环节和基本任务就在于对感性东西的这种看护和"培育"。对爱欲学说的这种理解给神正论问题——即便新柏拉图主义也一直在与这个问题搏斗——投去了一缕新的光芒。只有到如今，一种严格意义上的神正论才是可能的，因为如今质料不再被理解成形式的单纯对立面，也不再因此便被理解成绝对的"恶"，而是被理解成那样一种东西，形式的一切作用都得从它那里开始，而且形式还得在它那里经受考验。真正意义上的爱欲成了"世界的纽带"，因为它是克服世界的各种不同的要素和领域的一切非同类性的东西，它的方式是将它们中的每一个接纳到它的圈子中来；因为它通过下面这种方式消解和消除了存在的各要素之间在实体上的差异性，即它让人们将它们当作同一种动态的功能的一些主体和中心。爱是那样一种东西，借着它精神便俯身屈就于感性的一物体的东西，它也是使精神又从这个领域得到提升的东西；但在两种运动中精神顺从的都绝非任何外来的推动力或宿命般的强制，而是顺从于自身的自由决断。"精神绝不受迫于他物，它毋宁借着爱潜入肉体中，又借着爱从肉体中渗出。"[1] 这里表现出一种精神上的循环（ circuitus spiritualis ），这

---

[1] 费奇诺：《柏拉图的神学》，第 16 卷，第 7 章，第 382 页（引文原文为拉丁文。——译者按）。费奇诺关于爱的理论中的这个关键环节通过萨伊塔的《费奇诺的哲学》（第 217 页起）得到了恰当的凸显；但萨伊塔在这里就像在其他许多地方一样，太高估费奇诺相比库萨而言的原创性了。"Cio che differenzia il Ficino dai filosofi（**转下页**）

种循环不需要任何外在的目的，因为它在其自身中就有其目标和
边界，因为它在自身中就既得到了运动的本原，也得到了静止的
本原。[①]

　　文艺复兴哲学接纳了费奇诺思辨性的爱欲理论的这些基本思
想，并试图使它如嘉惠于伦理学那般嘉惠于自然哲学，如嘉惠于
认识论那般嘉惠于艺术理论。就关于认识的学说而言，中世纪新
柏拉图主义—神秘主义的文献中关于认识的部分和关于爱的部分
难解难分地相互结合起来了，因为精神不能在纯理论的考察中转
向任何客体，据说它要通过某种爱的活动才能被推向客体。这种
基本看法在文艺复兴哲学中得到了革新，并在帕特里奇的学说中
得到了系统的贯彻。认识活动和爱的活动的目标是同一个，因为
两者都始于取消存在的各要素之间的分离并回到它们原初同一性
的那个点。知识无非就是这条回转之路上的一个特定的阶段。它
本身是一种追求形式，因为对于每一种知识而言，对于它的客体
的"意向"（*intensio cognoscentis in cognoscibile*［对于可知物的认知
的意向]）都是本质性的。最高的理智唯有通过下面这种方式才成

142

────────────

（接上页）precedenti，"他就是这样写的，"compreso il Cusano, è l'intuizione travolgente
dell' amore come spiegamento assoluto, infinito di libertà ... Il vero mistico s'appunta nella as-
soluta indistinzione o indifferenza, laddove il pensiero di Ficino respira nell'atmosfera sana della
libertà come continua differenziazione."（《费奇诺的哲学》，第256页）但库萨的创世概
念与他关于上帝之爱的概念恰恰运行于这种"自由的氛围"中。比如可参见《论眼
镜》（*De beryllo*），第23章，第275页："Ad omnem essendi modum sufficit abunde primum
principium unitrinum: licet sit absolutum et superexaltatum, cum non sit principium contractum,
ut natura, quae ex necessitate operatur, sed sit principium ipsius naturae. Et ita supernaturale,
liberum, quod voluntate creat omnia ... Istud ignorabant tam Plato quam Aristoteles: aperte enim
uterque credidit conditorem intellectum ex necessitate naturae ornnia facere, et ex hoc omnis
eorum error secutus est. Narn licet non operetur per accidens, sicut ignis per calorern ... (nullum
enim accidens cadere potest in ejus simplicitatem) et per hoc agere videatur per essentiam: non
tamen propterea agit quasi natura, seu instrumentum necessitatum per superiorurn imperium, sed
per liberam voluntatem, quae est essentia ejus."

① 费奇诺:《柏拉图的神学》，第9卷，第4章，第211页。

为现实的理智，成为思维着的意识，即它由爱所驱动，在其自身内分化了，它自身把一个由知识的各种客体构成的世界作为观察的对象摆在对面了。但设定这种分化、设定原初统一性委身于多样性的知识活动，也就是重又克服这种分化的活动，因为认识某个客体就意味着否定它与意识之间的距离，并在某种意义上与它合为一体："认识不是别的什么，而是对某些事物与其可知之物的结合。"① 然而比起对认识理论的影响来，像费奇诺加以革新过的那种爱欲学说对文艺复兴关于艺术的本质与意义的观点影响要更强烈也更深刻。许多伟大的文艺复兴艺术家拥抱佛罗伦萨学园的那种基本的思辨学说时迸发出来的激情，其原因就是这种学说在他们看来远不止是单纯的思辨。在这里，他们看到的关于眼前的宇宙的一套理论，迎合了他们的根本观点，他们在这里反而首先发现他们自身创作的秘密被解释和说出来了。艺术家谜一般的双重本性，他投身于感性现象的世界，又不断努力超越于这个现象之上，这种双重本性如今得到了概念性的把握，而且在这种概念性把握中才真正得到了辩护。费奇诺在他的爱欲学说中给出的那套世界神正论（Theodizee der Welt），同时也成了真正的艺术神正论。因为艺术家的风格，正如爱欲的风格一样，就是必须不断将分离的东西和对立的东西相互结合起来，就是在"可见的东西"中寻求"不可见的东西"，在"感性的东西"中寻求"理智的东西"。如果说他的观看和塑造受到了对纯粹形式的洞见的规定，那么另一方面他恰恰才真正完成了在质料中实现这种纯粹形式的任务，如果他能成功的话。艺术家要比别的任何人都更深刻地感受到存在的各种要素之间的这种张力、这种两极对立，但他同时也知道和

143

---

① 帕特里奇：《泛本原说》（*Panarchias*），第 15 卷；《论理智》（*De intellectu*），《新宇宙哲学》，第 31 页。（引文原文为拉丁文。——译者注）

感受到，他自己是这种对立的调停者。美的一切和谐的核心便在于此，然而一切和谐、一切美所带有的那种永恒的不满足也在于此，只要一切和谐、一切美除了在物质中之外，不能在别的任何东西中启示出来。我们在米开朗基罗的十四行诗中见到了处于这种形态下、处在这种深化过程中的费奇诺爱欲学说。要是人们将该学说的这种后续作用与它在认识论中由帕特里奇、在伦理学中由布鲁诺进行的那种进一步塑造比较一下，那才能充分理解这种学说异乎寻常的多产性的根据何在。即便佛罗伦萨学派的柏拉图主义，也还是将各种理念彻底理解成一些力量，理解成一些客观－宇宙潜能，但除此之外他还在他的爱欲学说中发现了关于精神的自我意识的一个新概念。这种自我意识如今在它的同一性和它的多样性中，在认识、意愿和审美创作这些根本活动中表现出来的它的分化中，也在它内在的封闭性和单一性中显现出来。自身、"主观精神"自行划分为创造的一些不同的方向，文化的多样性、"客观精神"的体系都产生于这些方向。即便布鲁诺在谈到普罗提诺时，也援引爱欲作为真正向我们开启了主体性领域的力量。只要我们的眼睛还是只盯着知觉对象，美的现象以及爱的现象就不可能出现：这两种现象都只有当精神从形象的外在形式回转，在其自身的那种不可分的和脱离一切可见性的形态中把握自身的时候才会出现。[①]

　　如果说这里谈的是文艺复兴的唯灵论，文艺复兴对灵魂问题和自我意识问题的理解便受到这种唯灵论的规定，那么倘若人们在自然概念和自然主义心理学的框架下来考察它们的话，这两个

---

① 参见布鲁诺：《论观念的影子》，《布鲁诺拉丁文著作集》，托克、约姆布里安尼等编，第 2 卷，第 48 页："Notavit Platonicorum princeps Plotinus. Quamdiu circa figuram oculis dumtax-at manifestam quis intuendo versatur, nondum amore corripitur: sed ubi primum animus se ab illa revocans figuram in se ipso concipit non dividuam, ultraque visibilem, protinus amor oritur."

问题的发展看起来完全走上了另一条路。朝着自然主义的转向，将"灵魂"这个本原嵌入普遍的自然整体关联之中并以纯粹内在的方式从那种整体关联来解释这个本原的尝试，就形成了16世纪前后帕多瓦学派所尝试的那种对亚里士多德心理学的批判性更新中的根本趋势。蓬波纳齐的著作《论灵魂的不朽》就成了这个发展过程的第一次系统的结算。这里针对阿威罗伊主义的斗争又立于观察的焦点上了。阿威罗伊主义认为唯有如下这般才能挽救理智的统一性，亦即让这种统一性与理智的普遍性合而为一，将能思维的本原的个体性不是看作理智的某种原初的规定，而是仅仅看作它的某种偶然的规定。但当人们并不局限于纯粹从现状去描述灵魂生命的现象，而是追问这些现象的超越性原因时，当人们这样来规定后者，即灵魂的一切进程在此都失去其与众不同的经验性特征时，此时的问题就不再是心理学，而是形而上学了。在人们尝试以这种或那种方式讲清楚这种特征之前，首先需要承认这种特征。但阿威罗伊主义的缺陷恰恰在于逆着这一方法上的基本准则而动：它解释思维意识（das denkende Bewußtsein）的方式毋宁是借此消除作为意识的思维意识。意识的那种统一性的"主动知性"或许能被当作宇宙中的某种存在和力量，但这种力量所缺乏的恰恰是那样一个环节，只有它才能使这力量成为自我意识，才能使它从单纯的自在形态（An-Sich）转变成某种"自为存在者"。由于意识只有在"自为"这种形式下才是可能的，所以它总是只有在具体的分化中才是可以想象的，因为这两个规定中的一个就包含了另一个。但由此出发，蓬波纳齐的证明又进了一步。如果我们没有以与意识主体的分化相应的某种客观的分化来协力，那么它是不可想象的。某个个体灵魂只有当其被当作某个个体身体的形式时，才能如其所是地得到理解。的确，人们可能会直截了当地说，我们所说的一个身体的赋灵（Beseelung），其实仅仅存在于对身体的这种连贯彻底的个体化中。通过个体化，身体便区别于单纯的"质料"；通过个体化，身体便成为有机身体，这有机身体在其个体规定性中是某种特定的、具体—个体性的生命的承载者。照此看来，不是"灵魂"作为某种在外部推动身体的和从外部赋予身体生机的本原，而是它才塑造了身体，使身体成了一个在自身内区别开又在这种区别中被分划了的整体。而这种具有严格相关性的关联现在也便允许反面的表达。如果灵魂不仅仅是"辅助性形式"（*forma assistens*），而是真正的"实质性形式"（*forma informans*），那么很明显，它的构形功能便总是只能在某种特定的身体基质之上才得以实施。我们设想一下，假如后者被消除了，那么随之一道，那种功能不仅会失去它的支撑，甚至还会失去它的意义。因而在这一点上，蓬波纳齐不仅与阿威罗伊主义，也与每一种唯灵论心理学分别了。灵魂越是不作为一个单独的东西与身体——灵魂便是身体的形式——相脱离，在它自身中就越不存在什么绝对的分离，将它的"高等"功能与"低等"功能绝对分开。说它是"理智"或"精神"，那是仅仅就它同时是"生命"而言的，而它总是只能在某个特定的有机身体上证明自身是生命。由此可见，当我们遵循启示不如遵循纯粹的理性根据那么多时，对于灵魂不朽、灵魂脱离身体而不断延续的一切证明便会失败。因为深入考察后会发现，这些证明全都基于某种单纯的循环论证（*petitio principii*）①之上。它们都是从思维功能的普遍性出发、从应归于那与感性知觉对立的"纯粹"思维的独立功绩出发，推

145

———————

① "循环论证"为意译。*petitio principii* 原意为请求起点、假定原点，即在论证时已经预设了许多不该预设的东西作为起点，在后来西语的发展过程中常被翻译为"亏题"（begging the question），偏离了原意。——译者注

论出独立的实存，推论出思维着的实体可能的脱离的。由于存在着一些普遍的、观念性的意义，由于独立于感性经验之外还存在着一些逻辑的和伦理的效用价值（Geltungswerte），所以某种独立的思维力量就作为这些价值的承载者被认定下来。但实质上对思维活动的更尖锐的分析恰恰表明，这种要求是无效的，因为精神总是仅仅通过下面这种方式来把握一个普遍概念或一种普遍规则的意义的，即它在某个特殊东西中，在知觉或感性幻想的某种内容中直观到这种意义。没有了这种具体的充实，没有了与特殊东西的这种关联，普遍思想就始终是空的。由此看来，逻辑学与心理学在此指向了同样的推论，那推论当然与基督教学说的内容有着不可消除的冲突。蓬波纳齐从未尝试过消除这种对立，他将它置于宏大的规定性中，为的是后来回撤到"双重真理"学说上去，但这种纯粹形式上的限制的效果不过是让激进主义在内容方面的论题愈发尖锐地凸显出来罢了。如果说他在与阿威罗伊主义斗争时，不断在利用阿奎那与主张所有人只有一个理智的学说相斗争时采用过的那些论证根据，那么如今他的论证就转而反对阿奎那本身，由此也反对整个经院主义心理学的基础。凭着真正的大师手笔，这里首先被揭示出的是阿奎那的灵魂概念中一直就有的柏拉图因素和亚里士多德因素之间的那种冲突。对于柏拉图主义而言，灵魂和身体最初就被分离了，而且是本质上不同的两个实体，

146 依照蓬波纳齐的看法，柏拉图主义在它的这种严格的形而上学二元论方面至少是始终如一的。它将身体与灵魂的"结合"并非理解成相关性，理解成某种内在的和本质性的关联性，而是在灵魂中只看到了某种由外部推动的东西。这样一来，我们认为在人类的自我意识中直接能体验到的"身体"和"精神"、"感性"和"理智"的那种统一，当然在根本上就被说成是一种假象了：似乎它

不是别的，而是像公牛和犁头之间的那种统一。但一位亚里士多德学派中人如何能对那样一种统一感到满意呢，因为依据亚里士多德的根本性定义，灵魂无非就是身体本身的实现（"隐德莱希"[Entelechi]①）？这种解释和下面这种假定是矛盾的，即灵魂能够以双重的方式定在，其中一种方式在尘世生活期间有效，另一种方式在灵魂与身体分离之后作为单独实体时有效。因为我们从未见过这实体的绝对存在，从未见过它纯粹的"自在"，而是只在它的种种运作、在它的作用方式中才认识它，由此便得出，我们不能将两种完全不同的和单独的作用形式归于同一种实体。因而就灵魂而言，我们除了可以谈论在经验方面有条件的和在经验方面已知的作用方式（灵魂作为"身体的形式"具有这种作用方式）之外，还可以谈论另一种作用方式，灵魂可以独立于身体之外运用这种方式——这样一来，我们撇开已经宣称过的灵魂的实在的同一性来看，实际上只剩下一种口头上的同一性。我们设定了两种实体，两种在概念和定义上不同的本质性，然而我们只是随意将同一个名称赋予它们而已，而阿奎那学说的根本缺陷恰恰就是这一点。阿奎那不得不承认亚里士多德学说的认识论基础。就像亚里士多德学说一样，他立足于下面这个命题之上，即如果思维不是以任何方式关联种种感性表象，那么任何思维、任何纯粹理智功能的纯粹运用都不可能。思维的间接的、"再现的"活动总是需要某种直接被给予的东西和在意识中直接临在的东西的支撑，而这种临在被归于"幻象"、知觉形象和感性想象力。但这个在认识论上具有必然性的推论被形而上学家阿奎那否认和推翻了。灵魂脱离身体，这意味着它失去了唯有在其上才能发挥其功能的那种基质。

———————

① 源自亚里士多德的术语，意为完满实现。——译者注

147　然而在灵魂思维的预设上的这种改变也不会消除，比如说，这种思维本身，而只是将这思维置入与早先根本不同的一种新形式中了。但这样一种形式是被臆造的，而不是被体验的，而且完全不能在任何意义上被体验。在这里经验是帮不上任何忙的；这里我们不再运行在心理分析或逻辑分析的领域里，而是运行在思辨的空虚之境中。亚里士多德这位分析家和心理学家，从来不知道灵魂的一种作用方式向与其恰好相反的另一种作用方式的这样一种过渡^①：由于存在概念必须依照作用概念来规定，上述过渡事实上不过是某种神话式的变形，不过是某种奥维德式的奇迹叙事中所指的那种变化。^② 如果比这里发生的情形更尖锐，与经院主义心理学的决裂就几乎不可能实行了。整个经院主义灵魂形而上学如今都成了单纯的灵魂寓言，成了某种虚构，它不以任何现有的事实，不以任何"自然的"标准和迹象为依据。谁要是主张灵魂有双重的存在，即在身体中的存在和与身体相脱离的存在，他就必须揭示灵魂的两种特别不同的认识方式，在其中一种方式下，灵魂关联于感性的东西，在另一种方式下，灵魂完全与感性的东西相脱离；但对心理现象的观察本身从未给我们提供过那样一种脱离的证明。为了合乎理性地说清楚事情，我们该做的只能是解释和"拯救"这些现象，而不是任意地假定另外的某个"世界"和那个世界中的某种灵魂状态，那样一种状态从我们的角度来看永

---

① "Ridiculum videtur dicere animam intellectivam ... duos habere modos intelligendi, scilicet et dependentem et independentem a corpore, sic enim duo esse videtur habere." "Neque plures modi cognoscendi ab Aristotele in aliquo loco sunt reperti, neque eonsonat rationi." 蓬波纳齐：《论灵魂不朽》，1516 年，第 4、9 章及其他各处。

② 蓬波纳齐：《论灵魂不朽》，第 9 章："Dicere enim ... ipsum intellectum duos habere modos cognoscendi, scilicet sine phantasmate omnino, et alium cum phantasmate, est transmutare naturam humanam in divinam ... Sic anima humana simpliciter efficeretur divina, cum modum operandi divi-norum assumeret, et sic poneremus fabulas Ovidii, scilicet naturam in alteram naturam transmutari."

远是绝对超越的和不可理解的。"理性"在这里所能做的决断，无非就是曾使那位真正的、被正确解释的亚里士多德感到中意的那种决断。对于双方而言，人类灵魂无非是且永远无非是有机身体的形式，而且这样一来就是"按其本性有朽的"（*simpliciter mortalis*［纯然有朽的］），虽说它在某个特定的方面，就其能够贯穿个体的东西而指向普遍的东西、贯穿感性—易逝的东西而指向无时间的东西和永恒的东西而言，可以被称作"有条件不朽的"（*secundum quid* *immortalis*）。①

148

这里似乎也达到了与佛罗伦萨学园的灵魂学说的最大的对立，那时蓬波纳齐的小册子《论灵魂不朽》似乎到处都是作为费奇诺的同名著作的负极出现的。然而超出这种对立的是系统兴趣方面的共同性。蓬波纳齐与费奇诺双方都在与个体性问题搏斗，双方都努力使"自身"问题成为心理学的核心，但他们是在完全两歧的路上追寻这一目标的。对于费奇诺而言，人的纯精神本性能够唯独将人塑造成严格意义上的某种"自身东西"（Selbstwesen），能够将他拔擢，使之超出一切单纯物性东西的领域。使人的真正自我得以表现出来的他的自由，预设了灵魂从身体那里解脱出来的可能性。反之对于蓬波纳齐而言，个体性不应该要求与自然相对立，而是应该从自然中推论出来并得到证明。依照他的看法，并非它才构成了"精神"的特权，而是它表现了一切生命的基本特征。"生命"不过意味着在个体性形式和通盘–个体性的形态中定在而已。正如费奇诺在他为争取个体自我的权利和独特性而进行

---

① 整体上而言，除了《论灵魂不朽》这部著作之外，尤其还可以参见蓬波纳齐对亚里士多德《论灵魂》的评注（费里［Ferri］编，罗马，1876 年）。进一步的证明参见我关于认识问题的著作的第 3 版，第 1 卷，第 105 页起，以及道格拉斯：《蓬波纳齐的哲学与心理学》，第 4 章与第 5 章。

的斗争中求助于超自然主义和超越性，蓬波纳齐在同样的斗争中求助于自然主义和内在性。他认为个体东西的最终根据及其真正的辩护不在自然的彼岸，而在自然的此岸，因为在他看来有机的身体就是"个体化"的真正例证和原型。这样他又开始推崇生物学家亚里士多德，以反对形而上学家亚里士多德；这样他就开始尝试一种灵魂学说，这种学说依其诸原则而论并不与身体学说相区分，而毋宁是身体学说的直接延展和成全。"外部世界"的形象似乎依照其自身构造了"内心"世界的形象，但个体灵魂生命的根本体验同时也反过来成了整个自然的钥匙。然而，现代基本的自然观和现代自我意识观既不是在费奇诺的道路上，也不是在蓬波纳齐的道路上达到的。我们毋宁是在一场思想运动中发现这类观点的真正源泉的，那场运动既不希望使"主体"隶属于"客体"，也不希望使"客体"隶属于主体，而是某种程度上在寻求双方之间某种新的、理想的平衡。如果说这种平衡可以达成，如果说在一种新的自然概念中也能获得和牢牢树立起某种新的理智概念和一般精神事物的概念，那么这里就要求抛弃形而上学的道路以及单纯心理学的道路了。既非超自然主义的形而上学，亦非自然主义的心理学，而是对现实世界的严格-科学的和人为的考察达成了这一目标，创造了自然必然性（Naturnotwendigkeit）和自然规律性（Nuturgesetzlichkeit）的概念，这概念不再与精神的自由和自主相冲突，它毋宁成了对后者的支撑和最可靠证实。

三

文艺复兴的心理学在其哲学—科学形式下，仅仅向我们展示了新的更深层次"主体性"概念会从中生长出来的那场伟大的精神总体运动最初的一些萌芽。它本身还不能囊括和表达出这里所产生的整个新问题，因为它还没有将它所从出的两个对立环节置入某种真正的统一性下看待。"唯灵论"与"自然主义"之间的那场古老的斗争还不能在这个基础上决出胜负。在这里，早期文艺复兴的那些心理学体系的功劳从本质上看只是将这种根本性的对立最尖锐地表现出来了而已。如今"自然"概念和"精神"概念再次为争夺对人的"灵魂"的支配权而角力。理论灵魂学（Die theoretische Seelenlehre）在两种相互分歧的基本观点之间一直是分裂的。当它像在佛罗伦萨学园中那样遵循唯灵论道路时，它必定会大大贬低自然的价值；当它像在蓬波纳齐的心理学中那样将"灵魂"和"生命"理解成某种统一体时，它就看不到精神与各种"高等"理智功能和伦理功能的一切特殊地位。主张精神的永恒性和不可摧毁性的观点必然否定自然，主张自然整体关联的唯一性和封闭性的观点必然否定灵魂不朽。而这种相互排斥现象的最终根据在于，人们最初还是在纯粹实体性的意义上理解双方的对立的。只要"自然"和"精神"还被设想成存在的两个"部分"，关于双方中的哪一方囊括了另一方，哪一方被另一方囊括了的难题就不可能平息。在持续不断的竞争中，它们在某种程度上看着整个现实世界都觉得很可疑。在泰莱西奥那里，精神成了自然的一个特殊领域，那个领域被自然的一些普遍力量——热和冷的力量——支配，并被它们驱动；在费奇诺那里，自然成了存在的最低层级，那个层级位于天意的界域之下，处在"天意"和"天命"（Fatum）的层级之下。对于自然主义而言，精神性事物构成了存在的一个单独的"领域"，这个领域不可被视作"诸国中的一国"，而仿佛是被嵌入存在的那些无所不包的规律之中的——对于唯灵论而言，自然是将"形式"的世界与"质料"的世界结合起来的那个链条

150

的最后一环。[1] 这类图景不仅仅是对观察所共有的某种基本形式的典型刻画，人们的研究工作在这类图景中得以进展。这里才发生了某种变迁，此时文艺复兴的唯灵论心理学以及自然主义心理学共有的那个预设逐渐开始迁移了，此时代替"身体"与"灵魂"、"自然"与"精神"之间实体性—物性的关系而出现的是某种功能性的关系。但时间形而上学无法凭它自己的力量便达成和塑造这种新关系。如果它在另一方面不能逐渐得到一种关键的协助，它是不能突破经院主义的基本形式的，那种基本形式绝不仅仅在文艺复兴的唯灵论中，也在文艺复兴的自然主义中继续起作用。它一方面在精确的经验性研究上，另一方面在艺术理论上获得这种协助。两方面的结合构成了文艺复兴在精神方面的整个发展过程的最引人瞩目也最富有成果的环节之一。关于认识自然的理论和关于艺术塑造的理论如今不仅为哲学指明了一条新的道路，也在这条道路上成为哲学的先导：它们创造了自然规律性的一种新的含义，而这样一来，关于"自由"与"必然"的那个根本问题也就进入了一种新的研究的范围。文艺复兴的科学理论和艺术理论在时代精神的这个核心问题上不可能投闲置散，它们如今为这个问题找到了一条超越形而上学的种种关键对立的领域的解决之道。自由与必然性的二律背反转向了相互关联。因为将纯粹认识的世

_____

[1] 人文主义也普遍没有克服中世纪在诸种科学之间构造的那个层级和等级的秩序，那个秩序为各种自然科学指派了最低的层级。比如对于萨卢塔蒂而言，法学就比医学更高，因为法学不仅在其基础方面，即在公正（aequitas）概念中，而且在各种法律的形式方面，都是神圣智慧的直接见证，而医学则指向生灭着的东西，医学应被视作更类似于某种技艺，而不是某种科学。它追求的不是善，而仅仅是从属性的真——它由于仅仅以经验的方式服务于"经验与工具"（experientia et instrumenta），便仅仅照护时间性的定在之物，而不是通过思辨迫近事物的那些永恒的理性根据。（进一步的情况见约阿希姆森 [Paul Joachimsen]：《论意大利人文主义的发展》[Aus der Entwicklung des italienischen Humanismus]，发表于《历史杂志》，第 121 卷，1920 年，第 196 页起；瓦尔泽：《布拉乔利尼》，第 250 页起。）

界与艺术创作的世界结合起来的共同特征在于，在这双方中起支配作用的是进行真正的精神生产的动机，尽管是以不同的方式进行的。用康德的术语来说，它们必须走出对现成事物进行的一切"原样复写式"考察，而成为对宇宙的某种"建筑术式的"构造。科学和艺术越是意识到它们的这种起着塑造作用的原初功能，就越能将它们遵从的那种规律理解成它的本质性自由的表现。而这样一来，自然概念、整个对象世界就获得了一种新的意义。"对象"如今无非就是自我的对立面，仿佛还是自我在其对面的投射——自我的所有生产性力量、所有真正塑造性的力量都被投向它，而且在那里，这些力量才真正得到了具体的考验。在对象的必然性中，自我认识了其自身，认识了它的自发性的力量和方向。哲学上的观念论的基本思想已经由库萨在最尖锐和最深刻的意义上把握到了；但这种基本思想发挥其真正的影响和得到活泼泼的实现的地方，不是抽象的思辨，而是新形式的科学认识和新形式的艺术直观。

　　自然概念得到关键性重塑的第一个证据当然不应该到单纯的理论中去寻找，要是现在它与哲学、科学和艺术的那些问题发生了关联的话；这证据毋宁在于 13 世纪以来我们看到的人的自然感的变迁。彼特拉克的抒情诗最先解除了将自然锁闭于教条的中世纪观点之中的那种禁忌。所有奇特异样的东西，所有阴森可怕的恶魔般的东西，如今在他的抒情诗中都不见踪影了；因为抒情诗的心境不是到自然中去抓住那与灵魂的现实对立的东西，而是在自然中处处都感觉到灵魂的踪影和回响。这里透显出来的当然不仅仅是自然感的一种解放，同时也是对自然感的一种限制；因为在自然的这种反映灵魂之物的功能中，自然本身恰恰具有了一种间接的和仿佛经过反思的现实性。它被寻求和被描述，那不是为了它自身，它的价值毋宁在于，现代人在它那里找到了一种新的

152

表达工具，用来展现他自身、表达它的内心的无穷多样性和生机
勃勃。在彼特拉克的书信中，他的自然感的这种特有的两极性有
时以惊人的清晰性和自觉性显露出来。如果说自然感驱使他从倾
听内心的谈话转向描述自然，那么他正是在这种直观中又返回了
他自身，返回了他本身的自我。如今在他看来，风景失去了独立
的价值和它自身的内容。自然感又沉降为自身感的单纯背景了："那
个地方究竟有什么比其居民更荣耀的呢，弗朗西斯科？"[①] 彼特拉
克对自然的描述处处都展现出这种双重性和这种特有的摇摆性。
即便在这些描述中最著名的那一处，即在讲述他攀登冯杜山（Mont
Ventoux）的那一处，它也无可置疑地出现了。人们熟悉下面这幅
独具特色的场景：彼特拉克经过不可言述的努力登上山顶之后，
并没有将时间花在静观他眼下的景色上，而是将目光投往一直陪
伴着他的那本书上——他在奥古斯丁的《忏悔录》中读到那行说
到人动身出门，为崇山峻岭、宽阔洋流和星辰运行惊叹不已，却
浑然忘我的文句。[②] 这里思维方式与整体情志之间的那种典型的
对立浓缩到一个句子里了。对自然的渴望，对直接观看自然的渴
求因为亚里士多德的提醒而被抑制了，后者在这种转向中看到的
只有由此对灵魂与上帝之间唯一真正直接的那种关系产生的威胁。
"不要向外求，回到你自身，真理寓于人心之中。"[③] 奥古斯丁的这
句格言似乎阻断了通往自然、通往"外部"直观的世界的所有直
接的路径，因而彼特拉克的自然感（Naturgefühl）最终停留在同一

---

① 彼特拉克：《书信集附录》（*Append. litt. epist.*），6，弗拉卡塞蒂（Fracassetti）编，参见
沃伊特：《古典古代的复兴》，第 2 版，第 1 卷，第 113 页。（引文原文为拉丁文。——
译者注）
② 彼特拉克：《机密书信集》（*Epistolae famil.*），第 4 卷，第 1 章；参见布克哈特的叙述，《文
艺复兴的文化》，第 3 版，第 2 卷，第 18 页起。
③ 奥古斯丁：《论真宗教》，第 39 章。（引文原文为拉丁文。——译者注）

种张力之中了，这种张力是他的整个世界感（Weltgefühl）的特色。他看待自然就像看待一个人一样，它在某种新的光芒中看待世界和历史，但这种光芒本身在他眼中似乎总是又像一种蒙蔽和引诱。探讨他内心中的这种冲突的书用意在于坦白这种"他惶恐内心的秘密斗争"，人们或许可以将这本书称作对现代灵魂和现代人的头一次描述，彼特拉克也可以同时给这部书一个真正中世纪风格的标题:《论弃世》(De contemptu mundi)。彼特拉克看待自然就像看待俗世生活与他眼中的俗世生活之核心——名誉。他感到自己狂热地和不可抗拒地被引向了这些东西，但他又做不到无拘无束和无愧于心地献身于这些东西。因而这里没有产生与自然的任何淳朴的关系，反而产生了与自然的某种彻底"伤感的"关系：自然是不能出于其自身被理解的，反而只能被理解为自我的或明或暗的背景，它也只能如此这般被感受和被享用。

　　在这个问题上，随后的 15 世纪和 16 世纪必然走上另一条道路。那个时代的任务是首先使自然概念立于其自身的基础上，保障它有一种牢固的、严密"客观"的存在。只有完成了这一点之后，这个新的、独立的领域与"意识"和"精神"的世界之间是什么关系的问题才可以和必须重提出来。如今就要再次寻求这两个世界之间的某种"符合"、某种"和谐"了，但这种符合和和谐从此以后就预设了进入这种关系的两个部分的独特权利和独立规定性。首先让人想到的、在哲学史以及文化史和精神史上至今依然毫无争议地居于支配地位的观点是，文艺复兴是在直接的感性经验直观之路上发现和争得自然的特殊权利的。布克哈特在他的著作最光芒四射的一章中描绘了逐步进展的"世界[①]的发现"。对于

① 对于"Welt"这个德文词，如果原文强调其与天国与上帝的对比含义时，我们译作"俗世"，其他情况下我们译作"世界"。——译者注

世界的种种形态，不是将它仅仅关联于人身上，而是纯粹而客观地接受它，依据它们单纯的感性规定性接受它，并依此描述和划分它，这似乎就足以使我们获得现实的一幅新形象，将其当作纯粹的经验现实。这样一种考察方式的萌芽在 14 和 15 世纪的意大利比比皆是，而且日益获得更大的力量和范围。直观的材料越来越有力地充实起来，新的世界图景便是从这种材料中形成的；这幅图景的大致轮廓就像一个人的精而又精的轮廓线一样，越来越清楚地成形了。而对系统性的描述和划分的渴望源自且符合于对看清这图景的渴望。收藏家的感觉早就导致了植物园和动物园的开辟，同时也成了自然的一种新的精确描述方式的最初根据。切萨尔皮诺①的著作《论植物》(*De plantis*，1583 年) 由于最先开始尝试建立一个植物世界的"自然体系"，开辟了通往一种科学的植物学的道路。文艺复兴的自然哲学最初似乎也走上了这条纯经验的道路。正如后来的培根一样，泰莱西奥要求人们不要以亚里士多德的那些抽象范畴为媒介来研究自然，而要从自然本身出发来了解它，依照自身的本原来研究它。它自身的这些本原不能到"形式"与"质料"、"实现"与"潜能"、"现实"与"褫夺"这些逻辑概念中，而要到持久不变和处处保持不变的那些具体的自然现象中去寻找。泰莱西奥挑选出热和冷这些基本力，作为这样一些应当在直接的感性直观中加以把握的原初现象。当这些力相互维持平衡，当它们相继给质料（这质料在此却不能被设想成变化的单纯逻辑主语，而要被设想成变化的实在的物质基质）塑造出不同的形态时，由此就形成了繁复多样的一切事情，另一方面正是通过回溯到这种三元本原（die Trias der Prinzipien），这种多样性同时

154

---

① 切萨尔皮诺 (Andrea Cesalpino, 1519—1603), 意大利医生、哲学家、植物学家和生理学家。——译者注

就被认识到是严格合乎规律的统一体。但在这里，泰莱西奥到处宣称感性感觉（die sinnliche Empfindung）是认识的关键性根本媒介。它必定先于理智的一切工作，先于思维进行整理的一切工作和对个别事实进行比较的一切工作，因为单凭它就能建立起"主体"和"客体"、认识和现实之间的接触。泰莱西奥的自然体系和认识体系完全是在字面意义上理解这种接触的。思维对某个对象的一切把握都预设了人与它的感性接触。因为我们对一个客体的意识无非就是，这个客体对我们施加了作用，甚至通过这种作用进入我们内部了。我们所谓的"精神"是一个活动的实体，它的运动状态是受外部作用规定和改变的，而每一次感性知觉（sinnliche Wahrnehmung）都表现了这类改变的一种特别的方式。这里不同的是原初推力的传播方式，这方式也受到充当了传播的承载物的那个媒介的本性的限制。热和冷这些力在视觉中是通过光的传播，在听觉中是通过空气的传播被传导的，它们也充当了嗅觉的工具。但由于所有这些中介性的传导最终都必定是某种直接的接触，那么对于泰莱西奥而言，触觉便是一切感觉之感觉。即便精神的一切"高等"功能，最终也都能回溯到它之上；即便我们的一切思维和推理，仿佛也都表现了某种"远端触觉"。因为理性的推论活动也不过就是精神不仅仅感受到了外来的印象、冷热的变化，而且它还保持了其自身；不过就是它能够在一些特定的条件下，在自身内更新那由外部作用在它内部催生的某种运动状态。这样它就实现了对先前的那些印象的重复，这样一来也就实现了它当前的状态与它过去的状态的结合，此外这还使得它也能够预测未来，并预知即将到来的印象。回溯过去和转向未来的这种形式，就是我们通常所说的思维的反思力、"理性推理"力。但这里并没有表现出一个独立的"主动理智"特有的分离性力量；这里我们只看

155

到那曾经在我们内部起作用的运动的仿佛机械式的延伸。如果说亚里士多德让记忆源自感觉，让经验源自记忆，让认识源自经验，那么他是含蓄地承认了灵魂的个别功能与它们的合作在知识的构造中的这种基本关系——尽管他在其奴斯（voῦς）学说又明确否认了这种关系。实质上在感觉和表象、表象和记忆、记忆和知识之间除了不断流动着的种种区别之外，什么也不可能存在；理智本身只是一种间接的和经过推导的感性，那种感性恰恰因为这种间接性便必然是不完备的，而且只是印象的实际性状经过层层遮蔽后剩下的东西，它仅仅留下了某种相似物，留下了一个比喻。①

这样一来，当文艺复兴的自然主义首次以封闭体系的面貌出现时，它就走上了一条严格经验的和感官主义的路线。它全部的根据似乎在于，它委身于作为唯一向导的经验观察，在于它将并不以感性知觉的直接见证为依据的一切，都排斥于自然图景之外了。然而如果人们追踪泰莱西奥的基本思想在文艺复兴自然哲学内部的后续影响，就会发现很快发生了一场引人瞩目的骤变。泰莱西奥的那些直接的后继者，那些自认为是他的直接学生的人，就已经抛弃了精确观察自然的道路和严格的描述性认识的方法论。泰莱西奥的根本倾向不仅仅是反对亚里士多德—经院主义对自然的解释，而是以充实的规定性反对各种"神秘"科学。当他要求从自然"自身的诸本原"出发来解释它时，占星术和魔法这些神秘科学也就这样被抛弃了。但经验科学的这种独立性几乎还没怎么建立起来的时候，马上又失落了。文艺复兴的自然哲学几乎从未成功地将魔法从它的小路上清除掉。在布鲁诺的著作中，"自然魔法"的各种问题占据了极大的空间，总是有淹没思辨—哲学的

---

① 泰莱西奥：《物性论——依照自身的本原》（*De rerum natura juxta propria principia*）；尤其可参见第8卷，第3章和第11章，那不勒斯，1587年，第314页起、第326页起。

那些问题的危险。而康帕内拉在其自然学说及其认识论的总体倾向上最接近于泰莱西奥，他可能又将他主要的自然哲学著作命名为《论事物之感觉和魔力》了。人们看到，这里宣示和塑造出来的"经验论"，仅凭其自身是没有能力向着某种"纯粹经验"的体系推进并使其摆脱幻想出的各种附属物的。它到处都突变为它的反面：突变为神智学和神秘主义。从泰莱西奥的自然概念走到现代科学，没有任何直接的道路。当康帕内拉认为自己可以作为泰莱西奥的那些本原的支持者，同时作为伽利略的辩护者出现时，他就陷入某种自我欺骗之中了。[①] 因为自然认识的方法中的那条鲜明的分界线恰恰在这里显现了出来。达芬奇和伽利略的道路，是在经验中寻找"理性"，寻找现实东西的"理由"（ragioni），这条道路与感官主义自然学说的道路清楚而分明地区别开来了。如果说前者越来越清楚而确定地导向了数学上的观念论（mathematischen Idealismus），那么后者就一再回溯到各种原始的动物崇拜形式了。而这个转向绝非偶然，也绝非单纯的历史倒退；它的根据并不仅仅在于那些使人能奋力追求支配自然的晦暗感情和激情，而在于意大利自然哲学的那些普遍的理论预设。"认识"某个事物——这是它一般作为出发点的共同原则——就意味着与它成为一体，然而这种统一只有当主体和客体、认识者和被认识者具有相同的本性，只有当它们成为同一种生命整体关联的组成部分时，才是可能的。每一次感性知觉都是这样一种融合和再结合的活动。只有当我们在对象中察觉到同样的生命，察觉到像我们的自我体验中直接存在和在场的那同一种感动和振奋时，对象才算是被知觉，它自身的真正存在才算是被把握到了。这样一来，泛

157

---

① 参见康帕内拉的著作《为佛罗伦萨数学家伽利略辩护》（*Apologia pro Galileo mathematico florentino*），法兰克福，1622 年。

心论（Panpsychismus）在这里就表现为认识论的补充——正如后者一开始就带上了泛心论的色彩。这种整体关联极为密切，以至于帕特里奇将他对知识理论的阐述合并到一部他命名为《泛心论》（*Panpsychia*）的著作中去了。他在这里对亚里士多德的批评是，后者将泛心论的基本思想仅仅贯彻了一半，他使世界成了个大怪物，因为他只将群星的天体世界看作赋有灵魂的，却认为别的所有东西都没有灵魂。但实质上，生命的统一与任何这类分离和界限都是无关的。它完整无缺地被包含于一切看似单纯物质性的东西之中：它在最大的东西和最小的东西、在最高的东西和最低的东西、在星辰和最简单的元素中都起作用。因为一切现实的存在和一切真正的价值都仅仅归于那赋有灵魂的东西——各种元素如果被剥夺了它们自己的生命，就必定没了这两者。[1]泰莱西奥的认识论就试图通过下面这一点证明理智与感性的统一，即它使得思维和"理性"推理的所有功能都植根于同一个构造类比的功能之中：任何理智都源于与所得之感的类比。[2]如今要尝试进一步规定这种构造类比的方式了，因为它在某种程度上包含了形而上学的基础。"类比"这种理论性推理扎根于一切存在者原初的本质共同体（Wesensgemeinschaft），如果没有了本质共同体，它就失效了。一切概念性把握，一切中介性的推论，最终都回溯到某种原初的移情活动之上，在这种移情活动中我们才确信那将我们与一切存在结合在一起的共同体是有的。即便卡尔达诺的自然学说也完全被这种类比的思维游戏支配着，这类思维游戏不仅仅是思维游戏，而是希望直接在直观中把握自然的种种整体关联。金属在他看来

---

[1] 帕特里奇：《泛心论》，第3卷，《新宇宙哲学》，第4卷，第54页起。

[2] 泰莱西奥：《物性论》，第8卷，第3章；关于泰莱西奥认识论的进一步的情况，参见《认识问题》，第3版，第1卷，第232页起。（原文中冒号后文字为拉丁文。——译者注）

只是"被埋葬的植物"，这种植物在地底下引领其定在；石头有其
产生、成长和成熟的过程。[①] 这种基本观点不仅容忍魔法，它简直
还促进魔法：它在魔法中看到了一切自然科学的真正实现。当皮
科在他的 900 个论题和他为了针对异端指控为这些论题辩护而写
的《辩护》中将魔法界定为一切自然智慧之大全和一切自然科学
的实践部分时，他由此表达出来的不过是文艺复兴自然哲学所共
有的一种根本信念。在这种根本信念看来，魔法无非就是自然认
识的积极方面。在自然认识中，在理论上被当作相近的和息息相
关的东西，在魔法中就被积极地相互结合起来，并被引向共同的
目标。魔法本身并不造成奇迹，它只是作为勤劳的女仆在促进自
然的种种作用力。"它研究宇宙的整体关联，希腊人将那整体关联
称作'同感'；它深入理解万物的本质，它从大地的怀中，从大地
神秘难测的储藏室中引出隐秘的奇迹，并将其呈现出来，仿佛是
它本身创造了那些奇迹。就像农民把榆树和葡萄藤嫁接到一起，
魔法师也将天和地嫁接，使低等东西与高等世界的种种力量相接
触。"[②] 魔法的整个范围在这里都得到了承认——唯一的条件是，它
的效用的根据不必到自然之外或之上，而是要到自然本身之中去
寻找。为一切魔法作用指明方向和设定目标的不是恶魔力量的侵
入，而是对所发生之事的进程本身以及这进程内部的规则的观察。
在这个意义上说，波尔塔[③] 在他论"自然魔法"的著作中将它的概

①　卡尔达诺：《论精微之物（21 卷本）》（ *De subtilitate libri XXI* ），巴塞尔，1554 年，第 5 卷，
　　第 152 页："Metallica vivere etiam hoc argumento deprehenditur, quod in montibus non secus ac
　　plantae nascuntur, patulis siquidem ramis, radicibus, truncis ac veluti floribus ac fructibus, ut non
　　aliud sit metallum aut metallica substantia quam planta sepulta."
②　皮科：《辩护》（ *Apologia* ），《皮科著作集》，第 170 页起；尤其可参见演讲《论人的尊严》，
　　第 327 页起。（译文部分依照利伯特 [Liebert] 的翻译，第 210 页。）
③　波 尔 塔（ Giambattista della Porta，也 写 作 Giovan/Giovanni Battista della Porta 或 Johann
　　Baptista Porta，1535—1615 ），意大利那不勒斯的医生、博学者与戏剧家。——译者注

念固定下来了。自然与其说是魔法的客体，毋宁说是魔法的主体。由于在自然中起支配作用的同者相吸和异者相斥现象，自然便成了一切魔法力量的根源和种子。[①]康帕内拉在他的《论事物之感觉和魔力》一书中以波尔塔的这些根本规定为起点，但当波尔塔从普遍同感（σύμπνοια πάντα）的单纯事实出发时，康纳内拉就试图将这事实本身回溯到其思辨"根据"上去。这样一来，他就——在动机方面则带着文艺复兴哲学所特有的那种吊诡的含混性——成了魔法的理性方法学家。他明确地将下面这一点当作他的任务，即将波尔塔在他的著作中从历史事实上确定其为某个范围内的特定事实的自然魔法，回溯到其最终原因上去，而且由此才赋予它真正理性的形态。[②]如果说波尔塔的著作深入大宇宙和小宇宙之间的，人的世界和元素、植物以及动物的世界之间的大量类比内部去了，那康帕内拉就希望将这全部的多样性还原为唯一的本原。他不满足于这种一致性的事实，而是要追问它的"因由"；而且他相信自己发现了这个因由，因为他指出感性知觉的能力是一切结合、一切相似性和非相似性、一切同感和反感的根据；感性知觉适应于存在的所有部分，那些部分总是个别地被创造的，尽管分出了不同的渐进层次，而感性知觉恰恰因此便不仅间接地，而是直接地，不仅在经验上，而且在某种程度上先天地将这些部分结合起来。感觉成了一切存在的某种绝对原初的、存在论上的本质规定，这本质规定超越了一切个体差异，因此也就消弭了存在的各要素之间相互分离的状态，消弭了它们表面上的一切歧异性。

---

① 波尔塔：《自然魔法（20卷本）》（*Magiae naturalis Libri viginti*），第1卷，第2章。
② 康帕内拉：《论事物之感觉和魔力》，阿达米编，第4卷，第1章，第260页："Conatus est bis ... studiosissimus Porta hanc scientiam revocare, sed historice tantum, nullas reddendo dictorum suorum eausas. (Ex quo autem hunc librum meum vidit, audio ipsum rationalem magiam struere.)"

它不生亦不灭，它不仅存在于自然的个别有机组织中，也是自然的全部形态所共有的，因为在结果中的确不可能有任何东西不是在原因中已经预先成形了的，从无生命的东西、没有感官的东西中不可能产生任何有感觉和生命的东西。[①]

这里我们要讨论的不是这个学说在康帕内拉的体系中所引向的那些形而上学的推论，我们毋宁考察它在自身中包含的种种方法上的规定。而在这个方面，从现在开始极为尖锐地展现出来的一点是，转向现象世界在感性方面的充沛状态并努力直接把握，且在某种程度上耗尽它的尝试，不仅没有创造出新颖的、特别现代的"自然"概念，反而阻止和妨碍了它。只要经验本身的那些特定的准则没有由数学的工具和通过由此工具中产生的那些新的思维手段创造出来，那么文艺复兴的经验主义便缺乏客观的价值标准，缺乏在各种簇拥而来的观察方式之间进行选择的任何原则。如今各种个别的"事实"虽然异彩纷呈，丰富充盈，却也彻底混乱无规则地连缀在一起。只要经验自身的概念还包含着完全异质的一些成分，它就不会提供任何支点。15 和 16 世纪的自然学说为精确描述和精确实验奠定了最初的基础，但紧挨着这两者的便是为"经验魔法"奠定基础的种种尝试。因为下面这一点恰恰将"自然"魔法和"恶魔"魔法区别开来了[②]，即如果说后者基于自然力

160

---

① 康帕内拉：《关于一般哲学或形而上学之物的三部分专有学说》(*Universalis philoso-phiae seu metaphysicarum rerum juxta propria dogmata partes tres*)，巴黎，1638 年，第 2 部分，第 6 卷，第 7 章；关于康帕内拉与波尔塔的关系，参见菲奥伦蒂诺：《泰莱西奥》(*Bernardino Telesio*)，佛罗伦萨，1872 年起，第 2 卷，第 123 页起。

② 对"自然"魔法和"恶魔"魔法的这种区分贯穿了文艺复兴哲学，正如这种区分出现在皮科的 900 个论题和他的《辩护》中一样，它也，比如说，出现在费奇诺的著作《论三重生命》和蓬波纳齐的《论神奇自然效果的原因——或论咒语》中（第 1 卷，第 5 章，第 74 页）："Nemini dubium est ipsam (magiam naturalem) in se esse veram scientiam factivam et subalternatam philosophiae naturali et Astrologiae, sicut est medicina et multae aliae scientiae; et in se est bona et intellectus perfectio … et, ut sic, non facit hominem habenten ipsam malum esse hominem."

的假定的话，那么前者便完全处在自然及其经验上的均衡性的框架之内，它除了归纳性观察和在各种现象之间进行比较之外，并不要求任何别的方法。但这种"归纳"形式还根本不了解真正的"实验"在任何时候都预设并当作基础的那种分析—批判的观点带来的任何限制。这样看来，经验的世界并非单纯以奇迹的世界为界，毋宁说双方不断相互过渡，并相互在对方中产生。这种自然"科学"的整个氛围中都充满了奇迹，以至饱和。波尔塔被开普勒称颂为望远镜的发明者，而且为奠定科学的光学的基础做出了关键性贡献，他的这方面资格总是广受认可；但他也在他于那不勒斯创办的"秘密学会"（Accademia dei Secreti）中创建了各种"神秘"科学的第一个伟大的荟萃之所。在穿越整个意大利、穿越法国和西班牙而坚持不懈进行的收集和研究活动中，他搜集了与自然神秘力量的研究相关的一切资料，他持续不断地尝试扩展和充实他

161 在 15 岁时便已撰写的自然魔法纲要。在他这里，正如后来在康帕内拉那里一样，经验主义并未导致压制魔法，反而只是导致了魔法法典的编纂。当人们将经验本身理解成单纯的聚合，当人们与康帕内拉一道直接将经验定义成"个别观察的堆积"（experimentorum multorum coacervatio），那就不存在对它的各种成分的任何审视，不存在对个别因素对于"自然"的体系构造之价值的任何评定了。只有从另一个方面出发对它的各种基本要素进行了划分之后，只有在经验本身中实行了某种内在的"分判"之后，这样一种审视和评定才能出现。这种划分区别了"必然的东西"和"偶然的东西"、合法的东西和古怪任意的东西，而实施这种划分的并不是自然哲学的经验论和感官主义，而是数学的理智主义。而在这场斗争中起过作用，并唯一决定了这场斗争的，并不是纯粹理智性的动机，数学的逻辑学与文化理论在这里毋宁是携手并进的，

而这又是文艺复兴的整个精神图景的独特而关键的一点。只有从这种结合和这种联盟中，才产生了关于自然的"必然性"的新概念。数学和艺术如今在同一个奠基性的要求中相遇了：在"形态"（Gestalt）的要求中。在这个共同的使命中，原先将艺术理论和科学隔离开的那道墙倒塌了。在这里，达芬奇可能会直接诉诸库萨，而伽利略在关于两个伟大的世界体系的对话录的一处著名的文句里，为了证明他关于人类理智及其在构造经验知识中的地位，便引证了米开朗基罗、拉斐尔和提香。[①] 这里在精神世界内部建立起了一种新的综合，随之在"主体"和"客体"之间也建立起了一种新的相互关联：对人类的自由和原创力的反思，需要自然对象的内在"必然性"概念作为它的补充和证明。

　　在达芬奇的手稿中，这个双重性过程完全清楚地显示出来了。达芬奇的笔记贯穿着与"谎言"科学的持久斗争，那些科学以错误的希望迎合人们，佯装掌控了自然及其隐秘力量。他对这些科学的批评是，它们鄙弃真正的调和之路，鄙弃数学这一自然认识的唯一真正的媒介。"谁若是指摘数学的最高智慧，就只是靠混乱为生，又从不对诡辩派科学中的种种矛盾保持缄默，通过那些矛盾人们学会的只有永远的扰攘不宁。"[②] 凭着这句话，达芬奇就一劳永逸地将自己与自然哲学中的那些"狂热者"，与那些"飘忽不定的理智"（vagabundi ingegni）（如他自己称呼的那样）区别开来了。如果说这些人都能装模作样地抓住那些最高目标，能下探到自然的最终根据中去，那么就凭他们的那种科学的课题容量，就

162

---

① 伽利略：《关于两大世界体系的对话》（*Dialogo sopra i due massimi sistemi del mondo*），国民版，第 7 卷，第 129 页起。

②《达芬奇文学著作集》，第 1157 号。（译文部分借用了赫茨菲尔德［Marie Herzfeld］所著《达芬奇——思想家、学者与诗人》［*Leon. da Vinci, der Denker, Forscher und Poet*］一书中的翻译，莱比锡，1904 年。）

永远隐瞒不住他们根本没有看到这种知识的基础这一事实了。"你这个靠梦想过活的人，你更中意的是在伟大而不稳固的那些事物上听从诡辩派的那些理由和舞会上那些自吹自擂的人的招摇撞骗，而不是那些稳固又不自命清高的自然理由。"① 如今，那些在中世纪体系中曾规定了各个学科的地位的价值标准，一下子就改变了。我们想一想，在萨卢塔蒂那里法学是如何高过医学的，因为它与法律有关，因而与精神事物和神圣事物有关，而医学正如一般自然科学一样，只研究低等的物质性事物。"我们关心易逝物"，萨卢塔蒂的著作《论法学与医学的高贵性》(De nobilitate legum et medicinae) 是这样说到医学的，"而法律关心永恒物，我生于大地，而法律来自神圣精神"②。法律"比医学更为必要"，它真正是直接源自上帝的。③ 但如今有另一个概念和另一种必要性规范被创造出来了，依据这个规范，必要性就不再取决于知识对象的高度和崇高性，而取决于知识形式，取决于确定性的特殊性质了。确定性 (certezza) 成了真正的乃至唯一的"划分根据"(fundamentum divisionis)。而这样一来，数学就成了认识的焦点，因为只有当一种数学科学运用自身时，或者当问题的对象在与各种数学原理关联起来被讨论时，才有确定性。④ 通过数学证明形式行事，这成了一切真正的科学的不可缺少的条件 (conditio sine qua non)："倘若不经过数学的证明，没有任何考察能称作真正的科学。"⑤ 当然，这个原理是十分确定地被建立起来了，那么当人们通观达芬奇的笔

163

---

① 《达芬奇文学著作集》，里希特编，编号 1168。
② 引文原文为拉丁文。——译者注
③ 参见前文 (见页边码)，第 150 页，注释 1；尤其可参见瓦尔泽：《布拉乔利尼》，第 250 页起。
④ 《达芬奇手稿》(Les manuscrits de Léonard de Vinci)，拉韦松－莫利安编，G，第 96 页背面。
⑤ 《论绘画》(Trattato della pittura)，路德维希 (Ludwig) 编，莱比锡，1882 年，第 1 卷，33。(引文原文为意大利文。——译者注)

记时就会发现，就自然认识真正的方法基础而言，他的思想仿佛偶尔在一些对立的规定之间来回徘徊。因为这里被当作基本原则的，一会是数学，一会是"经验"。智慧是经验的女儿；实验是鬼斧神工的大自然与人类之间唯一真正的译员。[①] 因此谬误从不根植于经验、根植于感官材料，而是只根植于反思、根植于我们对它做出的错误判断。因此人们抱怨经验，责怪它欺骗人，这是没有道理的。"但还是让同样的经验独自屹立不倒吧，也打消这类抱怨，收回你们的无知想法，它会促使你们带着你们那空虚愚蠢的愿望，对你们无力掌握的那些事物满怀期待。"[②] 然而这话并不是承认在数学旁边或在数学之上还有——比如说——第二个确定性原则。因为这里的关键恰恰在于，抽象东西和具体东西之间、"理性"与"经验"之间的这种二元论对于达芬奇而言不再存在了。这两个环节是相互关联和相互结合起来的：经验只有在数学中才得以成全，正如数学在经验中才"结出果实"。这里占支配地位的不是任何竞争，更别说对抗了，而是一种纯粹互补的关系。因为如果不分析种种现象，不将现成已有的和复合的东西化解为它的那些基本条件，就不存在任何真正的经验；而且除了数学证明和数学演算之外，也不存在执行这种分析的任何别的手段。然而我们所谓的事实的世界本身不过就是由"各种理性根据"，由那样一些规定环节交织而成的，它们在具体的存在和事件中无限繁复地相互干涉和相互交叠，它们只有通过思维的力量才被相互分离开，才能逐个被阐明其意义与效用。实验本身真正的价值在于完成了这种分析，在于使形成一种复杂现象的这些个别要素自为地可见，并梳理了它们的效果。那么用亚里士多德的话来说，经验只是对

---

① 达芬奇：《大西洋古抄本》，罗马—米兰，1894 年，第 86 页起。
② 达芬奇：《大西洋古抄本》［ Codex Atlanticus ］，第 154 页起。

我们而言在先的（πρότερον πρὸς ἡμᾶς），而作为经验之基础的数学理性根据（mathematische Vernunftgrund）则从来都是在本性上在先的（πρότερον τῇ φύσει）。而毫无疑问，向我们如实地展现出经验，展现出现象世界的，从来都只是断片，从来都只是那个自在地无限多样的理性根据领域中的一个有限的片段。自然在自身中隐藏了无数的根据，那些根据从不在感性现象中出现。[1] 因而真正的研究之路就是，通过不断将经验关联到数学之上，而将摇摆又充沛的现象带向特定的尺度和某种固定的规则，将经验的偶然东西转化成合规律的必然东西。文艺复兴自然哲学未能达到的那个规范，如今找到了；经验的方法导向与单纯的"思辨"之间的那个界限，如今被严格地划出了。[2] 将真与伪区别开来，将科学可以达到的东西和不可能的、幻想的东西分别开来的那些规则，被建立起来了。人如今把握了他的知识的目标和边界，而不再被无知蒙蔽，后者必定只会使得他在不必以某种结果为目标时最终绝望地投入怀疑的怀抱中。[3]

当人们探问达芬奇在多大程度上参与奠基了精确科学时，人们习惯于从在他的笔记里预先认识到的那些现代静力学和动力学的个别成果出发。而实际上，这里处处可见预示了伽利略运动学说的那些基本原则的一些迹象。这些迹象同样预示了惯性规律，正如它们预示了作用与反作用相等定律、力的平行四边形和速度的平行四边形的问题、杠杆原理和拉格朗日[4]后来所说的"虚速度

---

① 《达芬奇文学著作集》，里希特编，编号 1151。

② "Fuggi i precetti di speculatori che le loro ragioni non son confermate dalla sperienzia."《达芬奇手稿》，拉韦松－莫利安编，B，第 14 页 v。

③ 《大西洋古抄本》，第 119 页 r。

④ 拉格朗日（Joseph-Louis Lagrange，1736—1813），法国数学家、物理学家。——译者注

原理"。但所有这些尽管极为重要和根本[①]，却绝没有道尽达芬奇的理论功绩的全部。他的理论功绩与其说在于种种结果，不如说在于新的提问方式，在于他所建立并在一切方面使之发挥效用的那种新的"自然必然性"概念。在他对"必然性"的定义中，他塑造了一些真正的方法论关键词。"必然性是自然的主妇和向导，必然性是自然的主题和女发明家、永恒缰绳和规律。"[②] 达芬奇思想上的真正伟大之处，就在于像这样提出问题，提出精确科学的"主题"。自然被作为规律的理性支配，而规律就在自然之中，而且自然永远不能打破规律。[③] 如今我们能借以适应自然，并知悉自然的秘密的，不再是感官，不再是感情或直接的生命感受了。只有思维，只有达芬奇理解为数学证明定律的"根据律"，才证明自身是真正能对付自然的。正是从这一点出发，达芬奇对伽利略的影响的意义才能完全得到理解和尊重。单个自然规律所说的内容，在达芬奇看来偶尔还显得摇摆不定和含糊不清，但他那里确定不移的却是关于自然规律本身的思想和定义。在这一点上伽利略直接与他相契合；只有在这一点上，他才得以推进，并阐明了达芬奇所开始的工作。即便对于伽利略而言，与其说自然"有"必然性，不如说它就是必然性。这是关键性的标志，通过这个标志，我们所谓的自然才与虚幻和诗意虚构的王国区别开来。当伽利略同样也针对他那个时代思辨的自然哲学，比如针对亚里士多德和经院主义而发起斗争，这同样是因为后两者在解释自然时模糊了这个

165

①　关于达芬奇的力学研究，除了参见迪昂的奠基性著作之外，现在还可以参见哈特（Ivor B. Hart）的最新著作：《达芬奇的力学考察》（*The mechanical investigations of L. da Vinci*），伦敦，1925 年。

②《达芬奇文学著作集》，里希特编，第 1133 号。（引文原文为意大利文。——译者注）

③　"La natura è costretta dalla ragione della sua legge che in lei infusamente vive."《达芬奇手稿》，拉韦松－莫利安编，C，第 23 页 v。

界限。正如伽利略在《试金者》中说的，这两者将哲学看作一本书，看作一部幻想的成果，就像《伊利亚特》(Ilias) 或《疯狂的罗兰》(rasenden Roland)，在这样的书中最不重要的问题就是，书中所写的东西是不是真的。"但实际的情形本身并非如此：哲学毋宁是在从来就位于我们眼前的自然这部大书中写就的，但这部书无人能读，除非他先学会破解这部书撰写时采用的那些密码，即数学图形及其必然的结合。"[①] 只有按照这种结合方式，按照"原因"与"结果"、"结果"与"原因"的这种严格而明确的关联，存在与事件的逻辑—数学整体关联才向我们展示出来。然而达芬奇和伽利略虽说在对自然的观察方式上如此相近，却不是通过同一条道路达到这个结果的。因为如果说伽利略区分了自然的客观真理和寓言与虚构的世界，那么艺术正如诗一样属于后一个方面。在达芬奇看来则相反，艺术从来都不是主观幻想的怪胎，在他看来它是且一直是对现实的理解本身的真正的和必不可少的工具。它在真理方面固有的价值并不落于科学。因为达芬奇对于这双方都不容许有什么主观随意的成分，而是将双方中支配一切的那种必然性都推崇为自然的主题和发现者，推崇为它的缰绳和永恒法则。正如歌德所见的一样，在他看来艺术家的"风格"与任何一种单纯偶然的个人"造作"是完全不沾边的：正如歌德所见的一样，在他看来它是基于"认识的最深地基、事物的本质的，只要我们尽可能地在可见的和可把握的各种形象中去加以认识"。形象这种可见性和可把握性，也是学者达芬奇所坚守的。依照他的看法，它也是人类的一切认识和把握受其制约的那个界限。彻底穿透直观形象的国度，抓住每一个这种形象的清晰可见的轮廓，并以外在的

---

① 伽利略：《试金者》，国民版，第 6 卷，第 232 页。

和内在的眼光领会它们全部的规定性，这就是达芬奇的科学所知道的最高目标。在他看来，观看的界限必然也同时是把握的界限。因此作为艺术家和作为学者的他所囊括的总是"目力所及的世界"；但这个世界不会以零散的和片段的方式，而是以完整的和体系的方式立于他面前。①

人们误解了达芬奇的问题的这种根本形式，人们把后来的数学自然科学提出了的和能提出的其他一些问题归于他名下，这样人们就陷入危险之中，即以一个错误的尺度来衡量他的知识概念和科学功绩。最近人们企图从两个方面攻击这个概念，并限制它对于认识史的意义。克罗齐在一篇论"作为哲学家的达芬奇"的文章中将达芬奇与伟大的现代自然科学家们，与伽利略和牛顿并举，但却否认他看到了内心的世界，看到了真正的精神层面和思辨认识层面。② 奥尔斯基在他的《新语言的科学文献史》中做出了相反的指责。"看起来，"他就是这样写的，"他是对科学上适用的、力求走上演绎的或归纳的道路的一般化做法心有疑虑，他对坚守那近在手边的抽象之物感到力不从心，而仅仅满足于通过图画达到直观的证明。"然而以某种思辨观念论的标准衡量达芬奇，以及以现代实证主义的标准衡量他，这两种做法都忘记了，依据歌德的话，世上还存在着某种"精确的感性幻想"，它有自己的规则和内在尺度。至于这种精确的幻想形式在经验的研究方面能达到什么成就，达芬奇证明了这一点，可谓举世无双。如果人们在他的科学著作中看到的不过是线条分明的事实与充满幻想的"狂热"

167

---

① 关于达芬奇那里"看"和"认识"的这种关系，可以参见，比如说，法里内利（Farinelli）的描述：《达芬奇思想与艺术中的自然》（*La natura nel pensiero e nell' arte di Leonardo da Vinci*），《米开朗基罗与但丁》（*Michelangelo e Dante*），都灵，1918 年，第 315 页起。

② 克罗齐：《哲学家达芬奇》（"Leonardo filosofo"），《哲学论文集》（*Saggi filosofici*），巴黎，1913 年，第 3 卷。

之间的某种混杂，那就大错特错了。[①] 因为在这里幻想并非附加于知觉之上，它本身毋宁就是知觉活生生的工具；它为知觉指明了道路，而且使知觉精确、尖锐而确定。那么下面这种现象当然是合适的，即哪怕达芬奇的科学理想，也只是致力于看的成全（Vollendung des Sehens），致力于"知道如何去看"（*saper vedere*），即便在他的力学、光学和几何学笔记中，描绘性的雕塑素材也占据了主要部分，"抽象物"和"幻景"在他那里协同作用，密不可分。[②] 但他的研究所取得的那些最高成果恰恰归功于这种协同作用。他自己就曾明言，对于瞳孔总是按照射入的光的总量的多少而缩小和扩大的现象，他首先是作为画家来观察，然后才是作为理论家来探讨的。[③] 这样一来，达芬奇的自然图景便到处都证明自己是一个在方法上必需的中间点：只有人为的"幻景"才为科学上的抽象物争得权利，为它准备好道路。艺术家达芬奇的"精确的幻想"也同样超出了主观感觉的混乱扰攘（一切形态在主观感觉面前都有陷入混一无别的危险）——正如它在另一方面与一切单纯概念性的和抽象的标记相对立，全力固守直观的现实之物。在直观中，而不是在它之下或之上，真正的、客观的必然性被发现了。而这样一来它就获得了一种新的意义和声调。如果说此前作为自然王国的必然性与作为其对立面的自由王国和精神王国相对峙，那么如今它就成了精神本身的印记。"啊，奇妙的必然性，"达芬奇这样写道，"你凭着最高的理性，迫使一切结果都分担其原因，也迫

---

① 奥尔斯基:《新语言的科学文献史》，海德堡，1919 年，第 1 卷，第 261 页；第 1 卷，第 300 页起及其他各处。

② 奥尔斯基，《新语言的科学文献史》，第 1 卷，第 342、379 页。

③《达芬奇手稿》，拉韦松－莫利安编，D，第 13 页 r；参见索尔米（Solmi）:《达芬奇自然哲学新研究》（*Nuovi studi sulla filosofia naturale di L. da Vinci*），第 39 页: "Analizzare un fatto col discorso o analizzarlo con disegno non sono (per Leonardo) che due modi diversi di un medesimo processo."

使自然中的每一次行动都依据某种最高的和不容更改的规律，沿着最简短的路线遵从你。……谁能说清这个将人类知性提升到神性直观的奇迹？……啊，高超自然的强大工具，对于你而言，合适的做法便是遵从上帝与时间赋予那创生的自然的规律。"[1] 艺术的直观才真正揭示了必然性的这种支配现象和它的这种最深刻的内容。歌德说过，美是那若非通过其现象便永远对我们隐而不彰的神秘自然规律的一种表现；这话完全是在达芬奇的意义上说的，而且表现了他的思想的实质。在他看来，比例由于在最深处合乎规律，便充当了自然与自由之间真正的中间环节和枢纽：精神落于它之中，就像落于一个持存的和客观的东西中一样，然而精神在它之中又可以找到精神自身及其法则。

在艺术理论和科学理论的这种连贯的平行结构中再逗留些许时候，是值得的，因为在它那里，我们可以看见文艺复兴的整个精神运动中最深刻的一个主题展示出来了。人们可以说，文艺复兴的几乎全部的成就，在这里都像在一个燃点中一样融汇到了一起，它们几乎全都植根于对形式问题的一种新立场，以及对形式的一种新感觉。诗与造型艺术在这里都回到了同样的根本格局中。鲍林斯基[2] 指出过文艺复兴诗学对于它的整个人性—精神的生命理想有什么意义。"从精神上占有世界的做法所经历的这场骤变……首先也能使古典古代对于……精神的新纪元的那种意义明白易懂。中世纪与古代之间……当然是有关联的。在这方面应该感谢瓦解了古代的那股文化力量，即教会，有了教会，真正说来才从来没有发生与古代的彻底断裂，毋宁说在加洛林时代、奥托大帝时代、霍亨斯陶芬时代，还出现了许多预示着伟大精神运动的萌芽。只

----

[1]《大西洋古抄本》，第 345 页 r。
[2] 鲍林斯基（Karl Borinski，1861—1922），德国日耳曼学学者和文学史家。——译者注

是在总体上，古代对于后代的影响——正如人们在最宽泛的意义上相当中肯地刻画的——总是物质上的。而这种'物质上的古代'还是对真正的文艺复兴时代产生了长久的影响。然而名人对古代的这种态度上的骤变在形式上也表现出来了：从感觉、思维、生命中具有自己的定在的那种形式开始，到诗与艺术、社会与国家中古代—古典的赋形方式。"[①] 几乎不存在一个精神领域，形式在文艺复兴的思维和生活中赢得的这种整体关联、这种特有的优先性在其中是不能被揭示出来的。抒情诗（*Lyrik*）在这里充当了先导，它成了新的形式意志的最初的和最强大的工具。在但丁的《新生》（*Vita nuova*）和彼特拉克的那些十四行诗中，形式感和生命感受是相当突出的：如果说后者似乎还被束缚在中世纪的感觉与直观的那个圈子里，那么前者就成了真正解放性的和瓦解性的力量。在这里，抒情诗的表达所描绘的并非只是某种完成了的、在自身内已经成形了的内心现实，反而是这种表达发现和创造了这种现实本身。新的抒情诗风格成了新生命的发源地。人们如果追踪这种风格的哲学源头，就会回溯到中世纪哲学，尤其会回溯到阿威罗伊主义。像这种抒情诗的全部比喻性的概念语言这类问题的内容，只有当人们将它们从其历史前提中、从抒情诗人的诗歌传统中并从经院主义的科学传统中推导出来后，才能为人所知。[②] 这传统内容被注入其中的那种新形式，却注定会一步步不断改变那内容本身。而像抒情诗领域中内容与表达的那同一种关系，在逻辑领域中又表现出来了。因而即便在后一个领域中，文艺复兴的那

---

① 博林斯基：《近代的世界轮回理念 I：关于文艺复兴和历史关联概念的产生史的争论——文艺复兴与中世纪》（比较前文［见页边码］，第 6 页，注释 1），第 20 页起。

② 就此进一步的信息可参见福斯勒（Karl Voßler）：《圭尼切利、卡瓦尔康蒂与但丁的"甜美新风格"的哲学基础》（*Die philosphischen Grundlagen zum "süßen neuen Stil" des Guido Guinicelli, Guido Cavalcanti und Dante Alighieri*），海德堡，1904 年。

种产生于人文主义圈子内部的语言感也处处充当了思维的某种直接驱动力。对语言的纯粹性，对从经院主义拉丁语的"野蛮"畸形中解放出来的追求，引起了对辩证法的重新塑造。瓦拉的《拉丁语的典雅》(*Elagantien der lateinischen Sprache*) 提出了和他的辩证争论一样的目标：二者都追求语言的清晰、简化、纯化，这些效果会自动且直接导致思想的质朴和纯净。关于演说如何划分结构的学说被推展成了关于思想的普遍结构的学说，文体学成了范畴学说的典范和向导。哲学、逻辑学和辩证法具有的内容，乃是它们从"演讲女王"那里取来的采邑，"哲学索要的一切，都属于我们"①——瓦拉论欢乐的对话中的人文主义者和演说家贝卡但利②就是这样说的。③ 而这样一来，人们一般就是那样说人文主义的，即它最内在的根源和那条囊括了所有人文主义者的巨大的共同纽带，既不是个人主义也不是政治学，既不是哲学也不是宗教上的共同理念，而只是艺术感受。④ 现在很清楚的是，这种艺术感受也赋予在文艺复兴科学中形成的那种新的自然概念以具体规定。在达芬奇的艺术创作和他的科学成就之间，不仅像人们多半会假定的那样，有某种一身兼多职的现象，而且有某种真正合乎事情本身的联合。由于这种联合，他就达到了对"自由"与"必然"、"主体"与"客体"、"天才"与"自然"的整体关联的某种新的根本观点。看起来达芬奇立足其上并加以推展的那种文艺复兴的旧艺术理论在双方之间撕开了某种裂缝。在阿尔贝蒂的《论绘画》中，艺术家被直截了当地警告，不要不沉浸于"自然"的伟大典范之中，

170

---

① 引文原文为拉丁文。——译者注
② 贝卡但利 (Antonio Beccadelli，亦称 Panormita，1394—1471)，意大利文艺复兴时期的人文主义者。——译者注
③ 瓦拉:《论欢乐》，第 1 卷，第 10 章，《瓦拉著作集》，第 907 页。
④ 瓦尔泽:《文艺复兴世界观研究》，第 12 页。

反而信赖自己的天赋（ingegno，理智）的力量。他应当避开愚人之路，那些愚人虽说有些天赋，却在缺乏取法自然的、他们以眼睛或知性便能追随的任何范例的情况下，自认为应该得到对画作的赞扬。[①]在达芬奇那里则反之，这种对立找到了平衡。艺术家的创造力在他看来是与理论思维、科学思维的创造力一样确定的。科学是以知性进行的第二次创造，绘画是以幻想进行的第二次创造。[②]但两种创造都恰恰是通过下面这一点获得其价值的，即它们并不远离自然，远离事物的经验真理，而恰恰把握和揭示了这种真理。只要"自然"与"自由"之间的对立仅仅在伦理和宗教的范畴下被思索，它们之间的这样一种特有的交互关系就是不可能的。因为在这里，在自由的领域中，问题的关键在于伦理—宗教的自我使自身面临的那种选择。它可以选择其中一个或另一个立场：它可以决心选择反对自由和恩典，拥护自然，或者为了"恩典王国"而选择自由，选择那种违逆自然的天意。如果说这种斗争——比如说——构成了皮科的演讲《论人的尊严》的根本主题，达芬奇却一开始就超越了这种斗争。因为在他看来，自然不再意味着无形态事物的王国，不再意味着抵抗形式本原与形式的支配的那种单纯的质料。对他而言，它不是无形态的东西，对于唯独通过艺术的媒介看待它的达芬奇而言，它毋宁是完全而彻底的塑形（Gestaltung）本身的王国。这样一来，必然性当然就作为它的纽带和它的永恒规则在它内部支配着——然而这种必然性并不是

171

---

① 阿尔贝蒂：《论绘画》（*Trattato della pittura*），雅尼切克［Janitschek］编，第3卷，维也纳，1877年，第151页："Ma per non perdere studio et faticha, si vuole fuggire quella consuetudine d'alcuni sciocchi, i quali presuntuosi di suo ingegnio, senza avere essemplo alcuno dalla natura quale con occhi o mente seguano, studiano da se ad se acquistare lode di dipigniere. Questi non imparano dipigniere bene, ma assuefanno se a suoi errori. Fuggie l'ingegni non periti quella idea delle bellezze, quale i beni exercitatissimi appena discernono."

② 原文为意大利文。——译者注

单纯材料的必然性，而是与精神具有最内在的亲缘性的那种纯粹"比例"的必然性。比例不是仅仅在数与度中才能找到的，它在各种声音、重量、时间和地点中也能找到，而且据说在那里总是有力量存在的。① 通过比例，通过内在的度和和谐，自然如今仿佛得到了拯救，也变得高贵了。它不再作为敌对的或陌生的权力，立于人的对面；原因在于，尽管它是我们无法穷尽的，尽管它绝对是无限的，我们还是确信，这种无限性无非就是数学中的"无限根据"（*infinite ragioni*），尽管我们永远不能纵览这无穷理由的整个范围，却可以把握它的种种最终根据，把握它的种种本原。数学的观念性将精神提到了最高的高度，使它得到了真正的成全——它消除了中世纪的直观方式，一方面在自然与精神之间，另一方面在人类理智和上帝理智之间建立起来的界限。伽利略也会明确得出这个果敢的推论。知识的尺度——他在《关于两大世界体系的对话》中就是这样阐明的——可以在双重含义上来理解，据此人们便在强度或广度的意义上来对待知识。如果人们选择后者，人们就是从可知之物的杂多性出发的，那么与这种杂多性形成对比，人类理智就应被当作近乎虚无。然而如果人们不是盯着知识的种种对象，而是回溯到知识的根据和本原，回溯到使它得以成为知识的那个东西，那么情况就不同了。"因为我在这里说的是，人类精神极为完满地理解了某些事物，而且对于这些事物具有如同自然本身一般绝对的确定性：而各门纯数学科学便属于这一类。虽然上帝的理智所认识的数学真理要比我们的理智所认识的无穷地更丰富（因为他了解全部数学真理）；然而就人类理智所把握的那少数真理而言，我认为对它们的认识在客观的确定性上堪比上

172

---

①《达芬奇手稿》，拉韦松－莫利安编，第49页起。(译文取自赫茨菲尔德版，第26页。)

帝的认识，因为人类成功地洞察了它们的必然性，不可能有比这种必然性更高的可靠性了。"①

　　而这样一来，艺术幻想与现实之间、"天才"与"自然"之间的那种真实的基本关系现在也确定下来了。在双方之间从来没有什么冲突：真正的艺术幻想追求的并不是超出自然，进入单纯虚构和想象的王国中去，它反而利用了自然特有的那些永恒而内在的规律。因为（在这一点上达芬奇与歌德也是一致的）"在现象中出现的规律，依照其最独特的条件而言达到了最大的自由，它产生了客观的美，那些够格的主体当然是必定会发现这种美的，这种美也会被那些人理解"②。艺术家的创造力，他那产生了"第二自然"的幻想，并不在于他发明了这个规律，不在于他仿佛从虚无中创造了它，而在于他发现和揭示了它。在艺术家观看和表现的活动中，偶然的东西与必然的东西分离开了：各种事物的本质在这活动中出现了，这本质在那些事物的形式中以可见的方式表现出来了。同样是在这里，像伽利略和开普勒所塑造的那种科学的经验理论，就直接被关联到像艺术理论所提出和确定下来的那种关于"精确性"的根本概念和根本要求之上了。而艺术理论和精确科学的认识论这双方在这里正好经历了思维的同样一些阶段。人们将下面这种情形作为文艺复兴艺术理论中最意味深长的环节之一提出来，是有道理的，即在那种艺术理论中"美（*Pulchrum*）与善（*Bonum*）之间的纽带"（它在整个中世纪都将艺术固定在神学一形而上学层面了），在这里第一次开始松动了，而且这样一来，审美领域的自主化便开始了，据说这种自主化只有到了三个

① 伽利略：《关于两大世界体系的对话》，第1卷，国民版，第7卷，第129页。
② 歌德：《格言与反思》（*Maximen und Reflexionen*），黑克尔（Max Hecker）编，第1346号。

多世纪之后才获得理论上的论证。^① 但另一方面与这种松动相应的是某种固化，因为"美"（*Pulchrum*）越是与"善"（*Bonum*）相分离，它便越是与"真"（*Verum*）紧密联系在一起。正如达芬奇提醒艺术家不要"模仿另一个艺术家的手法"，正如他将那些只研究作者，而不研究自然的作品的人，不是当作自然之子，而是仅仅当作自然的孙辈：^② 伽利略不断与那样一种经院主义方法做斗争，后者以对作者的阐述代替了对现象的阐述与解释。但另一方面，正如达芬奇一样，伽利略也不断强调，支配各种现象的规律，作为它们的根据的"理由"（*ragioni*），并非直接通过感性知觉从它们中读出来的，为了发现那理由，需要具备数学头脑的理智发挥主动性。因为我们不是通过感性经验的单纯积累与比较来了解各种事物中的永恒必然者的，精神毋宁必须先"从自身出发"理解永恒必然者，才能再在现象中发现它。对于那些真确的和必然的事物，亦即那些不可能是别的样子的事物，每一种理智都是从自身出发（*da per sè*）来认识的——否则它就根本不可能认识它了。^③ 这样看来，每一场实验、对经验的每一次追问，都预设了思想中的某种理智"构思"（某种 *mente concipio*，正如伽利略称呼的那样）。在这构思中我们预见了自然的某种规律性，以便事后通过考核经验，将这种规律性提升为确定性。因而即便在这里，客观的有规律事物，那些规定与支配一切自然事件的固定的根本尺度，也都不是简单地从经验中取来的，而是为了被经验证实或驳倒，便作为"假

---

① 潘诺夫斯基：《理念——古代艺术理论概念史论》，《瓦尔堡图书馆研究集》，萨克斯尔编，第 5 号，莱比锡，1924 年，第 29 页。

②《大西洋古抄本》，第 141 页起（参见赫茨菲尔德版，第 137 页起）。

③ 伽利略：《关于两大世界体系的对话》，国民版，第 7 卷，第 183 页："Posso bene insegnarvi delle cose che non son nè vere nè false; ma le vere, cioè le necessarie, cioè quelle che è impossibile ad esser altrimenti, ogni mediocre discorso o le sa da sè o è impossibile che ei le sappia mai."

说"而被当成经验的基础了。这便是"理智"（discorso）[①]与感性、经验与思维的新关系，依据伽利略，全部自然科学都基于这种新关系，正如人们看到的，这种关系与文艺复兴艺术理论在画家的幻想和事物的"客观"现实之间发现的那种关联极为相似。精神的力量、艺术与科学方面的天赋的力量并不在于，艺术与科学无拘无束地任意出现的，而是教导我们第一次看到和认识"对象"的真理与最高规定性。艺术家与思想家身上的天赋发现了自然的必然性。在这种思想的理论规定性被表达出来之前，在《判断力批判》锻造出下述命题之前，这天赋还持续了几个世纪之久——天赋是那样的自然禀赋，即通过它"自然在主体中"赋予艺术规则。然而，通往这个目标的道路如今被清楚地指明了。[②] 而只有在

174

[①] 意大利语，意为论说。——译者注

[②] 关于天赋的"自发性"与"规则"的"客观性"之间的对立（正如文艺复兴诗学中被提出的那样），我在这里不能进一步探讨了：如今在齐泽尔（Edgar Zilsel）的《天赋概念的产生》（*Die Entstehung des Geniebegriffs*，图宾根，1926 年）和图默（Hans Thüme）的《英国天赋概念史论集》（*Beiträge zur Geschichte des Geniebegriffs in England*）的导论中给出了阐述和评判这种对立的一些新材料。虽说即便在这个问题域中，在"模仿"（*imitatio*）和"发明"（*inventio*）之间的争论中——这种争论一方面是由波利齐亚、青年皮科和伊拉斯谟，另一方面是由科尔塞索（Cortese）和本博（Bembo）进行的——从未达到各本原之间的某种清晰而稳固的划界，但另一方面文艺复兴哲学已经预先达到了此后通过英国心理学与美学的中介而影响了莱辛和康德的那种简洁的说法。布鲁诺将它最尖锐地讲出来了，即不是诗产生于规则，而是规则产生于诗，因为有多少种真正的诗人，就有多少种真正的规则（《论英雄的愤怒》，第 1 卷，《布鲁诺意大利文著作集》，拉加德编，第 625 页）。此外，潘诺夫斯基还不无道理地强调（《理念——古代艺术理论概念史论》，第 38 页），"真正的文艺复兴"根本不知道"天赋与规则之间的某种矛盾，以及天赋与自然之间的某种矛盾"，而且它的理念概念（Begriff der Idee）恰恰"尤为清楚地表现了根本没有分散开的各个对立面之间的这种和解状态，因为它表现出同时既与现实的种种要求对立，又固定和限制在那些要求之上的艺术精神的自由"。这与我们的研究的结论完全一致：只不过我不想应和潘诺夫斯基说（第 56 页），文艺复兴的思维在普遍的意义上将艺术理念、在特殊的意义上将美的理念"经验化和后天化"（*aposteriorisiert*）了。在我看来，这里特别的和关键性的问题毋宁在于，自然理论和艺术理论这双方都落脚在理念的"先天东西"（*Apriori*）上，尽管如此，恰恰因为这种先天东西本身，理念便与经验有了新的关系。因为数学理念，比例与和谐中的"先天东西"，如今被揭示为经验性真理与艺术美的共同根据：开普勒已经如他反复强调的那样，从数的"天生的"理念和美的"天生的"理念导向了行星运动的三个基本规律的提出。

这条路上，文艺复兴才算成功克服了魔力与神秘主义，以及各种"隐秘"科学构成的整个复合体。在这里，数学和艺术理论的结合完成了全身心投入经验—感性观察上的做法和直接凭直觉埋头于"自然的内部"的做法没能做到的事情。如今产生了新的、真正现代的自然理念，正如这理念作为文艺复兴的理论精神和艺术精神的综合，在开普勒论宇宙和谐的著作中最完备地呈现的那样。开普勒自己在那里以纯柏拉图式的概念表达了那种关系，在他看来，那些和谐的规律是我们在经验性事物、在感性的可见事物中会重新发现的一些根本规定，这仅仅是因为一切可见事物都是依照秩序和尺度、算术和几何学的那些永恒"原型"而被创造的。然而即便是伽利略这位到处都小心谨慎地将经验事物与形而上学事物、将逻辑事物与审美事物分离开，并以此为出发点的伟大的科学分析家（wissenschaftliche Analytiker），他也意识到了艺术精神和科学精神有某种共同的根源。在他看来，这双方意味着不同的塑造方式，他在这里毫不迟疑和毫无妒忌之心地赋予伟大艺术家鲜活的塑造力更优先的地位，使它优先于纯理论性观察。在他果敢地将人类理智与上帝理智等量齐观的同一个地方，为了表明人类精神的这种高贵性，他首先引证了造型艺术家的生产能力，后者无限优越于理论家的生产能力。"当我纵览人类在各门艺术与科学中的许多奇妙的发现，又想到我的那点知识根本不能使我发现新东西，哪怕只是把握住已经发现的东西，我便因惊叹而迷惘，因绝望而消沉，并坚信我自己是不幸的。当我观察一尊卓越的雕像，我便喃喃自语：你何时能学会从大理石中雕琢出这样的内核，发现它所蕴藏的庄严形式？或是将不同的颜色混合，把它铺开到一张画布或一面墙上，好呈现出整个可见事物的王国，就像一位米开朗基罗、一位拉斐尔、一位提香那样？"①这里在艺术理论与经验理论的整体关联下，我们又撞见了我们先前在伦理—宗教思辨的领域里遇到过的那个根本主题。如今人类精神再次表明自身是第二造物主，是"朱庇特治下真正的普罗米修斯"。正如文艺复兴一样，事情表明自己总是会从各个不同的方面和在以各种方式交缠在一起的许多道路上再回归这个形象上来，这个形象明显不仅仅是文艺复兴的一个单纯的比喻，它象征着文艺复兴这场精神的总体运动及其所追求的东西。

176

　　而随着新自然概念的这次发现，甚至恰恰就在这次发现本身中，现在看来，文艺复兴经历了它的历史意识的一次新的充实和深化。因为它如今有了走向古典希腊思想世界的一条新通道，它找到了从古代晚期的希腊化哲学回到柏拉图理念论的道路。在这个过程中，事情的关键不是单纯占有真正具有柏拉图特色的思想材料，而是真正"回忆"起柏拉图的学说：从思维本身特有的根据出发对它进行更新。要将这个过程讲清楚和讲透彻，人们只需想想柏拉图《斐多》中那个揭示了柏拉图理念学说最内在的主旨和它真正的发生过程的文句。即便对于柏拉图而言，通往他的基本原则的那条道路也系于下面这一点，即一条全新的研究之路向他打开了，与前苏格拉底哲学的整个方法论决裂了。即便他——他就是这样报道的——也在青年时期极其热烈地追求过人们称作自然学说的那种智慧：他那时认为那是某种庄严的学说，可以认识万物的原因，万物都通过那些原因存在，也通过那些原因或生或灭。而且就像那些自然哲学家一样，他也试图通过下面这种方式满足这种追求，即投身于知觉的引领，努力凭着眼、耳和每

---

① 伽利略：《关于两大世界体系的对话》，国民版，第 7 卷，第 118 页（德译本见斯特劳斯 [Emil Strauß] 本，莱比锡，1892 年，第 110 页）。

一种感官直接把握各种事物。然而他在这条路上走得越远，就越是清楚地意识到，他在这条路上不可能得到存在者的真理（τῶν ὄντων ἡ ἀλήθεια）。"据我看来，既然我已经厌倦了直接观察事物，就必须防止自己看不到那些在黄昏时分观察太阳的人们常常能看到的东西。许多人不到水中或其他任何地方仅仅一窥太阳的倒影，而是直视太阳，便看坏了眼睛。我也注意到了这样的事情，我也害怕，当自己直接盯着对象，企图用所有的感官切中对象时，可能会彻底炫惑了灵魂。我反而认为，我必须遁往思想之中，并在思想中看到实物的真正本质。然而那个比喻或许并不适用于我提出它的那种方式，因为我根本不想承认，在思想中观察存在者的人，比起在自然事物中观察存在者的人来，是更多地在图像中观察。因而我就转到那个方向上去了，而既然我每次都将我认为最强大的逻各斯作为根据，我便将在我看来与它相一致的东西设定为真的，将与它不一致的东西设定为非真的。"这里柏拉图的新思维方式及其与整个希腊自然哲学的思维方式的对立的核心要点已昭然若揭。众所周知，柏拉图在这个判断中也将阿那克萨戈拉（Anaxagoras）捎带进来了，依照他的看法，即便阿那克萨戈拉的奴斯（νοῦς）也配不上这个名号，因为在细察之下，它表明自己只不过是一种推动力，一种单纯的自然潜能。离开对自然事物的直接—感性的把握，"遁入逻各斯之中"，只会走向对存在者的观看。然而对柏拉图而言，向逻各斯之中的这种逃遁便意味着向数学之中的逃遁。而这样便刻画了"第二次航行"（δεύτερος πλοῦς），只有它才能通向理念王国的海岸。如果人们比较一下这个发展过程和文艺复兴自然概念的发展过程，就会看到各个阶段以多么惊

177

人的方式在这里重演。^① 文艺复兴也是从第一条道路开始的，是从直接以感性的方式把握自然的尝试开始的。泰莱西奥的规定，即一切认识最终都被归结为自我与事物之间的某种接触，这种规定当即令人想起了柏拉图对那些相信可以"直接用手"（ἀπρὶξ ταῖν χεροῖν）抓住存在的人的嘲笑。然而正是这种努力^②，最终曾使得自然哲学面目模糊，令人把握不住自然特有的"真理"，把握不住自然的普遍规律性。而向"逻各斯"的那种回转，才又打开了通往某种自然科学的道路。柏拉图称作"λόγοι"（理由）的东西（人们必须将它设定为根据），达芬奇称作"*ragioni*"（理由），它们是我们的知识在经验中揭露出来的。达芬奇还在无条件地重视经验的情况下毫不迟疑地赋予这些理由以优先于单纯感性观察的地位。"在本性上而言，没有任何结果是无理由的。倘若你理解了那个理由，就没有必要去体验了。"^③ 伽利略的研究也受同样的动机支配。根据伽利略，自然的各种基本规律不是直接给定的事物、可以凭事实指明的事物的规律，而是彻底关联到一些在自然中永远不可能完全严格地实现出来的理想情形之上，然而这丝毫无损于它们的真理、它们的"客观性"。自然从未给我们展示一个"放任其自身的物体"，这根本不构成对惰性原理的抗辩；同样地，自然中根本找不到具有某种螺旋形运动的物体，这也无损于阿基米德关于螺旋线的那些命题。如果我们看到了达芬奇、伽利略与柏拉图这两方之间这种系统的一致性，那么针对他们而提出的下述问题便无足轻重了，即双方在历史上是通过哪些五花八门地交织起来的道路，

---

① 这里和下文中可以参见《认识问题》中的一些进一步的例证，第 3 版，第 1 卷，第 314 页起。那里还没有足够尖锐地把握住现代自然概念的发现过程中出现的审美因素具有的意义。

② 即泰莱西奥所说的与事物直接接触的努力。——译者注

③ 达芬奇：《大西洋古抄本》，第 147 页 v。（引文原文为意大利文。——译者注）

达到对那些真正的柏拉图式根本思想的认识的。在达芬奇那充满了奇迹的精神中，下面这一点都算不上最微不足道的奇迹，即这个生活在15世纪的佛罗伦萨、生活在新柏拉图主义氛围中的人，几乎从未受过新柏拉图主义精神的影响。将他引回历史上的那位柏拉图，使他在某种程度上成为费奇诺之外、佛罗伦萨学园之外的柏拉图主义者的，是那个事实，即他作为艺术家、艺术理论家和科学研究者，又完全被柏拉图的那句话——"不懂几何者不得入内"（μηδεὶς εἰσίτω ἀγεωμέτρητος）——的魔力吸引过去了。他将这话完全改造成了自己的"非数学家不得读我著作"（non mi legga chi non è matematico nelli mia princip）[1]。对于自己与柏拉图学说的这种新关系，伽利略完全了然于胸。对柏拉图知识理论的引证，就像一条红线一样贯穿了他的各种著作，尤其贯穿了他的《关于两大世界体系的对话》。他对"先天"（a priori）——对那本身（da per sè）——的理解就是从这理论中关于回忆（ἀνάμνησις）的学说里取来的。凭着这句宣告了精神的自发性、理论理性的自主性的话，他便冲破了俘获文艺复兴自然哲学的那种魔力般的禁令。在这句话中同时完成了两件事：向客观自然知识的自由场域之中的突破，以及从希腊化时代向古典古代的回归。"瓦尔堡在他论路德的著作中总结文艺复兴时代占星术理念的发展时说，我们处在浮士德的时代，在这个时代，处身于魔力手法与宇宙论数学之间的现代科学家试图在他自身与客体之间获取深思熟虑的思维空间。"[2]这种"亚历山大里亚对雅典的反向征服"曾是文艺复兴的艺术理论和精确科学的理论在其中汇聚起来的那个目标。当人们回头思索柏拉图的逻各斯（Logos），思索苏格拉底—柏拉图对于给出理

178

---

① 《达芬奇文学著作集》，里希特编，第3号。
② 瓦尔堡：《路德时代异教—古代的预言——言辞与形象》，第70页。

由（λόγος διδόναι）的要求时，"深思熟虑的思维空间"就得到了恢复。这样一来，一种新的自然观便与关于认识的意义和目标的一种新观点相符了。文艺复兴的自然哲学所尝试的，实不下于在认识论上对魔力进行某种奠基和辩护。根据康帕内拉，魔力的可能性和认识的可能性产生于同一个本原。因为如果主体和客体、人和自然在原初的和本质的意义上不是合一的，我们甚至都不能"认识"了。只有当我们与一个对象融合为一，只有当我们直接成为那对象时，我们才能真正认识它。"认识即成为被认识的事物"，康帕内拉这样定义道；"认识即与其可认知物相合"[1]，帕特里奇这样定义认识活动。魔力只是从实践方面表现了在知识中以理论的方式呈现出来的这个事态：它表明了，在主体和客体的同一性的基础上主体何以能够不仅理解客体，还支配客体，自然如何又不仅服从于主体的理智，也服从他的意志。这样一来，魔力——被设想为"自然的"，而不是被设想为"恶魔的"——就成了自然认识中最高贵的部分，也成了"哲学的成全"。皮科推断说，如果人们可以依照某个概念最完满的呈现和体现来为它命名，那我们将魔力这个名字用在整个科学上和用在整个哲学上都是同样有道理的，正如我们也常将罗马称作"真正的"[2]城市，将维吉尔称作"真正的"诗人，将亚里士多德称作"真正的"哲学家一样。[3]然而艺

---

[1] 两句引文原文皆为拉丁文。——译者注

[2] 这里"真正的"皆为意译，对应的是"城市""诗人""哲学家"等词前面的定冠词。西语中有定冠词或类似于定冠词的词尾结构，因此可以表达普遍概念专名化的意思，比如因为亚里士多德在经院哲学中被认为是一切哲学的典范，那个时代的人们便将亚里士多德推崇到与"哲学家"同义的地位，人们说"哲学家"时便默认指代亚里士多德。中文没有这样的构造，这里勉强以"真正的"意译。——译者注

[3] "Si ergo Magia idem est quod sapientia, merito hanc practicam scientiae naturalis, quae praesupponit exactam et absolutam cognitionem omnium rerum naturalium, quasi apicem et fastigium totius philosophiae, peculiari et appropriato nomine Magiam, id est sapientiam, sicut Romam urbem, Virgilium poetam, Aristotelem philosophum dicimus, appellare voluerunt." 参见皮科：《辩护》，《皮科著作集》，第170页。

术理论和精确自然科学的理论都不能在这条路上跟上自然哲学的步伐。因为前两者都与神秘主义—魔力的自然观相对立，由同一种精神上的根本趋势、由追求纯粹形态的意志支配着。然而如果一切形态都在理论的或审美的意义上被理解的话，它们却需要界定和约束，需要事物的一种稳定而清晰的轮廓。如果自然可以在形象中得到塑造，在思维中被理解成规律的—必然的，那么泛神论和感情上的万有在神论（Panentheismus）[①] 就再也不够用了。与投入自然的大全一体性（All-Einheit）中去的追求相反，出现了另一种本能：对分离、特殊化的追求。无论艺术还是数学，都不能使主体进入客体之中，也不能使客体在主体中开枝散叶，因为只有通过坚持双方之间的距离，逻辑—数学的思维空间才能像审美的形象空间一样，也成为可能。

　　而现在看来，文艺复兴在精神上的两种基本力量的这种协同作用还结出了另一个果实，它导致了理论上对"感性"的那种理解的某种改造和彻底重塑。我们已经看到，达芬奇的整个自然观是如何从他的本性具有的那种特别的原始力量中、从他精确的感性幻想中产生出来的。如果说对于皮科而言，魔力成了"哲学的顶峰"（apex et fastigium totius philosophiae）[②]，那么在达芬奇的《论绘画》中，绘画仿佛要求占据这个地位了。谁若是轻视绘画，他便既不爱哲学，也不爱自然。[③] 在这里，在关于造型艺术的价值与意义的这种观点中，文艺复兴的道路也与柏拉图的道路区别开来；柏拉图在造型艺术中几乎只看到了"模仿的"因素，即模仿既有事物的因素，因此也将它作为偶像的艺术，从对理念的真正观照

180

---

① 万有在神论认为万物都是神的一部分。——译者注
② 拉丁文，意为"整个哲学的顶峰"。——译者注
③《达芬奇手稿》，拉韦松－莫利安编，Ash.，第 20 页 r。（赫茨菲尔德版，第 134 页）

中排除出去了。[①] 还有一点表明了这个对立如何深植于文艺复兴的本质之中，即思辨的观念论本身也接受了这里提出的挑战，并帮助它在体系中得到了承认。库萨的学说没有发展出任何独立的美学，然而与柏拉图的观点相反，它在其认识论中为感性赢得了一个新的位置和一种全新的评价。意味深长而又独具一格的是，库萨在援引柏拉图和直接关联到柏拉图身上的时候，正好是关联到那样的文句上，在那里柏拉图本人似乎比其他地方更多地向感性知觉让步，也赋予它某种认识价值（Erkenntniswert）——尽管只是有条件的和相对的认识价值。他引用了柏拉图《理想国》的那样一些句子，那里阐述的是，有几种感性知觉正因为带有内部矛盾，便间接促进了认识，于是在单纯的知觉中平息下来。它们恰恰挑战了思维，并成为思维的"协助者"：感性事物中的荒谬之处，驱使人们到另一个地方、到理智（διάνοια）领域中去寻求真正的和真确的意义。[②] 但柏拉图在这里只承认特殊的某种感性知觉所具备的东西，库萨则将其扩展到整个类上去了。不仅这种或那种知觉，而且整个感性经验都具有了这种赋予生机和振拔焕发的力量。理智是意识不到它是什么和它能做什么的，如果它没有被种种感性的力量推动去发起它特有的那种运动的话。如果这种驱动力使它转向感性层面，那么它当然不会毁在那个层面中，反而会将那个层面提升到自身的高度。它表面上向感性事物下坠，这反倒意味着后者向它的提升。因为在感性世界的"他异性"中，如今它发现的是它自己不可动摇的统一性和同一性；在投身于那看起来

---

① 进一步的情况见于我的演讲《相与幻象——柏拉图对话中美与艺术的问题》（"Eidos und Eidolon. Das Problem des Schönen und der Kunst in Platons Dialogen"），《瓦尔堡图书馆演讲集》，1922—1923 年，第 1 卷，第 1 页起。
② 柏拉图：《理想国》，523A 起；参见库萨：《平信徒》系列第 3 书，第 4 章。

本质上与它不同的东西中时，它发现了它自己的完满性、它的自我开展和自我理解。[①] 如今经验不再构成与理论认识的根本力量争执和对立的另一极，它毋宁构成这认识真正的媒介：使这认识得以证实和经受考验的那个场域。在达芬奇以及伽利略那里，对立化作某种纯粹的交互关系了。理性与经验之间的区别无非就是方向的区别。"我的用意在于"，达芬奇在关于杠杆原理的一项研究中是这样说的，"首先把实验做出来，然后凭借理性表明（colla ragione dimonstrare），这场实验何以必然只能以此种方式，而非以别的任何方式起作用。而这就是学者们应对自然的种种作用时必定采取的真正方式，因为尽管自然始于根据（Grund），终于经验，我们却必须遵循相反的道路，亦即从实验开始，并凭着实验去研究根据（ragione）"。[②] 因而在这里，正如伽利略在将"化解的"（分析的）和"复合的"（建构的）方法区别而又相应地结合起来时那样，开始了某种真正的环形进程：从现象被回溯到其"根据"，又从这些根据被回溯到种种现象。柏拉图在辩证法家的道路和数学家的道路之间进行的那种尖锐的分离[③]，因此便被消除了。就每一条道路都仅仅呈现了认识的那个循环进程的一个不同的阶段而言，辩证法家"向上"的道路和数学家"向下"的道路是同一条道路。而这样一来，纯粹理论与它在一缕新的光线下的运用之间的关联，也就呈现出来了。即便柏拉图的认识论也是知道某种"应用"数学的，并且在知识的体系性层级行程中为它指派了某个完全特定的位置。的确，人们可以说，柏拉图通过他向同时代的天文学家

---

① 库萨:《论猜想》第 2 卷，第 11 章；第 2 卷，第 16 章。(整体上可参见前文 [见页边码] 第 47 页起。)

②《达芬奇手稿》，拉韦松－莫利安编，E，第 55 页 r；参见赫茨菲尔德版，第 6 页。

③ 柏拉图:《理想国》，533C 起。

们提出的那个著名的要求，通过那项任务，即凭着将天空中的种种现象关联和回溯到秩序井然的和严格千篇一律的运动上来"拯救"这些现象，才将某种鲜明的、在方法上简洁精辟的意义赋予"将数学'运用'到自然上"这个概念。尽管如此，对自然的认识、关于感性现象本身的知识，其本身并不是这里的目的：这种知识反而应当致力于指责纯粹理论。辩证法家转而针对天文学，不是因为它的对象，而是因为它呈献给数学家，因而呈献给纯粹思维的那些难题。他并不想沉浸在对"天空中五光十色的运行"的观察和赞叹中，而是只要他认为关键在于下面这一点，便会抛开天空中的各种东西，即星象之学真正致力于将他灵魂中天然合乎理性的东西从无用的东西中剥离出来，使它合乎其用。[①] 照此看来，真正的、具有哲学特质的天文学家的意图也不是经验方面的，而是入门引导性的：它的目标不是感性世界本身，而是灵魂的那种将它从感性世界导向纯粹思想世界的"转向"。在这种根本观点的比照之下，文艺复兴的思维即便当真正柏拉图式的动机在它内部重又直接焕发生机时，也预示着一场关键性的大转变。只有现在，人们才为经验世界争得了真正属于它的权利。经验的内容和数学的形式一如既往地总是严格相互关联在一起的；然而这种关联如今在某种程度上显示出某种对立的兆头。据说经验性事物在观念性事物中并不会直截了当地被消除，也不会因此便被剥夺了它特有的品质。情况反而是观念性事物据说在经验性事物中才得到它真正的充实，由此也才能得到它的证实和辩护。如果说对于柏拉图而言，关于运动的学说只是种种抽象的数学关系的某种"例子"

---

① 柏拉图：《理想国》，620A 起。（卡西尔标注的页码原为"630A 起"，但《理想国》全书边码只到 621D 为止，而 620A 正好涉及正文中谈到的内容，故此处疑为卡西尔笔误。——译者注）

（Paradeigma）、某种必然并不完满的例证，那么如今它就不仅仅具有了自身的价值，还直接成了一切纯粹数学所追求的目标。依据达芬奇，机械力学乃是"各门数学科学的天国"，因为只有在它之中，人们才摘得数学的"果实"。[1]伽利略为这个发展过程画上了句号，而且就他认为运动本身成了理念而言，他同时还最清晰地在方法上将这个发展过程表现出来了。运动不再属于生成的、柏拉图式发生（γένεσις）的那个阴影王国，反而就它具有某种严格的合规律性，因而也具有持久性和必然性而言，它被提升为纯粹存在了。运动，甚至物质团块本身，在被当作知识的对象的情况下，便具有了观念性，因为在这双方身上，都表现出某些总是保持相同状态的不变的规定，因此也就表现出一些真正的、数学上的本质规律。[2]由此经验本身才被提升为严格的认识，正如伽利略在关于位移的《两种新科学的论说与教学演化》中所做的那些关键性研究的开头说的，"关于一种十分古老的对象，一门全新的科学"[3]被获得了。在这个成果中，文艺复兴的实在论—经验论趋势和观念论趋势都适当地表现出来了。如果说文艺复兴的科学理论为感性指派了某种新位置，那也是因为它感到作为理论，如今才真正在精神上与感性相匹配，因为它挣来了观念上的那笔固定资产，凭借那笔固定资产，单纯的感性感觉才能被塑造为纯直观。同一个根本性的观察方向和同一种独特的过渡，也塑造了文艺复兴宇

183

①《达芬奇手稿》，拉韦松－莫利安编，E，第8页v。

② 比如可参见伽利略：《两种新科学的论说与数学演化》（Discorsi e dimostrazioni matematiche intorno a due nuove scienze），第1卷，《伽利略著作集》，阿尔贝里编，第13卷，第7页："E perchè io suppongo la materia esser inalterabile, cioè sempre l'istessa, è manifesto che di lei come di affezione eterna e necessaria si possono produr dimostrazioni non meno dell' altre schiette e pure matematiehe." 比如关于运动，伽利略的著作就针对格拉齐亚（Vincenzo di Grazia），提出了同样的原理（比如可参见《伽利略著作集》，第12卷，第507页起）。

③ 伽利略：《两种新科学的论说与数学演化》，第三日，《伽利略著作集》，第13卷，第148页。

宙论的特征。关于运动本性的根本观点改变了，它也从自身出发，促进和创造出一种新的世界概念。运动问题越是被推到观察的精神焦点（den geistigen Brennpunkt）上，它越是在其新的形态中得到鲜明的把握，它便越是坚决推动元素学说与宇宙学说的某种彻底改造。

三

那样一种主张，即认为运动问题在文艺复兴哲学中获得的逻辑与科学方面的优先性，在自身中就包含着现代宇宙论的种子和本源，初看之下当然包含着某种历史的悖论。因为难道运动概念的这种核心地位不是自古以来就得到了保障的吗，难道亚里士多德的运动观不是构成了亚里士多德的整个自然理论的焦点和概念核心吗? 逍遥派的物理学是基于运动的各种原初形式之间的根本区分建构起来的。如果说亚里士多德是在广义上理解运动（κίνησις）概念的，依照那种概念，属于运动的不仅有位置变化，还有质的变化（ἀλλοίωσις）、量的增长（αὔξησις），以及产生和消失（γένεσις καὶ φθορά），那么对他而言有一点还是确定的，即纯粹的位置变化对于其他所有形式而言，乃是首要的和根本性的变化，它与它们相比乃是真正在本性上优先的东西（πρότερον τῇ φύσει），因为在它当中出现的差异，乃是具有这种差异的那些主体的本性与特质的基础。构成宇宙的四元素，即土、水、气和火这四元素，恰恰是在下面这一点上表明它们特有的差异性的，即每一种元素都有一种自己特有的运动。这些元素中的每一个在整体的构成中都有它们自然的位置，在那个位置上这元素才达到它特有的完满性，因而当这元素与这位置分离时，它也必然冲向这位置。从这种根本趋势中产生了大地上各种元素的直线运动，而天体的那种不可毁灭的和完满的实体作为唯一与它相符合的运动形式，就允许运动在一个纯圆周中发生突变。土元素由于它的本性，由于它原初的绝对重力，便冲向世界的中心，正如火元素由于它绝对是轻的，会努力远离那中心。而产生了天空实体的以太元素，则与这类对立不相关了。在它之中起支配作用的是纯粹而完满的均衡性；使天体的各层面循环起来的神圣推动者具备的统一性（die Einheit des göttlichen Bewegers），必定在这种循环本身的形式中有其摹本，因而这循环就只能严格合乎规则，只能是严格圆形的。

这样看来，对于亚里士多德而言，运动便成了物理意义上和形而上学意义上世界真正的划分根据（Einteilungsgrund, *fundamentum divisionis*）。然而只有就它本身依据它纯粹质的方面被当作存在的绝对规定而言，它才能充当存在之规定的一个原初环节。因而亚里士多德在运动中看到的，根本不是要在空间和时间这两种普遍的位置秩序内部加以界定的那种单纯观念性的关联。依照亚里士多德体系的根本直观，那种关联根本不足以为运动保障某种实在的、存在论的意义。它将停留在数学抽象物、单纯思想物的层面内，因而它也根本不能刻画，更不用说穷尽自然对象具体的什么（Was）、自然对象的本质了。在我们关于一个具体的"什么"的一切陈述中，总是同时会触及关于某个"哪里"的陈述，我们不可能在不依靠位置方面的规定的情况下达到对有形物体的质的规定。照此说来，这一事实必定会被亚里士多德那样解释掉，即他赋予位置本身某种特定的实体性意义。每一个物质元素都寻求"它的"、属于它和与它相应的地方，同时逃离另一个与它对立的地方。这样一来，那地方本身相对于各种特定的元素而言，就具有了种种力量，但又不是具有我们可以在现代机械力学的意义

185

上定义成引力或斥力的那种力量。因为它具有的那些力量的关键并不在于数学—物理学上的大小，即可以依照某种"多"或"少"的原理在相较之下排成序列的那种大小。即便在这里，在我们面前代替这种相对的大小值（Größenwerte）的，毋宁还是到处都显得很绝对的存在值（Seinswerte）。亚里士多德在建构他的宇宙论的时候提出了这样的问题，即把某种特定的元素推向它自然的位置的那种趋势，是否可以被设想成那个位置上的某种可以在量上排成序列的特质，该特质依据该元素与它的自然位置的相互距离，显示出不同的刻度。但他必定会依据他的物理学和宇宙论的那些基本预设，明确否定这个问题。在他看来，一个沉重的物体离世界的中心越近便被越强烈地吸引过去[①]，这似乎很荒谬，因为距离本身是一个纯粹外在的规定，如果要确定某个事物的"本性"、本质中产生的作用，那么距离就必须被置于考量之外。这本质和受到这本质限定的运动趋势，每个物体是在绝对不变的意义上具有的，因而它们就与像"更近"或"更远"这种极为外在和偶然的状态无关："依据单纯物体距离它们适当的位置的远近，而假定它们的本性有某种差异，这是不合理的。因为我们说某物离得有这么远还是那么远，这有什么区别呢？人们或许不得不假定与那距离成比例并随之增长的某种差异，然而形式实际上是相同的。"[②] 在这些句子中，具有"实体形式"的物理学的种种根本思想以最鲜明而又简明扼要的方式被表述出来了。如果说对于现代物理学而言，真正形诸客体的和真正在实现的那种意义应归于一些确定而不变的关系，如果说物质的存在与运行的一切确定性都是基于作为普遍自然规律的表现的这些关系的，因为个别的关系项——物

---

① 比如重力加速度现象。——译者注
② 亚里士多德：《论天》（περὶ οὐρανοῦ），A 8。（引文原文为希腊文。——译者注）

体和位置——一般而言首先得通过这些规律才能加以定义，那么在亚里士多德那里起支配作用的完全是相反的关系。"自在的"各种位置本身、物体、各种元素的本性（φύσις）和形式（εἶδος）[1]，规定了宇宙的构造和宇宙中的运行所采取的形式。

经院主义物理学处处都坚持了这种基本预设。迪昂曾指出，14 世纪的时候一种新精神是如何即便在这种经院主义物理学中也开始表现出来的，尤其萨克森的阿尔伯特[2]的著作是如何表述那些特定问题的，那些问题——当人们纯粹只考察提问的形式时——已经为现代宇宙论、为开普勒和牛顿的学说准备了道路。[3]然而，只有在撤去了亚里士多德物理学的基础，在他关于位置和空间的那套学说的地基动摇了之后，才能找到那些问题的某种答案。这里在思辨哲学内部，《论有学识的无知》这部著作标志着真正的突破点。因为这里抨击的是亚里士多德学说的核心。库萨著作的宇宙论意义首先并非基于它更新了古代的，尤其毕达哥拉斯的地球运动学说，而是基于使这种更新得以发生的那个原理。这里首先真正得到鲜明表述的是关于位置和运动的相对性的基本思想，而且这一思想甚至看起来只是支配库萨认识论的那个普遍假定的系定理而已。为了规定客观真理的概念，库萨必须在思辨的和哲学的意义上深入到度量（Messung）的原理中去，因为一切认识在他看来都不过是普遍的度量功能的一个特例而已。"精神"（Mens）和"度量"（mensura）共属一体，谁若是抓住了度量的本质，精神的真正意义和深度因此便同时向他开放。然而在各种难题的这

---

① 或译"相"。——译者注
② 萨克森的阿尔伯特（Albert von Sachsen，1316—1390），德国数学家和逻辑学家。——译者注
③ 参见迪昂：《论达芬奇》，第二系列，第 2 卷，第 82 页起及其他各处。

种相互结合中，从现在开始就有了进一步的一种推论。关于尺度（Maß）的真正学说、数学宇宙结构学和数学宇宙论，取决于对"主体"与"客体"的本原性关系的那种洞见。谁若是想发现万物真正的、客观的尺度，他首先就必须彻底反思度量的程序和根本形式，必须彻底推进，以达到对度量的条件的完全清晰的洞察。然而一切度量，尤其是一切位置与时间方面的变化的一个本质条件，照库萨看来，便是有某些特定的点首先被当作固定不变的了。如果不设定这些固定的点，如果不规定某些极点或中点，对物质运动的任何描述就都不可能了。这种设定固然不可或缺，然而另一方面《论有学识的无知》也要求我们将它正好理解成设定，要求我们将它看作假定的和观念性的，而不是理解成绝对的和存在论上的规定。人类精神永远不能放弃固定的点和中心，然而在他看来，对这些点的选择并不是一劳永逸地通过事物的客观本性先行被指定的，而是由人类精神自身的自由布置的。在这里，没有任何有形的"位置"天然享有优先于其他任何位置的地位。从一个观察者的观点来看静止的东西，在另一个观察者看来可能是被推动了的——反之亦然。因此绝对位置概念和绝对运动概念便没有意义了。如果一个观察者在地球的北极上，另一个观察者在天球①的北极上，那么在前者看来，极点处在天顶（Zenith），在后者看来，则是中点处在天顶，而且两者都同样有权利将自己所处的位置当作中点，并将其他万物关联到这个中点上。理智的任务在于将所有这些不同的感性方面相互结合起来，并以"交缠"的方式将它们理解为一体的；然而在这样一种总括（Zusammenfassung）看来，世界乃是一个轮中之轮（ein Rad im Rade）、一个球中之球（eine

① 天球（Himmelskugel）是古代天文学的一个概念，古代天文学习惯于从包围天体的更大天球及各天球之间的相互关系的角度来看待天体运动，这天球不可见。——译者注

Kugel in der Kugel），这个球没有任何一处是中心，优于其他地方。[①]

与亚里士多德那种有着各种固定位置和固定尺度的世界形成对比，这种相对主义（Relativismus）初看之下就像是彻底的瓦解。然而即便在这里，《论有学识的无知》中表面上的怀疑也仅仅充当了理解某种全新的肯定性任务的准备和工具。在逍遥派物理学的体系中，在某种程度上起支配作用的是各基本元素的某种相互扭结：位置通过物体来确定，物体通过属于它们的位置来确定。因此，空间范围便按照这种方式并依照和物的领域相同的视角被划分。正如物分为永恒的和变化的、完满的和不完满的，在空间世界中也发生了一种类似的划分。正如前一种情形中的各种特质不可替换一样，后一种情形中各个方位也不可替换："上方"与"下方"、"高处"的天上世界与"低处"的月下世界通过一道不可跨越的鸿沟分离开了。如果取消这个划分，那么每一种可靠的空间定位、每一种明确无误的划界似乎首先也受到了威胁。无定（ἄπειρον）——不仅在量上的无限者的意义上，也在质上的无规定者的意义上——似乎又成了君临限定（πέρας）之上的主宰，混乱似乎成了君临宇宙秩序之上的主宰。然而恰恰在这一点上，新的无限多产的肯定性要求也出现了。在库萨哲学中活跃起来的新的认识原则，这里被提出的新的确定性规范，摧毁了亚里士多德的那个有着种种固定中点和相互交织层面的世界的图景，因为它只被理解为图景。

188

---

① "Complica igitur istas diversas imaginationes ut sit centrum Zenith et e converso: et tunc per intellectum (cui tantum servit docta ignorantia) vides mundum et ejus motum ac figuram attingi non posse, quoniam apparebit quasi rota in rota, sphaera in sphaera, nullibi habens centrum vel circumferentiam, ut praefertur." 参见库萨：《论有学识的无知》，第 2 卷，第 11 章；关于这种学说在历史上的意义和后续作用，尤其可参见阿佩尔特（E. F. Apelt）：《天文学的改革》（die Reformation der Sternkunde），耶拿，1852 年，第 18 页起。关于库萨的形而上学与他的宇宙论之间系统的整体关联，如今可参见不久就会出版的约阿希姆·里特（Hans Joachim Ritter）的汉堡大学博士论文中的阐述。

然而正是由于这场摧毁，如今下面这项任务才愈发紧迫了，即凭着理智自己的力量和手段重建存在与运行的整个秩序。理智必须学会在缺乏感性协助与支撑的情况下在它自身的媒介、在思想的自由以太中运行，以便借助这种运行成为感性的主宰，并将感性往上引向自身。这样一来，与亚里士多德—经院主义物理学相比，问题的秩序便发生了倒转。亚里士多德—经院主义物理学中充当起点的东西，如今倒成了宇宙论观察的终点和目标。一旦一切位置规定的相对性在原则上被认识到，问题就不再是我们如何能达到宇宙中的固定点，而只是如何在我们如今处于其中的通盘交互关联和无尽变迁的领域中依然找到固定的变化规律。关于某些"位置"的规定如今便预设了由运动的各种普遍规则构成的某个体系，也只能在这个体系内部实现。作为一个"限定的宇宙"（*Universum contractum*）的那种宇宙的统一性，便基于这些规则的统一性，因为下面这一点恰恰将我们称作"世界"的那种"集合的"统一性与上帝的绝对统一性区别开来，即同一性在这里永远不能呈现为实质的一律性，而只能相对地、仅仅关联于"他异性"呈现出来。只有通过杂多性的中介，统一性才能被理解，只有通过变化的中介，恒定性才能被理解。而且，两方面的规定并非在下面这种意义上区别开的，即它们被分派到宇宙的不同层面上，其中一个层面由变动性支配，另一个由统一性和均衡性（Gleichförmigkeit）支配。正如现在确定下来的那样，这样一种空间上的分离会和概念上的相关性原则相冲突。在库萨的宇宙秩序中，再也没有不将"统一性"与"他异性"、持存与恒久变化这两方面的规定密不可分地结合在一起的个别定在了；因而这里再也没有任何部分自"外"于其他部分，或处在其他部分"之上"或"之下"，这里行之有效的反而是"万物在万物中"（*quodlibet in quolibet*）这个命题。如果

189

万物被当作依据固定的规律相互交错的种种运动所构成的一个整体，那么在它们当中就再也没有任何"上方"和"下方"，再也没有与时间性和偶然性事物区别开来的任何永恒性和必然性事物了。毋宁说一切经验性现实的标志恰恰在于它们正是这些对立面的相合。作为质上的交错，这种相合只可能存在或不存在；它不可能在这里以较低程度存在，在那里以较高程度存在。因而在世界的各部分之间恰恰存在着的，就是在库萨看来存在于上帝和世界之间的那同一种象征关联（symbolische Beziehung）。正如绝对极大的摹本在相对极大①中，正如上帝的绝对无限性的摹本在宇宙的无局限性（Schrankenlosigkeit）中一样，那么世界的整体便可在它的任何一个部分中被看出，这整体的情形反映在它的每一种特殊规定和它的每一种个别状态中。如果说没有任何部分直截了当地是整体，任何部分都不能在其自身便达到其完满与成全的状态，每个部分却都要求在自身中表现这种成全状态。从这种形而上学的根本构想出发，库萨便有了新的宇宙论均衡性概念。由于"有学识的无知"原则，之所以能洞察这种均衡性，是由于经验性事物与"绝对"形式的世界之间的距离被无穷放大了，然而正因此，在有局限的、感性—经验的现实内部，种种区别又都自行相对化和消除了。宇宙的每个部分总是只能在整体关联中才能成为其所是，然而这种整体关联本身如今又只能那样来理解，即它的任何成分的缺乏都会消除整体的功能。宇宙的运动也是基于它的所有部分的这种内在的相互关联状态，而不是基于从外部给它的某种推动力。一旦人们发现下面这一点，就会看到它再也不需要任何外部刺激，不需要任何神圣推动者，即在这运动中表现出来的无非是

190

---

① 绝对极大和相对极大都是库萨《论有学识的无知》中的术语。——译者注

各种事物的交互关联性，因而无非是它们自己内在的"现实"。自然概念耗竭于总体性中，耗竭于各种运动的无穷差异性中，也耗竭于那尽管如此还是作为整体性原则将这些运动囊括进来的普遍规律中了，"自然"无非就是在运动中并通过运动发生的一切事物的"纠缠复合"。

这样一来，一种新动力学的基础就打下了；然而在库萨那里以惊人的准确性把握了这项任务的那种思辨的思维，凭着它自己的手段当然是无法成就动力学的。这里远远地被标识出来和被看到的那个目标，在被达到之前必须一步一步地创造出与它相应的手段，创造出合适的思维形式。这里开普勒首先不仅通过对行星运动的基本规律的具体把握，还通过这种运动在方法和本原上的奠基，表明自己是一种新的科学概念的创始者。位置，他强调说，根本不是在其自身被规定和被给定的，一切位置方面的规定反而是精神的某种作品："一切位置都是精神的，或者你愿意的话，常识的作品。"（ *omnis locatio est mentis seu mavis sensus communis opus* ）①这个原理支配了开普勒的理论天文学，以及他的光学和知觉理论，而且将所有这三种学说结合为精神上的统一体了。只有从这里出发才能完全理解，对位置与运动的相对性这一原则的了解，对于现代思维的功绩有多大。在这个原则之上，"自然"与"精神"之间、"客体"与"主体"之间的某种新的基本关系便得到理解了。如今在对象的一切设定中、在空间的一切客体化本身中包含的那种观念性要素，便清晰地显现出来了。恰恰因为位置不再能被视作一种直接被给定的事物特质，才有了下面这项任务，即在对自然的全部认识中为这种关联指派固定的位置，并把握这种关联特有的

---

① 开普勒:《开勒普著作集》，弗里斯编，第2卷，第55页。

和特别的"构造"。即便个别"位置"与"空间"的关系也因此经历了一次本质性的改造。如果说亚里士多德使得所有个别的位置规定在一个统一的总空间（Gesamtraum）中被结合起来了，那么这种基本关系在他那里毋宁是在物质形体的意义上，而不是在数学的意义上被设想的，因为此处涉及的那种结合，与其说是在观念的意义上，还不如说是在物的意义上设想的：一种无所不包的空间，将特殊的位置作为它的组成部分包含在内了。在普遍的意义上，一个物体占据的位置和这个物体本身之间存在着某种彻底物性的关系。亚里士多德将这里发生的关联与一个容器和注入其中的某种液体之间发生的那种关联相比。正如同一个罐子或酒囊可以一会儿装酒，一会儿装水，同一个位置也可以一会儿接纳这个物体，一会儿接纳那个物体。我们所谓的空间，当然既不是物体的材料，也不是物体本身，因为这双方都是被包含者，而我们在空间概念中想到的不是被包含者，而毋宁是包含者。然而后者不能又理解为物体自己的界限或它的形态，因为物体的形态是与它同时运动的，这就使得我们在将物体的形态视作空间的表现时，物体不是在空间中，而是与空间一道运动的。这样一来，空间就只能被规定为包围的物体与被包围的物体的那个界限了。每一个物体的位置都是通过与之相邻的包围它的物体的内部界限标画出来的，而作为整体的空间则应当理解成最大天球的界限。^①在这里，边界本身当然应当被理解成几何上的线，而不是某种物质性的东西；尽管如此，恰恰这些几何上的规定的总体更类似于某个单纯的集合，而不是一个系统。因为"普遍"空间（τόπος κοινός）在这里绝不意味着个别空间的设定的条件，它作为感性的包围者，与各种

191

———————————

① 参见亚里士多德：《物理学》，第4卷，第5—7章；《论天》，第4卷，第3页及其他各处。

特殊空间的关系便类似于后者与各个物体之间的关系。每一个特殊的"位置"（ἴδιος τόπος）在某种程度上就像一个套子一样，围绕着它所包含的特殊物体；而在这种交织中、在这种不断套进去的做法中，普遍空间仅仅意味着最后的和最外围的皮壳，在那皮壳之外就再也不可能有任何空间和物体了。"空的空间"概念在逍遥派物理学的体系中是没有任何特定意义的：因为空间只是物体上的一种规定，仅仅被理解成它的边界，那么它必定附着在这物体上，以致在没有任何物体的地方，空间也就不可能了。一个空的空间仿佛一个没有包围任何东西的包围者，这无异于术语矛盾（*contradictio in adjecto*）。因此，空间的持存性也就从某种几何学——观念上的持存性，变作物的某种规定了。正如我们是因为每个物体总是有另一个物体紧挨着它，便将物体的世界称作持存的，那么这里从来没有某种缝隙，在各个位置结合而成的整个空间中也就无法设想任何缝隙（*hiatus*）。空间的连续性在这里并不像在观念论的空间理论中那样，奠基于它的"形式"和它的"本原"，而是产生于它在物——实体的意义上所是的东西，产生于它作为基质所是的东西。

与这种根本观点相反，文艺复兴哲学和文艺复兴数学最本质的任务在于一步一步地为一种新的空间概念创造前提条件：以系统空间（System-Raum）代替集合空间（Aggregat-Raum），以作为功能的空间代替作为基质的空间。空间仿佛必定剥离它的物性、它的实体性，它必定被发现是自由的、观念性的线性构造。[1] 这条路

---

[1] 关于这一发现如何不仅仅在数学和宇宙论中，也在文艺复兴的造型艺术和艺术理论中完成，甚至透视理论在这里如何预示了现代数学与宇宙论的种种结果，这一点潘诺夫斯基正好也指出了。参见他的演讲：《作为符号形式的透视》（"Die Perspektive als symbolische Form"），《瓦尔堡图书馆演讲集》，第 4 卷，1924—1925 年。

上迈出的第一步是空间同质性的普遍原理被确定下来。这种同质性在亚里士多德物理学体系中是没有任何地盘的，因为这里在各种"位置"之间存在着像各种物质元素之间的那同一种根本性的区别。如果说一个特定的元素依照它的本性趋向上方，另一个依照它的本性趋向下方，那么这就已经说出了一点，即这个"上方"和"下方"本身有着它自己的某种固定的特质，有着某种特殊的本性（φύσις）。反之如果空间不被理解成这类已有的特质的总括（Inbegriff），而是应当作为系统整体（systematisches Ganze）以构造的方式被产生出来，那么首先必定提出的要求就是，这种构造的形式服从一种严格统一的规律。如今同样的构造对于空间的所有点必定都是可能的，每一个点都必定能被设想成每一种可能的几何运算的起点或终点。这个假定的普遍性已经被库萨把握到了，然而它真正的、具体的实现则要到伽利略的运动理论中才达到。人们如今把握到了为什么伽利略在对逍遥派哲学与物理学的批判中一再回到这个核心问题上来，因为在它之中真正完成了此前的自然概念的一种彻底颠倒。"自然"如今不再意味着各种实体性形式（der substantiellen Formen）构成的那个世界，也不意味着各种元素静止和运动的根据，而是刻画了运动的那种普遍的合规律性，这种合规律性是没有任何特殊的存在能像在个别地具有什么特质时那般加以摆脱的，因为特殊的存在只有通过合规律性并且借助合规律性，才能嵌入某种普遍的运行秩序中。当我们最初将这种秩序构想成数学—观念性的秩序，当我们此后将它与感性经验的材料相比照，并在这些材料上经受考验，由此我们就看到双方之间产生了某种越来越稳固的结合。依照原则来看，这种结合是没有任何限制的：在伽利略的世界中没有任何界限可以阻挡"观念性东西"彻底运用于"现实东西"，阻挡"抽象东西"适用于"具体东西"。那么在他看来，从几何空间必然具有的同质性中就得出了世界的同质性。运动不再是在不同的特质中、存在于不同形态的物体上的某种特别的"质"了；它受到同一种普遍有效的尺度规律和大小规律的规定。各种运动的结合和综合如今所遵循的原则，无非就是纯数字的综合或各种不同的几何运算的构造总结。只要人们坚持亚里士多德物理学的那些基本预设，这样一种总结就是不可能的，因为这里在各种不同的运动形式之间也存在着某种逻辑运算，正如在那里存在着一种实在的运算一样。虽然亚里士多德除了知道直线运动、环形运动这些相互对立的根本运动形式之外，也知道一种"混合的"运动，分有了前述两种运动，然而这样一种混合在他看来只有在那种情况下才可以想象，即问题并不涉及运动的任何统一性主体，因而运动者根本不是任何单纯物体，而是由不同的组成部分聚合成的物体。如果我们反过来回溯到真正单纯的东西，那么与某元素的一切"本性"相符的便有且只有一种运动，将更多的运动归于这元素，便意味着否认它自己具有明确的规定性。一个"单纯"物体若是既有环形运动，又有直线运动，既有趋向中点的运动，又有离开中点的运动，那么这样的物体从亚里士多德物理学的观点来看事实上就成了一块木制的铁[1]，因为在它之中必定有两种相互对立的实体形式被想象成结合在一起的了。反之，伽利略则在这一点上颠倒了亚里士多德—经院主义的规则，即"行为追随本性"（operari sequitur esse）这个命题。他不是从有关存在的形式的某种教条的假定中推断出作用的形式来的，而是从作用的种种经验规律出发，为的是由此间接获得存在之规定的苗头。[2] 而他关于作用的形式的这种规定，又是

---

① 喻指自相矛盾。——译者注
② 进一步的情况参见《认识问题》，第 3 版，第 1 卷，第 401 页起。

由他关于知识的形式的基本观点限定和承载着的。对于他而言，自然（*Physis*）[1]的统一性源自物理学的统一性，而后者本身又是通过几何学和数学的统一性来保证的。由于存在着关于度量、关于精确的经验性大小规定的一种普遍的公理学，那么可度量者的世界也就不包含任何绝对不可跨越的对立。我们必须依据这些观念性的根本规范来理解石头的下落和星辰的运转，我们必须依据它们来规定地上的和天上的世界。在这个转向中，方法问题对于存在问题的关键意义便重新在体系的和历史的方面得到了理解。在中世纪，方法上的二元论，神学与物理学之间的对立，在一种二元论的物质概念中反映出来。阿奎那直接强调，地上的物质和天上的物质之间没有本质上的共同之处，而只有单纯名称上的共同之处。基于理智的统一性这个预设，基于像笛卡尔奠定的那种"普遍科学"（*Mathesis universalis*）的思想的现代直观，在这里必定得出对立的推论：物体世界的实体之所以成为一个实体，乃是因为和就下面这一点而言的，即经验的知识和理性的知识，无论其对象多么不同，都服从于同一些规则和原理。

　　然而，如果说这里是数学认识的那些观念性规范对经验物理学的塑造、对运动概念的制定发挥了关键性影响，那么从现在开始也就可以看到反过来的过程了。在几何学与物理学之间创造出来的那种新的统一性，同时在如下意义上起作用，即被视作数学理念的运动侵入到几何学的探讨中了。从古代数学走到现代数学、从希腊人"综合的"几何学走到解析几何学[2]和对无穷的分析，在这条道路上，上述这个步骤意味着最重要的阶段之一。只有通过这个步骤，才可能达到对空间直观（Raumanschauung）与经验性的

---

[1] 或译"本性"。——译者注
[2] "analytischen Geometrie"照字面意思也可译作"分析的几何学"。——译者注

物体直观（Dinganschauung）的某种清楚的区分，才可能将"物体空间"（Dingraum）改造成纯粹的"系统空间"（Systemraum）。亚里士多德物理学的空间被定义成包围的物体与被包围的物体之间的界限，恰恰在这个定义中表明，它本身还像同根共生的一样黏附在各种物体上，它意味着形体事物上的和形体事物本身的某种单纯的规定，因而支配着它的也绝非运动和思想进步方面的任何真正的自由。这里不仅没有任何直线能真正被延长到无穷（因为现实的无穷在自身中包含着某种内在的矛盾），一般的运动也无法在任意某个方向上无限制地被延伸，因为运动者的特征从一开始就为这种延伸设置了固定的界限：与特定的元素相适应的是特定的位置和特定的方向，当然，与此同时其他那些位置和方向就与那些元素的本性相冲突了。现代动力学颠覆了这个事态，因为它使它完全普遍和广泛地采取的运动成了认识空间的工具，成了规定几何构造的工具。这场翻转在开普勒的立体几何学研究中最清楚地呈现出来了。开普勒通过下面这种办法确定各种复杂化物体构造之间的量度关系：他不是简单地将这些构造当作已完成的和既有的东西相互对立起来，不是考察这些构造本身，而是考察它们借以能被设想成正在产生的东西的那种规则。物体的每一种形态如今都显现为无穷多的个别状态规定的某个总体，它在它的这个逐步发生的构造过程中经历了这个总体；而数学思维的使命则是为这个总体寻找一个统一的尺度概念（Maßbegriff）。那么比如在这种考察方式下，圆就显现为无穷多个无穷狭长并以圆心为顶点的等腰三角形的总括，类似的，球体也被看作和被算作无穷多个圆锥体构成的一个整体。而开普勒的研究不仅涉及这种著名的基本几何构造，还通过不同的球面和锥面围绕特定的轴线、直径和坐标进行的运动，产生了大量新的形态，他试图依照一些普

195

遍的方法来规定那些形态的物体内容①，因为在这个意义上看，无
穷概念被证明数学的一个不仅合法，而且简直还很必要的认识工
具。这样一来，世界概念、认识客体（Erkenntnisobjekts）的概念也
就经历了一番改造，因为每一个"特定的积分"——而开普勒的
方法恰恰在于将几何构造理解和还原为特定的积分——都在自身
内直接包含了此前似乎水火不容的两个环节的结合。无穷作为无
定（ἄπειρον），似乎显示为限定（πέρας）的矛盾对立面，它在新形
式的数学分析中要服务于量的规定，甚至证明自己是量的规定的
最重要工具之一。它在形而上学上的超越性变为逻辑上的内在性
了。空间概念将质料因素的最后一点残余从自己身上甩掉了；它
成了一种纯粹秩序构造。这个转折在引入坐标概念的时候就最清
楚地预示出来了，这引入的工作如今是由费马②和笛卡尔完成的。
笛卡尔的解析几何学建立在和开普勒的"测量酒桶的新立体几何"
相似的某种逻辑—几何的基本原则之上，因为即便笛卡尔也探讨
过曲线，他不是将曲线简单地看作一些可以在感性意义上直观的
既有状态（Gegebenheiten），而是让曲线从各种运动构成的某种秩
序井然的复合体中产生。曲线的形式在分析的意义上被还原为这
些运动的规律。那么对一切运动的相对性的洞察就导致下面这一
点，即每一种极其复杂的运动在原则上都可以被分解为一些基本
运动，这些基本运动，当我们设想它们沿着两条相互垂直的轴发
生时，就采取了最简单的形式。分别沿着横坐标轴和纵坐标轴发

196

---

① 关于开普勒的《测量酒桶的新立体几何》（*Nova stereometria doliorum vinariorum*，1615
年）中的方法的进一步情况，参见措伊滕（Zeuthen）：《16 和 17 世纪数学史》（*Geschichte
der Mathematik im 16. und 17. Jahrhundert*）；并参见格哈特（Gerhardt）：《高等分析的发现》
（*Die Entdeckung der höheren Analysis*），哈勒，1855 年，第 15 页起。
② 费马（Pierre de Fermat，1607—1665），法国数学家和律师，提出了著名的"费马大定
理"。——译者注

生的这两种运动之间不同的速度关系，明确地规定了所产生的曲线的几何形式，也使得这曲线的所有特质完全明晰可辨了。而这种速度关系同时也存在于如今创造出来的、完全在数学思维的自由运行中建立起来的这种纯粹关系性的和系统性的空间内部；数学思维的自由体现在，它可以决定将哪些点看作静止的，将哪些点看作运动的。因为依照某种简单的转换规则，每一个坐标系统都可以过渡为另一个，而不会在此使得那些通过特定曲线表现出来的运动规律、方程式经受除了某种纯粹形式性的变化之外的什么变化。这里就有了现代解析几何学相对于希腊数学的一种最本质的进步。即便在希腊数学中，也有了完全确定的一些运用坐标概念的苗头；然而在这里，考察最紧密地依赖于每次现有的个别图形，达不到真正的普遍性。这里坐标的起点总是必须隶属于所

197　考察的图形本身，或者与该图形及其根本几何特质紧密关联在一起。只有费马才与此对立，创造出一种方法，该方法免除了所有这些局限，使得人们可以随意在曲线的平面中假定关联系统的核心。如今即便横坐标轴和纵坐标轴的方向也允许进行一切种类的推延和旋转；代替直角坐标，也可以利用斜角坐标，简言之，如今坐标系统有了完全自由的曲线状态了。在其著作《平面与立体轨迹引论》(*Ad locos planos et solidos isagoge*) 中，费马明显强调了他的程序相对于古人的程序在方法上的优势，因为他把下面这一点刻画为他的根本使命："使科学的这个分支服从特意适应于它的某种分析方式，这样未来就开启了达到各种位置的普遍通路。"[1] 空间直观上的这种普遍主义也是纯粹数学无法获得的，如果不是先

---

[1] 就此可参见，比如说，维莱特内 (Wieleitner):《现代数学的诞生——历史与原理》(*Die Geburt der modernen Mathematik, Historisches und Grundsätzliches*)，第 1 卷,《解析几何学》，卡尔斯鲁厄，1924 年，第 36 页起。

前从另一个方面（尤其是从宇宙论和自然哲学的方面）松动和化解了亚里士多德—经院主义空间概念的话。

实际上，在这种转变于精确科学的方法论（Methodik）中清晰可见的很久之前，它就在某种程度上在整个世界感的某种新音调和新色调中预示出来了。布鲁诺是考察方向上的这种倒转的典型见证人。无穷作为精确科学认识的某种工具，对于他而言还是陌生的，他甚至在他关于极小值的这个功能的学说中明确抵制和拒绝无穷。然而他越是没有认清数学意义上的新的无穷的逻辑结构，就越是带着某种极其热烈的激情，将无穷的宇宙囊括在内。这种英雄般的情感便是如今对抗中世纪教条的信仰学说的和亚里士多德—经院主义宇宙论的"极点"（Ne plus ultra）的武器。幻想和思维的自由翱翔永远不会被空间一物的固定界限阻挡下来。这样一来，布鲁诺首先和反复抵制将空间当作逍遥派物理学的"包围者"（σῶμα περιέχον）的那种构想。世界位于其中的那个空间，在他看来并不是世界在某种程度上被包裹和被埋入其中的最外层范围，它毋宁是无障碍地超出一切有限的界限并朝着所有方向伸展的那种运动的自由媒介。那种运动不可能也不会在任何一个事物的"本性"中或在宇宙的普遍特质中遇到任何阻碍，因为它本身凭其普遍性和无界限性，毋宁将自然本身构造出来了。无穷空间作为无穷力量的手段而被需求，而这力量又无非是宇宙的无穷生命的表现。这三个环节对于布鲁诺的思维而言，从未清楚区别开来过，正如在他所依赖的斯多亚派物理学和新柏拉图主义物理学中一样，在他这里，空间概念与以太概念，而后者又与世界灵魂概念融合在一起了。因此即便在这里，突破和克服亚里士多德—经院主义宇宙的僵硬局面的，也是一种动力学的动机。然而这里起决定作用的并非开普勒和伽利略的那种新动力科学的形式，而毋宁是具

198

有这种世界感的英雄。"谁能恰如其分地颂扬这位德国人 ① 的伟大感觉？他不为愚人的判断所动，在反对意见的潮流中逆势而上，首先帮助真确的观点获胜了——那种观点使我们的知识脱于囹圄（在那里我们的知识就只能通过一些缝隙瞥见星空了），使我们翱翔于空中，越过天界，并打碎第一、第八、第九和第十层天球的那些想象出来的围墙。"② 从这类句子中人们可以看到，对于布鲁诺而言，空间问题并不仅仅且并不首先属于宇宙论和自然哲学问题的范围，它首先属于伦理的根本问题的范围。之所以发生这种特有的结合，原因在于，在布鲁诺看来，永远不能基于经验的或数学的直观的单纯见证便主张空间的无穷性，因为感官和直观本身在他看来一般都不能通往真正的无穷概念。我们毋宁是凭着我们用来把握我们自己的精神性存在与本质的那同一个器官来把握无穷的：认识无穷的原则，从来都只能到自我这个本原、自我意识这个本原中去寻找。③ 那么当我们想透视它的真正本质时，就不能停留于被动的观察，停留于单纯感性的或审美的凝视，我们为了

199

---

① 应指库萨。——译者注

② 布鲁诺:《圣灰星期三晚餐》(*La cena de la ceneri*),《布鲁诺意大利文著作集》, 拉加德编, 第 124 页起; 参见《论不可测量者与不可计数者》(*De Immenso et Innumerabilibus*), 第 1 卷, 第 1 章,《布鲁诺意大利文著作集》, 第 1 卷, 第 1 章, 第 201 页。
"Intrepidus spatium immensum sie findere pennis
Exorior, neque fama facit me impingere in orbes,
Quos falso statuit verus de principio error,
Ut sub conficto reprimamur carcere vere,
Tanquam adamanteis cludatur moenibus totum.
Nam mihi mens melior …"

③ 布鲁诺:《论无穷宇宙和诸世界》(*De l'infinito, universo e mondi*),《对话录》, 第 1 卷,《布鲁诺意大利文著作集》, 第 307 页: "Non è senso che vegga l'infinito, non è senso da cui si richieda questa conclusione, perche l'infinito non puo essere oggetto del senso: et però chi dimanda di conoscere questo per via di senso, è simile a colui che volesse veder con gl'occhi la sustanza e l'essenza: et chi negasse per questo la cosa, perche non è sensibile, o visibile, verebe a negar la propria sustanza et essere."

向它提升，反而总是可以尝试一种自由的行动，尝试精神的一种自由飞翔。在自我于其中确信自己有着内在的自由的这种行动中，他看到对无穷宇宙的那种直观仿佛作为他这种理智性的自我直观的对立极点（Gegenpol）出现了。关于主体的知识和关于客体的知识在这里难解难分地相互交织在一起。谁若是在自身中找不到自我主张（Selbstbehauptung）和无限自我扩展（Selbsterweiterung）的那种英雄式情感，他对于宇宙及其无限性也就总是视而不见。在布鲁诺的对话录《论英雄的愤怒》中，到处都证明自身是新宇宙论的关键动机的乃是文艺复兴心理学和文艺复兴伦理学的形式。对无穷的直观在这里完全被描绘成自我的某种行动，也作为自我的某种行动而被需求。即便对于中世纪的思辨而言，关于许多世界乃至无穷多个世界的思想也并不陌生。它在所有方面考虑过这种思想的可能性，尽管它意见一致地凭着亚里士多德在《论天》一书中为宇宙的统一性提出的那种论据，大体上决定反对这种可能性。[①] 而即便在这里，人们也能在防守形式（Form der Abwehr）中看出，在防守中并非只有理智的动机，还有伦理—宗教的动机在起作用。随着独一世界的思想的放弃，关于人只有独一价值的思想似乎也被放弃了，宗教进程似乎就围绕着它真正的和统一的核心被接引出来了。在文艺复兴早期的那些领军人物中，这种基本心境还在继续起作用：彼特拉克在他的著作《论他自身和许多人的无知》[②]中还将无穷多世界的命题明确称作"愚蠢的顶点"，并给它打上了哲学异端的标记。对于布鲁诺而言则反之，渴盼一个新的世界概念的乃是自我在理智与伦理上的尊严，自我的人格

---

① 关于这个问题在 12 和 13 世纪的中世纪物理学中进一步的情形，参见迪昂：《达芬奇与两个无限者》（"Léonard de Vinci et les deux Infinis"），《论达芬奇》，第二系列。

② 卡西尔录写的书名有误，遗漏了彼特拉克原书名中的"许多"（multorum）。——译者注

200　概念。人们在他的宇宙论基本观点的预示中到处都觉察到了主体的这种激情；他那里到处都在强调的，与其说是宇宙，不如说是不得不在自身中产生出对宇宙的直观的那个自我。新的世界观完全是在一种新的冲动、一种新的驱动和鼓舞之情的形式下呈现出来的。只有当人将无穷的大全引入自身之内，当另一方面又将自身向无穷的大全扩展时，他才发现他真正的自我。在这里，生死之间的界限也变得模糊了，因为只有在死亡时，只有在放弃个体定在的形式时，生命本身真正的真理和普遍性才被抓住。当然，在嵌入对话录《论英雄的愤怒》的那首十四行诗中将这种基本构想最纯粹和最强烈地表现出来了的，不是哲学家布鲁诺，而是诗人布鲁诺：

　　　　我既将我羽翼伸向美好的愿望，

　　　　我脚下空气越多，

　　　　我轻灵的羽毛送风也越多，

　　　　我轻鄙俗世，奋力飞向天空。

　　　　代达罗斯之子残酷的命运也不曾使我屈服，

　　　　反倒刺激我向上。

　　　　我深知自己会冲向大地而死，

　　　　但又有哪种生命堪与我的死亡媲美？

　　　　我听见自己的心声回荡在空中：

　　　　"莽撞之人，你把我带向何方？

　　　　回头吧，鲁莽过甚之人，

　　　　鲜有无灾无殃者。"

我答道:"不要害怕高贵的灾难。

安心劈开云彩,

倘若天空注定我们会如此荣耀地死去,

那就安然死去。"①

如果说空间问题在这里又被注入文艺复兴普遍的基本哲学难题之中,即被注入"主体"和"客体"的关系问题之中,那么正因此,文艺复兴哲学持续与之搏斗的那种辩证法重又显现出来了。的确,如今由于它在最具体的形式下、在空间直观的语言中向我们呈现出来,它似乎才最尖锐地表现出来。人对于宇宙、自我对于世界,似乎同时既是被包含者,又是包含者。要讲清人与宇宙的关系,这两种规定②同样是必不可少的。而这样一来,在它们之间就发生了一种持久的反作用和翻转。如果说宇宙的无限性不仅限制了自我,还有将自我完全消灭的危险,那么另一方面,却正是在这无限性中,蕴藏着自我不断提升自己的源泉,因为精神与它所把握的世界是类同的。文艺复兴哲学不断从最为歧异的一些起点出发,抓住这个根本主题,以便不断重新改变它。"我充实、穿透并包含天与地",上帝在费奇诺依照奥古斯丁的典范撰写的一次上帝与灵魂的对话中这样说道。"我充实又不被充实,因为我就是充实本身。我穿透又不被穿透,因为我就是穿透力本身。我包含又不被包含,因为我本身就是包含的能力。"③然而神性在这里为其自身索取的所有这些谓词(Prädikate),如今都在同样的意义上

201

---

① 原文为意大利文。诗歌译文不求韵律工整,仅以传达原文意思为限。——译者注

② 指"被包含者"与"包含者"。——译者注

③ 费奇诺:《神与灵魂之间的神学对话》(*Dialogus inter Deum et animam Theologicus*),《书信集》,第1卷,《费奇诺著作集》,第610页。

被赋予人的灵魂本身了。灵魂就其被当作认识的主体而言，也包含客观现实性，而不是被客观现实性包含。灵魂对于一切物性因素的优先性由此便一劳永逸地被确立了。自我就其在自身中发现了它据以认识无穷宇宙的那些原理而言，是可以与无穷宇宙相匹敌的。然而这种知识[①]本身并不是单纯抽象的、纯粹推理性的；它是一种直觉中的确定性，它并不源自逻辑知性（dem logischen Verstand），而是源自自我特殊的生命根据（Lebensgrund），并且不断重新从这根据中涌流出来。就像歌德的甘尼美（Ganymed）[②]一样，文艺复兴时期的人同时以"包围着—被包围"（umfangend-umfangen）的姿态与神性和无穷宇宙相对待。文艺复兴哲学并未制服这种双重关系中包含的那种辩证的二律背反；然而下面这一点永远是它无可争议的功绩，即它最先刻画了问题，并在后人新的理解中将这问题流传给了接下来的几个世纪，流传给了精确科学和体系哲学的那几个世纪。

---

① 这里的"知识"（Wissen）与上一句中的"认识"（weiß）相对应。——译者注
② 歌德《西东集》中同名诗作中的主人公。——译者注

附录: 库萨著作《平信徒论精神》[*]

第一章

哲学家来到平信徒这里, 要深化他关于精神的本性的认识。 **205**
精神自在地是精神, 鉴于指派给他的任务而言乃是灵魂, 而它之
所以称作精神 (*mens*), 乃是由于它进行度量 (*mensurat*)。

当许多人内心中带着令人惊叹的投身上帝之情, 急急忙忙赶
往罗马参加大赦年庆祝活动时, 据我们所知乃当今在世的所有哲
学家中最出众的那一位立于一座桥上, 对浩浩荡荡路过的人群感
到惊讶。一位演说家在向他请教, 那人满脑子都是对知识最热烈
的追求, 热切地关注他 (因为注意到哲学家苍白的面容、他的长
袍和其他一些表明一位思想家的崇高尊严的特征), 恭敬地问候他
(因此他像深深着迷一般停在这里不动了)。^①

---

[*] 本 "附录" 为库萨的《平信徒》系列第 3 书, 中译文依据海因里希·卡西尔 (Heinrich
Cassirer, 恩斯特·卡西尔之子) 对约阿希姆·里特所整理的库萨拉丁文原著《平信
徒论精神》(*Idiota de Mente*, 后世亦写作 *Liber de Mente*) 翻译而成, 原文按照拉丁文
与德文逐页对照的版式排版, 附于 1927 年版《文艺复兴哲学中的个体和宇宙》一书
之后。另外, 译文还参考了 2002 年菲利克斯·迈纳出版社的拉德对照本, 参见库萨:
《平信徒论精神》(*Idiota de mente – Der Laie über den Geist*),《哲学—神学著作集》(*Philoso-
phisch-theologische Werke*), 拉丁语—德文对照版, 第 2 卷, 汉堡, 2002 年。——译者注
① 楷体字部分为库萨所写的说明文字, 不是对话内容, 下同, 不另说明。——译者注

哲学家：惊奇使我来到这里。

演说家：惊奇似乎是所有想知道点什么的人们的驱动力；那么我相信，因为你被当作学者中最出众的那一位，那么使你如此关切地逗留此地的一定是最大的惊奇。

哲学家：你说得对，我的朋友；原因在于，既然我看见无数的民众从所有领主的土地上蜂拥而来，内心深受感动，我惊叹的是他们尽管在外形上差异如此之大，却全都拥护同一种信仰。尽管没人与另一个人相似，却是同一种信仰抓住了他们所有人，把他们从地球的所有国界那边吸引过来，如此衷心顺服他们的上帝。

演说家：这必定是上帝的某种恩典馈赠，即没有学问的平信徒通过信仰，能比哲学家们通过理性的思维更清晰地把握事物。因为你肯定知道，当人们在理性思维的帮助下探讨精神的不朽时，需要开展多少艰辛的研究，然而眼下的所有这些人却仅仅因为有信仰，便对它坚信不疑。难道他们所有的努力和烦劳，不都是为了他们的灵魂在他们死后不因任何罪恶而黯淡，能被提升到人们最热切地追求的某种光明生活中去吗？

哲学家：你说出了一种伟大的真理，我的朋友；原因在于，我一生都在世界上游历，聆听智者们的教诲，好确信精神的不朽，因为德尔斐神谕规定了人要认识自己，这样精神就认识了它自身，也感到与上帝的精神结合起来了。然而到现在为止，我都不能凭着我的思维，像这些无知的民众凭着他们的信仰那般完善而清晰地得到我所寻求的结果。

演说家：如果允许这样问的话，那么请告诉我，是什么动机使你来到罗马的，而你看起来却属于逍遥派。难道你相信可以在这里找到什么人，能给你带来什么精神上的收获吗？

哲学家：我曾听说，在克拉苏斯（Titus Attilius Crassus）①于卡皮托利山上为精神献上的那座神庙里，藏有许多智者就精神写下的著作；然而要不是你——既然你看起来像是一位受尊敬的市民和一个有教养的人——为我提供帮助，我可能就白来了。

演说家：那位克拉苏斯为精神献上一座神庙，这掌故当然是有的；然而无人能知晓，这座神庙里是否有过关于精神的著作，也绝不可能有任何人知道它们都是哪些著作，既然从那时起有那么多的战争风暴降临到罗马头上。既然如此，你就不必闷闷不乐，感到自己白来一趟了，你应当听一位值得钦佩的平信徒说一说，至少依照我的看法是这样。

哲学家：我巴不得此事尽早发生。

演说家：你跟着我就是了。

然后当他们临近那座献给永恒的神庙，往下走进一个像是地下室的房间时，演说家这样跟一位平信徒打招呼（他从木头中削出一把勺子来）：

演说家：这位伟大的哲学家看到你在忙活这样土里土气的事情，这真让我难为情；因为他不会相信，他从你这里能听到任何理论探讨。

平信徒：我很乐意干这种活儿，它们能同样不断地丰富精神和身体。然而我相信，要是你带来的这人是个哲学家，他并不会因为我把精力花在削勺子的手艺上就鄙视我。

哲学家：你说的完全有道理。因为正如我们读到的，即便柏拉图也偶尔作画，然而照我们必定会认为的那样，他是绝不会做这事的，它仿佛与思辨的精神相悖。

---

① 历史上有克拉苏斯（Titus Otacilius Crassus，公元前261年罗马执政官），但其名字写法与库萨提供的有出入。——译者注

演说家：或许正是因此，柏拉图便常用一些取自绘画手艺的熟悉的例子来阐明那些艰深的事情。

平信徒：是这样的。在我的这门手艺中，我在形象中找寻我心意中想到的东西，取悦我的精神，在精心制作我的勺子的同时使我的身体得到休养。这样我就完全得到了我所需要的一切。

哲学家：当我拜访一个享有智者名声的人时，通常我首先关心的是向他请教那些使我在精神上扰攘不宁的事情，并向他呈上一些著作，以便在那些著作所探讨的意义上研究那些事情；然而由于你是一位平信徒，我不知道如何能引导你开始谈话，以便了解你在精神的本性方面都有哪些洞见。

平信徒：我相信没人能比我更容易说出精神是什么意思。原因在于，既然我公开承认我是无知的平信徒，我就不害怕回答问题；学院哲学家则相反，他们有着科学的好名声，是很有理由害怕犯错误的，因此他们也必须小心谨慎地来回衡量。那么你即刻就会从我这里开门见山地听到我所想的东西，只要你讲清楚你想听到我关于什么问题的看法。

哲学家：三言两语我可表达不清楚。那么我们先坐下来，依次慢慢来讨论事情。

平信徒：我很乐意。

然后他们就坐在椅子上，三人的位置构成了一个三角形，演说家就说：

演说家：哲学家，你看到了这个人的淳朴，他根本不做适合于接待像你这样重要的一个人的事情。那就首先尝试从那些——如你所说——最使你在精神上扰攘不宁的事情开始吧。他就此所知道的一切，都不会对你隐藏的，而且正如我相信的，你会发觉你没有白来一趟。

哲学家：这一切都是我乐见的，而且我会转到这些事情上来的。然而请您在此期间保持沉默，也不要因为谈话漫长无比而恼火。

演说家：你会看到，与其说我对谈话感到厌烦，不如说我会坚决要求推进谈话。

哲学家：那么平信徒（因为你愿意被这样称呼），请说一说，你对精神的本质是否有所猜测。

平信徒：我相信当今完全没有，过去也完全不曾有过那样的人，他根本没有形成过任何精神概念。这样说来我也有一个精神概念，而且我以为，精神是万物的尺度（Maß）和边界（Grenze）所从出的东西。那么我猜测，"精神"（mens）这个词就是从"度量"（mensurare）这个词来的。

哲学家：你认为精神和灵魂是不同的还是同一个？

平信徒：我相信它们是不同的；因为人们必须区别在其自身的精神和在身体中的精神。在其自身的精神或者是无限的，或者是无限者的一个形象（Bild）。然而在那些只是无限者的一个形象的精神中，由于它们并不在极大的和绝对的意义上在自身中存在，我承认有一些使人的身体有了生气（animare），我也就依照它们的这种职责称之为灵魂（animas）了。

哲学家：那么你是承认了，精神和灵魂在人那里是一回事，而且当精神在其自身时，你就谈论精神，当它完成赋予身体生气的使命时，你就谈论灵魂。

平信徒：是的，这就像在一个生物中，眼睛的感知能力和观看能力①是同一个能力。

---

① 指视觉有被动接受光线和主动往外观看这两个方面。——译者注

第二章

211　　一个词是表明本性的，另一个被设定为与该词相符合，然而却表达不出那绝对的含义；又有某种单纯的本原，它是众艺之艺（die Kunst der Künste），而且需要指出的是，哲学的永恒技艺是在什么意义上达到统一的。

　　哲学家：你说过，"精神"（mens）这个词是从"度量"（mensurare）来的。我从未读到过某人在词源差异如此之大时主张这种观点的；首先我希望你为我展示你这样说的根据。

　　平信徒：如果说我们的任务就是对这个词的意义作更深层次的考察，那么我相信，我们内部的那种对万物的原型本身进行概念性把握的能力，以及我用"精神"这个词刻画的那种能力，就永远不能在真正的意义上被称呼了。这就是说，正如人类理智永远不能达到上帝的作品的本质性（Wesenheit），这个词也达不到那种本质性。因为各种语词都是由某种理智活动设定下来的。这就是说，我们是通过某个特定的词在某种特定的意义上来命名某件事情，然后又通过另一个词在另一个意义上为同一件事情命名。而同一种语言有很多词切合真正的含义，还有另一些词则塑造得比较粗糙和含糊。那么我以为，由于词的特点就是能表达得"多些"或"少些"，精确的词人们是不可能知道的。

　　哲学家：你言过其实了，平信徒；因为根据你说过的意思，各种语词便不那么精确和确切了，因为正如你以为的，它们是任意确定下来的，总是依照遵从某种理智活动造出这些词的那个人的念头而确定下来的。

平信徒：我本希望你更深地理解我的。因为我必须承认，每个词都恰恰是通过使得形式加于质料之上的那个东西被统一起来的，而且是形式产生了那个词，在这种意义上说，各种语词就并非源于某种设定，而是自永恒以来便存在，同时设定又是自由的。因此我相信，每个名称总是在某种意义上适合于它所刻画的事情，尽管它不必那么精确。

哲学家：你表达得再清楚些，这样我就能理解你的意思是什么了。

平信徒：非常乐意；而且我现在会转而考察切削勺子的手艺。那么首先要知道，我毫不迟疑地主张人类的一切技艺都是那无限而神圣的技艺的摹本。而我并不知道，事情在你看来是否也是这个样子。

哲学家：这是个难题，而随随便便就附带回答一下这些事情，是不合适的。

平信徒：如果你读到过那样一位哲学家，他并不知道这一点，我会惊讶莫名，因为这是不言而喻的。因为下面这一点还是很清楚的，即没有任何人类技艺达到了完满的精确性，它们中的任何一种毋宁都是有局限的和受限制的。因为每一种技艺都有一些特别适应于它的界限，而且没有任何一门技艺能包含所有技艺。

哲学家：你由此得出什么结论？

平信徒：一切人类技艺都是有限的。

哲学家：谁能怀疑这一点？

平信徒：然而要说有许多无限者存在，它们相互之间实在地区别开来，这却是不可能的。

哲学家：这一点我也是承认的，因为那样的话元一（das Eine）就会在他者（dem Anderen）中受到限制了。

平信徒：如果情况如此，那么不只绝对本原是无限的，因为不言而喻的是在本原之前不可能还有任何本原，这样一来本原不就又受制于某个本原了吗？因此只有永恒性本身是无限性或绝对本原。

哲学家：我承认这一点。

平信徒：那么只有唯一的和独一无二的绝对的永恒性，只有永恒性本身，它不受制于任何本原。因此一切有限者都受制于某个无限的本原。①

哲学家：我认同这一点。

平信徒：那么一切有限的技艺便都源自某种无限的技艺，这就必然得出下面这一点，即无限的技艺是一切技艺的原型，是它们的开端、中点和终点，是它们的尺度和标准，是它们的真理、精确性和成全。

哲学家：追寻你的目标吧，在那里没人能驳斥你的主张。

平信徒：这样的话，我会利用切削勺子的技艺中的象征性例子，这样我说的话就更好理解了。

哲学家：我恳请你这样做；因为我看到，你的目标正是我所追求的东西。

平信徒拿了一把勺子在手上，然后说：

平信徒：勺子除了我们精神中的理念（Idee）之外，没有任何别的原型；因为尽管雕刻家像画家一样从各种事物中取来原型，努力模仿那些原型，这并不适合于我这里的情形，因为我是从木头中制作勺子，从黏土中制作盘子和罐子；因为在这个活动中，我绝不模仿自然事物中的任何形态；因为勺子、盘子和罐子这些

---

① 原文中平信徒的这段话被并入上一段哲学家的话中，这就使得哲学家接连说了两段话（加上下面一段哲学家的话），似不合常理。这里依据拉丁文原文，以及2002年迈纳出版社的拉德对照译本校正。——译者注

形式仅凭人类技艺才出现。因此我的技艺要比那模仿各种造物的形态的技艺更完满，因而也更近乎无限的技艺。

哲学家： 这不言而喻。

平信徒： 已经确定的是，我想施展一种技艺，并将一把勺子据以产生的勺子本性形式（die Form der Löffelheit）体现为感性事物——尽管这种形式照其本性而言不能被任何感官把握，因为它既不是白的，也不是黑的，也没有任何别的颜色，也没有任何声音或气味、味道或可触之处——这样我还是致力于尽可能地使它体现为感性事物。因此我就加工那材料，在这里是加工木头，借助我所运用的那些工具的各种不同的运转将它掏空，直到在它之中出现了各团块之间合适的比例，即纯粹的勺子形式能适当地反映于其中的那种比例。那么你就看到，单纯的、非感性的勺子本性形式在这块木头的尺度比例中反映出来，仿佛在一尊雕像中一样。因此勺子本性的真正存在，以及它那不可被多样化、也不可在现实中被转移的真正规定性，就永远不可能通过任何工具，也不可能通过任何人而真正十全十美地被人体现为感性事物。而在所有个别的勺子中以各种不同的方式放射出来的，只有最单纯的形式本身的光芒，它在一个勺子里多呈现一些，在另一个勺子里少呈现一些，在任何勺子里都不能完全适当地呈现出来。而尽管木头本身从那被带到它之上的形式中得到其名称，这样在达到使纯粹的勺子本性得以反映出来的那些尺度比例时，人们便可以说，在勺子这里纯粹形式与名称被设定为一了，这样一来名字的塑造却是随心所欲的了，因为也可以给木头塑造另一个名称。因为尽管名称是随意选择的，它与自然中的那种与形式合而为一的名称却并非彻底不同的和完全有别的，自然中的名称（vocabulum）反而在形式加入进去之后在所有民族以不同方式塑造的所有各不相同的名称中反映出来。因而名称的塑造是通过理智的某种行动发生的;因为理智的活动与显现于各种感官的那些事物相关联。理智只不过造成了它们的区别、一致和差异而已,这样看来,在理智的国度里没有任何东西是先前不曾出现于感官中的。这样理智就塑造了名称,而且被推动着赋予一个事物某个名称,赋予另一个事物另一个名称。然而由于纯粹形式的真理并不是在理智将它关联于其上的那个东西那里被发现的,所以理智就陷入猜想与意见之中了。从这个观点来看,各个种和类当其在某个名称之下被把握时,便是理智的产物,是理智从各种感性事物的一致与差异中建构出来的。因此当感性事物被毁灭时,它们就不可能持存,因为它们在本性上要晚于感性事物,也只能呈现其对于感性事物的相似性。因而谁若是相信任何东西如果没有进入知性,便不能进入理性(Vernunft),他也会相信任何东西如果先前不曾存在于感官之中,便不能存在于理性之中;而且他必定会说,一个事物只有在落于一个词之下时才是某种事物,而且它必定追求深化那名称的含义。而这样一种研究是人所乐见的,因为他借助知性的这种运转,便能穿透现象了。这样一个人会否认那样一些形式自在地存在着,它们以其特有的真理而自顾自地持存,而不是一些出自知性的单纯本质性;他还会将各种原型和理念看得一文不值。然而那些承认在精神的理性中有某种东西既不在感官中也不在知性中,即承认纯粹形式有某种原型和某种不可消解的真理(该形式在感性事物中又熠熠生辉)的人,他们说那些原型在本性上便先于感性事物,正如真理先于它的种种影像一样。而且他们还以如下方式进行排序:排在自然秩序的第一位上的是处在其自身之中和之上的人类(Menschheit),亦即没有什么质料作为他们的基础;排在第二位上的是受到"人类"概念规定,因而有了这个名称的人（der Mensch）；排在第三位上的是知性建构的类属概念（Artbegriff）。因此如果所有个人消灭了，作为单纯类属概念的人类（它徒具其名且只是知性的某种产物）也就止息了。因此知性仅仅依照个人之间单纯的相似性才建构起这个概念。因此概念取决于个人，而个人只是个人。然而自在的人类（die Menschheit an sich）并不停止存在，而那些个人只有凭借人类，才能成为个人；而且人类并不落于这个词之下①，因而并不落于那个类属概念之下（因为各种词都是由知性的行动设定下来的），而毋宁是落于这个词之下的那个类属概念的真理。因此当形象被毁灭后，自在的真理（die Wahrheit an sich）还在。而有这种看法的所有人全都会驳斥下面这一点，即一个事物的本质仅仅在于它落于某个语词概念（Wortbegriff）之下了。也就是说，就各种事物落于某个语词概念之下而言，它们都是逻辑学和知性考察的对象。因此他们就在逻辑学的意义上研究各种事物，深入到这项活动中去，并称赞它；然而他们并不停留在这种观察上（因为知性和逻辑学仅仅忙于研究形式的各种形象），而是试图超出单纯的语词含义，在神学的意义上察看事物，并转向各种原型和理念。我相信，不可能有多种考察方式；你作为哲学家，如果在别的地方也读到过这一点，你一定是了解这一点的。我猜想，事情应该就像我说的这样。

哲学家：你在完全卓越的意义上触及了所有学派的哲学家的学说，无论是逍遥派的还是学园派的。②

平信徒：只有当精神提升到无限性那里，这各种流派和如此不同的各种学术观点才是可以设想的，才能轻松地得到化解，并被结合为一。因为正如这里在场的这位演说家会更详尽地依照他

---

① 意即被这个名称涵括。——译者注
② 指亚里士多德学派和柏拉图学派。——译者注

从我这里听到的东西向你阐明的，最伟大的单纯性只有一种无限的和独一无二的形式，这种形式在万物中反照出来，仿佛一切可能的个别造型的最完满的原型。因此下面这一点也肯定是真的，即事物既没有许多分离的原型，也没有许多理念。这种无限的形式当然不是任何知性能达到的。因此通过仅仅由知性的某种行动设定下来的所有语词，它都是不能被把握的。这样看来，事物就其落于语词概念之下而言，只是它那不可言说的原型的某种形象，而那原型只属于其自身，并精确地与其自身相符。因而存在着某种不可言说的词，它是万物的精确名称——就万物都通过知性的某种行动落于某个语词概念之下而言。这个不可言说的名称又在以它自己的方式在一切名称中显现出来；因为它是一切名称中无限的可命名性（Benennbarkeit），是一切可以通过语音（Laut）表达出来的东西的可言传性（Verlautbarkeit），这样看来每一个名称都只是那真正精确的名称的一个形象。而且一切别的东西都不曾想过说出别的任何东西，即便它们所说的东西可能被表达得更好和更清楚。也就是说，万物在下面这一点上必然是一致的，即存在着某种无限的力，我们称之为"上帝"，而一切别的东西都被包含在这无限的力中。而那个说过人类就其并不落于语词概念之下而言便是完全精确的真理的人，他想说的无非是，它就是我们鉴于人的形式而将其刻画为这形式的精确原型的那种不可言说的和无限的形式。由此就可以得出，这种形式作为这种不可言说的东西，就是与万物的名称一道被提到的（就我们看到了这形式的一些摹本而言），而且那个唯一的和最单纯的原型，按照被我们的知性建构的它的种种摹本的特殊区别，便向我们表现得仿佛不是只有一个原型，而是有多个原型似的。

第三章

在多大程度上，哲学家们明白易懂且同气相求。——论上帝的名称和他精确的规定；进一步指出，当一个名称的全部规定都为人所知，一切便都能为人所知了。——接着指出，一切可知的事物何以是自足的，以及我们的概念和上帝的概念是如何区别开来的。

哲学家：你以令人惊叹的敏锐阐明了三倍伟大的赫尔墨斯的一句格言，那格言说，上帝是以万物的名称，而万物又是以上帝的名称被命名的。

平信徒：在下面这种意义上将被命名（Benanntwerden）和命名（Benennen）把握为一体，即它们在最高的理性中相合（koinzidieren），那样一切便清楚了；因为上帝是每一个事物的精确的规定性。那么如果人们对一个独一无二的事物有着完全确定的知识，那么一般说来人们由此便对万物都必然有了知识。这样一来，如果人们只知道一个独一无二的事物的完全确定而精确的名字，那么一般说来人们就会了解万物的名称，因为除了在上帝之内，是不存在精确的规定性的。那么仅仅达到了某种独一无二的精确规定的那个人就会达到上帝本身，一般说来上帝就是一切可知的东西的真理。

演说家：你说的名称的精确规定性是什么，这一点你还要更精确地说明一下。

平信徒：我们是在什么意义上借助精神画出各种数学图形的，这你是知道的，演说家。如果我想使三角形的本质具体可见，我就画出一个图形，我在其中构造了三个角，这样一来，这个图形 221

就成了这种形制，按照这些尺度成形，反映出三角形的纯粹本质。随着三角形的这个本质一道产生的就是那个被设定为三角形的名称的词。因而当我了解"三角形"时——表示一个三角图形的准确的词，我可以说我所了解的乃是一切多边形都有的那种准确且精确的名称词（Wortbezeichnung）；然后我也知道了，表示一个四角图形的词必定是四角形（Viereck），表示一个五角图形的词必定是五角形（Fünfeck），如此等等。我从一个名称中看到的既有可称呼的图形，一般而言也有一切可称呼的多角形（Vielecke）、它们的种种差异之处和相同之处，以及一般来说就此而言可知的东西。按照类似的方式，正如我宣称过的，我会准确地了解上帝的一切造物的一切名称，以及就它们而言可知的东西，如果我只知道它们中的唯一一个的名称的话；而如果说上帝的名称是每一个一般而言可称呼的名称的精确规定，那么仅仅在这个词中便可以知道一切。

演说家：你按照你的方式清楚地阐明了这一点。

哲学家：你在这里已经传授给我们一个经过所有哲学家一致同意的奇妙教导。因为当我深思熟虑时，我必定会在下面这点上赞同你，即所有哲学家正好都想说出你所说的意思；因为正如你说的，他们中没有任何人能驳斥上帝是以无限的方式存在的，而在这样一个陈述中的确包含了你所说的一切；然而值得惊叹的是，一切可知的东西和任何一种可言传的东西在这个意义上是如何满足其自身的。然而还是再进一步，考察一下精神再说吧！因为已经设定下来的是，精神（mens）这个词源自于度量（mensurare）这个词，这样一来，度量的程序就是名称的根据了，那么真正说来精神应当是什么呢？

平信徒：你知道，上帝的内包（Einfaltung）是在什么意义上在自身中包含了万物的。现在看来，精神是那种囊括一切的单纯性（Einfachheit）的形象。因此如果你把上帝的单纯性称作无限的精神，那么这无限精神就无非是我们的精神的原型。如果你将上帝的精神（den göttlichen Geist）① 称作各种事物的真理的普遍总括（den allgemeinen Inbegriff），那么你就会把我们的精神称作对各种事物的同化（der Angleichung）的普遍总括，这样它就是各种概念的一种总括了。上帝的精神进行的概念性把握就是对各种事物的创造，我们的精神进行的概念性把握就是各种事物的概念。如果说上帝的精神是绝对的存在，那么它进行的概念性把握则是对存在者的创造，而我们的精神进行的概念性把握则是对存在者的同化；也就是说，作为某种无限真理而适宜于上帝的精神的东西，在适宜于我们的精神的时候就成了与我们的精神切近的某种事物。如果说万物在上帝精神中，就是在它们精确的和特有的真理中了，那么万物在我们的精神中，就是在那特有的真理的某种形象的或者说相似的呈现中，亦即在概念的形式中了；因为相似性产生认识。万物都在上帝中，然而那里是万物的原型存在着；万物都在我们的精神中，然而那里只有各种事物的相似性存在着。正如上帝是绝对的存在，后者又是对一切存在者的总结，这样我们的精神便是那种无限的存在的形象，也是对一切形象的总结；这就像一个并不为人所知的国王最初的形象，对于所有要为他画像的人而言，都充当了原型。因为上帝的概念和他的形象只存在于精神的本性中（这精神本性的对象是真理），并且只有通过精神才下降，这样一来精神就是上帝的形象，也是上帝的一切形象的原型。正如在单纯的精神之后的一切都分有了精神，那么精神便分有了上

223

---

① 通常译作"圣灵"，这里为了与人类精神形成对照，我们按照字面意思翻译。——译者注

帝的形象，这样一来，精神通过其本身便成为上帝的形象，是上帝之后到来的一切上帝形象的范型。因而就在单纯精神之后产生的万物都分有了这精神而言，它们也分有了上帝的形象，这样一来，精神就是上帝的形象，也是他之后的一切形象的原型。

第四章

我们的精神不是外展（Entfaltung），而是永恒内包的形象；然而在精神之后的东西，就不再是任何形象了；精神并不具备（天生的）概念，却具有某种与它一道产生的判断力。进一步讨论的是，为什么它必然需要身体。

哲学家：你似乎由于自己精神丰富，就想说无限的精神是赋予形式的和绝对的力量，有限的和有界的精神则是仿造和仿制的力量。

平信徒：我的看法肯定也运行在这个方向上，因为真正必须被说出的东西，是不能被充分表达出来的。因此当人们以多种方式言说事情时，就产生了巨大的用途。请想一想，形象与外展是不同的；原因在于，等同性（Gleichheit）是统一性的形象，因为等同性产生于统一性。因此等同性是统一性的形象，而不是它的外展，它的外展反而是杂多性（Vielheit）；因而等同性是那统合起来的统一性的一个形象，而不是它的外展。那么我想说的是，精神①是上帝的精神的一个形象，而且是上帝的外展的一切形象中最单纯的那一个。这样一来，精神就是上帝的外展的第一个形象，

---

① 当库萨说到"精神"，而且将它与"上帝的精神"对举时，一般指的是人类精神。——译者注

而上帝的外展在其特有的力量中囊括了外展的一切形象。那么正如上帝是各种外展的外展（Einfaltung der Einfaltungen），作为上帝的一个形象的精神则是各种外展的外展的形象；紧接着各种形象而来的就是各种事物的杂多性，那种杂多性仿佛将上帝的内包打开了；这样看来，数就是统一性①的外展，运动就是静止的外展，时间就是永恒的外展，聚合（Zusammensetzung）就是单纯的外展，时间就是当前（Gegenwart）的外展，大小就是点的外展，运动就是静止的外展②，非等同性就是等同性的外展，差别就是同一性的外展，如此等等。人们可以凭此来衡量我们的精神的令人惊叹的力量；因为在它的力量中包含着与那个作为内包的点相适应的能力；而通过这种能力，它在自身中发现了同化一切大小的能力。那么因为它自身中有着与统一性的内包相适应的那种能力，它便具有了那样的能力，凭借那种能力，它自身便能与一切杂多性相适应，这样它也凭借它与现在（Jetzt）和当前（Gegenwart）的内包相适应的能力，而与一切时间相适应了。通过一切运动与静止相适应，通过一切聚合与单纯性相适应，通过一切差别与同一性相适应，通过一切非等同性与等同性相适应，通过一切分离与结合相适应。由于它是绝对内包的一种形象（这绝对内包是绝对精神本身），它自身中便具有了一种技能，通过那种能力，它本身能与一切外包相似，而且你甚至很可能直接看到了，我们的精神具有的许多那一类同化形式之所以能被列举出来，是因为它是囊括和内包了一切的那种无限的单纯性的形象。

哲学家：因而这就表明，只有精神才是上帝的形象。

平信徒：实质上也是如此，因为一切在上帝之后的东西，除

225

---

① 或译"一"。——译者注
② 这里语义多有重复，为忠于原著，我们一仍其旧。——译者注

非精神在它们之中反映出来，都根本不是上帝的形象。因为比起反映在不完满的生物中，精神还是更多地反映在完满的生物中；比起反映在植物中，还是更多地反映在具有感情的东西中；比起反映在矿物中，还是更多地反映在植物中。因此那些缺乏精神的造物，与其应当称作上帝的内包的形象，不如应当称作上帝的内包的单纯展开，即便当它们由于反映出那作为形象的精神，在以各种不同的方式外展的时候分有了形象，也是如此。

哲学家：亚里士多德说过，精神，亦即我们的灵魂，生来并没有任何概念，因为他将它们 ① 比作白板（ *tabula rasa* ）。反之柏拉图则说过，灵魂生来便赋有各种概念，然而由于身体是迟钝的团块，灵魂遗忘了它们。你对此怎么看？

平信徒：毫无疑问，我们的精神是由上帝以他最佳的方式种植在这个身体中的。因而它的一切必定都是从上帝本身那里得到的，没有那一切，它就达不到它的最佳状态。因此人们不可认为，各种概念是与灵魂同时被创造的，而灵魂在身体中失去了它们，因为灵魂反而需要一个身体，以便使它生来就赋有的那种技能得到实现。正如视力在不受到某个客体刺激时，便达不到它实际进行观看的那种特有的活动，同样正如除非通过某个器官的传介而使多种事物与它打照面，它便不能受到各种客体的刺激，同样正如它因此便需要眼睛，那么精神的力量（它是把握对象的某种概念性力量）如果不受某种感性事物刺激，便不能达到它特有的活动；而如果不是通过各种感性表象的传介，它便不能受到刺激。因而它需要一个有机的身体，后者的特殊性在于，如果没有它，一种刺激就不可能出现。因而就下面这一点而言，亚里士多德的

---

① 指精神、灵魂。——译者注

看法似乎很正确，即灵魂天生并不赋有概念，那些概念当灵魂进入身体的时候就失去了。然而正如灵魂在失去一切判断力的情况下，什么都无法达到，正如一只雄鸽永远不会成为齐特琴弹奏家，因为它对于和声没有任何判断，凭着那种判断它才能决定是否向前拨动，我们的精神生来也赋有一种判断能力，没有那种能力它什么也做不到。这种判断力是精神天生赋有的，而凭借这种判断力，它就能独力判断它的种种结论是不可靠的还是确定而逻辑连贯的；当柏拉图将这种能力称作我们天生赋有的一个概念时，他说得很对。

哲学家：正如你的主张明白易懂，没有任何听众能反驳你的种种主张。毫无疑问，这需要严肃对待，予以重视。因为我们完全清楚，有一个活生生的精神在我们内部讲话："这很好"，"这很恰当"，"这是真的"；而当我们偏离正道时，它就会指责我们；这种言说和判断绝不是精神习得的，而是它生来就有的。

平信徒：因而我们由此了解到，精神是那种能力，它虽然在自身内没有任何特定的概念形式，却在受到外界刺激和激发时马上能适应一切形式，也能构建万物的概念。正如拥有健康视力却生活于黑暗之中、永远不见光线的人便对可见物没有任何现实的概念，在同样的意义上，一旦他进入光线之中并受它刺激，却能适应可见物，这样就能建构它的某种概念了。

演说家：柏拉图说过，当各种感官在显示事物的过程中相互冲突，那就需要理性加以判断。

平信徒：他注意到这一点，这是非常敏锐的；因为如果触觉同时向精神显示出某种事物既是硬的又是软的，既是重的又是轻的，在某个对立面中显示出另一个对立面，那它就回头诉诸理性，这样精神便能就双方的本质判断说，触觉混乱地感觉到的那个东西实质上是相互有别的许多东西的混合物。如果视力十分混乱地将某种事物同时当作大的和小的，难道这事物不是需要理性的判断做出某种区分，即区别什么是大的，什么又是小的吗？然而如果感官自顾自地就够用了，那么人们就根本不会回头诉诸理性的判断，正如——比如说——在知觉一只在其自身并不具有任何对立的感性性质的手指时的情形一样。[①]

第五章

229　　精神是活生生的实体，并且被创造得处于某个身体中；接着指出，该如何理解这种现象。——各种动物有理性吗？——精神是对永恒智慧的活生生的描绘。

　　哲学家：几乎逍遥派的所有追随者都宣称，你公开称作"精神"的理性，是灵魂的某种能力，而且认识是偶然的；然而你公开说的却与此不同。

　　平信徒：精神是活生生的实体，正如我们体验过的，这种实体总是在我们内部言说与判断，而且与精神的所有其他能力一道，借助我们在自己内部觉察到的那些活生生的精神力量，努力使自身与那无限的实体和绝对的形式相似；然而精神在这个身体内部的任务却是使这身体赋有生气，因此它就被称作"灵魂"；而这样一来，精神就是实体性的形式或力量，它以它的方式将一切涵括和内包于其自身中，既有动物性生命（通过这种生命它使身体赋有生气），也有植物性生命，还有能从事感知的生命，以及判断的

---

① 为了帮助理解，这里必须参见柏拉图的文本（《理想国》，523A 起）；也参见前文（见页边码）第 180 页。

能力和进行直观与概念性把握的能力。

哲学家：这样你是不是想说，精神——你也称之为"灵魂"——作为一种理智之物（ein Intelligibles），在身体之前就已经存在了，后来它才进入身体之中，就像毕达哥拉斯和柏拉图主义者们宣称的那样？

平信徒：依照本性，而不是依照时间来看是如此；因为你是听过我如何将它比作黑暗中的某种视力的。然而在有眼睛之前，是不可能真正有视力的，这样看来，那就是依照本性而言的了。现在看来，因为精神是一粒神性的种子，它以概念的方式将万物的原型包含于它的力量之中，它同时也是被上帝（它是从上帝那里得来这种力量的，因为它的存在也是接受来的）放在适合于它的位置上的，在那里它才能产生成果，才能从其自身出发以概念的方式外展万物之大全。也就是说，否则的话在没有同时赋予达致实现的适当条件的情况下，这种种子力量就白白地赋予它了。

哲学家：你说的很重要，然而我们人类的事情在多大程度上就像你说的那样，这我非常想知道。

平信徒：要彻底精确地把握神圣者的种种特质，是做不到的；然而我们却可以猜测它们，这样它们时而更模糊，时而又更准确了。然而我的看法是，下面这个比喻就够说明问题的了。你是知道的，观看（Sehen）照其特有的本性而言是不会进行区分的，它只在密集成团的和杂乱含混的状态下感受（empfindet）它对面的东西，那是它在其运行范围内、在视域中遇到的东西，而这个对象又产生于目光碰到的东西的各种形象；因此在眼中便有某种观看起作用了，却没有区分的能力（比如在缺乏这种能力的孩子们那里的情形）。这时进行知觉的（wahrnehmenden）灵魂便来协助，

231　比如视力（Sehkraft）[①]的区分能力，这时视力就能区别各种颜色了。而正如对所见之物进行区分的这种能力在比较完善的动物那里就可以发现（比如在借助观看将它们的主人和其他人区分开来的狗那里就可以找到），也正如这种能力作为观看的成全（Vollendung）和形式，仿佛是由上帝赋予它们的；那么超出我们在动物那里能发现的那种区分能力，人类的本性便被赋予了某种更高的能力，那种能力之于动物的区分能力，正如那种区分能力之于单纯感性的感知，这就使得精神成了动物的那种区分方式达致成全后的形式。

哲学家：这些都说得很漂亮也很好，然而你似乎赞同智慧的斐洛（Philon）[②]的看法，他说过动物有知性。

平信徒：我们在动物中发现了区分各种事物的能力，如果没有这种能力，它们的本性很可能就不存在了。在这里它们的区分能力由于缺乏完满的形式，亦即缺乏精神的理性，仍不过是混乱的；也就是说，它缺乏判断和知识；而由于一切区分都是理智的某种功劳，斐洛便不无道理地提出了他的主张。

哲学家：请说清楚，精神在多大程度上是进行区分的知性的那种达致成全的形式。

平信徒：我已经说过，就像如果没有一种能付诸形式并弄清楚又加以成全的区分能力，视觉虽能观看，却不知道它看的是什么，如果没有精神，知性虽然进行推理，却不知道它推理的是什么。

---

① 库萨在这里区分了观看（Sehen）与视力（Sehkraft），前者是纯被动的接受，后者有能力进行区分。与它们对应的认识活动分别是感受（Empfinden）和知觉（Wahrnehmen）。——译者注

② 亚历山大里亚的斐洛（Φίλων，拉丁化写法为 Philo Alexandrinus 或 Philo Iudaeus，生于约前15—前10年间，卒于40年），犹太哲学家与神学家，希腊化犹太教的最著名思想家，著有《论动物》，讨论动物是否有理智。——译者注

然而精神却是赋予形式和显明事物的东西，也成全了推理的能力，这样推理能力就知道它推理的是什么了。这样一来，正如一个并不了解语词含义又阅读某本书的无学识之人，只能凭借知性来完成阅读。他是这样阅读的，即他能很好地区分各种不同形状的字母，将它们聚合起来和分离开来，而这就是知性的一项任务，然而知性并不了解它所读到的东西的含义。此外人们还能想象另一个人，他知晓、理解并洞察了他读到的东西；在比喻中，这便呈现了混乱的知性与借助于精神达到了完满的形式的那种知性。后一种知性具有某种区分能力，那种能力可以就知性的各种推理做出判断，即判断它们是正确的还是诡辩的；这样看来，精神就是对知性的种种推论进行分疏的那种形式，正如知性就是对种种感知和想象进行分疏的那种形式。

哲学家：既然精神似乎能就一切做出判断，那么它是从哪里得来它所特有的那种判断力的？

平信徒：它之所以有那种判断力，是因为它是万物的原型的一种形象。因为上帝是万物的原型。现在看来，由于万物的原型在精神中反映出来，真理在一个形象中反映出来，真理就在自身中具有某种东西，它措意于那种东西，并依据那种东西来判断各种外部对象。这样一来，如果说有某种成文的规律在活跃地起作用，那么这个规律由于活跃地起作用，就能在其自身中读出它会碰到的那些抉择（Entscheidungen）。因此精神就是对永恒而无限的智慧的活跃的描绘。然而在我们的精神中，这种生命起初像是一个沉睡者的生命，直到精神通过那由于感性世界的激发而在它内部产生的惊讶之情，而被激发起来投入到活动中去。然后由于它的理性生命的运行，它就在自身中发现那里刻写着它努力要阐释的某种东西。然而你必须理解的是，这种描绘是万物的原型按照真理

233

在其形象中反映出来的那同一种方式发生的一种反射。这样一来，一块经过打磨的金刚石的那个完全单纯和完全不可分的尖头（万物的形式都在这里反映出来），如果它是活跃的，就能在反观自身时发现万物的类似物，由于这些类似物，它就能构建万物的概念了。

哲学家：你说的令人惊叹，你的话也都引人倾听。然而最让我喜欢的是金刚石尖头的形象，因为它的顶角越尖锐、越单纯，万物便在它之中越明亮、越清楚地反映出来。

平信徒：谁若是考察自身中的反射力（die spiegelnde Kraft），就会发现它先于一切的量。而如果他将它当作赋有理性的某种活跃的力量，他便对精神的本质进行某种充分的猜想。

哲学家：我很想知道，你是否能把你切削勺子的手艺当作例子，来澄清精神的创造。

平信徒：我当然能这么做。（他拿了一把漂亮的勺子在手上，然后说：）我想做一把反映出勺子的纯粹形式的勺子来，为此我挑选了一块非常名贵的木头，开始使用我的工具；通过这些工具的运动，我在木头中弄出了各团块之间合适的比例，这样就使勺子的纯粹形式在这个比例中反映出来了。然后我将勺子的表面打磨平整，直到使勺子的纯粹形式能反映在适合它反映的那种形式中为止，正如你肯定看到的那样。因为尽管它是一把非常漂亮的勺子，它却只是一把反映出那纯粹形式的勺子。因为你在它那里看到了形式的一切种类的反映，看到了凹面、凸面、直线、柱体，亦即在手柄的下部看到直线，在勺子的把手部位看到柱体，在勺子的空洞部位看到凹面，在隆起部位看到凸面。而这样一来，那进行反映的形式在勺子存在之前是没有任何存在的，勺子最初的形式反而是由我同步带进勺子中的，以便使其达致成全，如今那进行反映的形式就在自身中包含了勺子的形式。进行反映的形式并不依赖于勺子，因为这种形式的本质并不包括一把勺子的具体存在。因此当尺度比例（Maßverhältnisse）的那个局面被打破时（没有那个局面，勺子的形式就无法存在），比如当手柄脱落时，它就不是一把勺子了，然而那进行反映的形式却并不因此而停止存在。这样一来，上帝也是通过天体的运行，从合适的材料中创造出各种团块的某种比例的，在那种比例中，有生命者的纯粹形式才完满地反映出来。然后上帝又仿佛将精神当作一面活生生的镜子，添加到这种尺度比例上去，正如我说过的那样。

235

第六章

阐明一点，即那些主张数是各种事物的原型的智者，是在象征的意义上这样认为的。——论数的奇妙本性。——数源自精神，也源自存在者的新鲜不腐的纯粹性。——精神是和声，是自身运动着的数，是相同者与差异者的那种聚合。

哲学家：这里你选了一个中肯的例子。而当你说到"一种"理性时，你便以此澄清了各种事物是在何种意义上产生的，而且弄清了那种尺度比例就是世界和形式扎根于其中的东西，而尺度比例就处在质料之中。而且在你的学说的很多部分中你似乎都是毕达哥拉斯的追随者，他主张万物源自数。

平信徒：我不知道自己算不算毕达哥拉斯的追随者。然而我知道，我是不被任何人的权威支配的，即使这权威试着影响我也罢。然而我相信，那些如你所说的那般借助数对万物进行哲学思考的毕达哥拉斯主义者是一些真挚而敏锐的人，我并不认为他们想说的是作为数学的对象且与我们人类的精神相符的那种数（因为不言而喻的是，这个意义上的数一般不可能成为任何事物的本原）；他们毋宁是在象征的意义上谈论数，那个意义上的数源于上帝的精神，而数学上的数只是那种数的一个摹本。这就是说，我们的精神中的数与那种神圣的数的关系，正如我们的精神与无限而永恒的精神的关系，而且我们将我们的数的名称赋予那神圣的数，正如我们肯定也将我们的精神的名称赋予那上帝精神；这样我们在考察那种数的时候称心如意地流连忘返，仿佛它们是我们自己的作品。

哲学家：还请你阐明促使人们接受"数是事物的本原"这句箴言的那些根据。

平信徒：只可能有唯一一种无限的本原，而且只有这个本原才是无限单纯的。然而首先归于这个本原的东西，就不可能是无限单纯的了，这是不言而喻的；然而它也不可能是由各部分聚合而成的，因为那样的话它就不是首先归于这本原的东西，那些进行聚合的部分在本性上反而先于它。因而人们必须假定，首先归于这本原的东西，是在如下意义上聚合而成的，即它还不是由别的东西聚合而成，而是由它自身聚合而成的。现在看来，我们的精神不能理解可能有这类东西存在，它只能理解产生于我们的精神的那种数。因为数是聚合而成的，然而也是由它自身聚合而成的（因为每一个数都是由偶数和奇数聚合而成的）；这样看来，数就是由数聚合而成的。当你说三是由三个一聚合而成的，那么你就像是说，相互分离的墙和屋顶构成了一所房子；也就是说，如果各面墙自顾自地存在，屋顶也是如此，那么由它们就无法构成任何房子；这样看来，三个相互分离的一也无法构成三。因此如果你考察那些构成了三的一，你就是在它们的结合中看待它们。而这三个一的结合，如果不是由其自身聚合而成的三这个数，又能是什么呢？而且一切数的情形都是如此。然而另一方面，如果人们在数那里只考虑一，在此就只能得到数的某种非聚合的聚合（einer unzusammengesetzten Zusammensetzung），只能得到单纯性和聚合之间、一和多之间的某种叠加。反之如果人们的洞察更敏锐些，就能看出数的那种聚合的统一体（die zusammengesetzte Einheit）[1]，比如在八度音、五度音、四度音这些和声的统一体中就是如此；因为和声的比例是统一体，这统一体如果没有数就不可能被理解。因此我在半音与全音的和声中项（doppelten harmonischen mittleren Proportionale）[2]之间的比例——这比例等于正方形的边与对角线的比例——中感到了一个数，这个数太单纯了，我们的精神应该可以算出这个数，因为如果没有某个数，尺度比例是不能被认出来的，然而那个数仿佛必然既是偶数，也是奇数。人们可以长时间极有兴致地谈论这个问题，而不必转向其他一些问题。因而我们就发现了，在什么意义上才存在着某种第一位的东西（ein Erstes），它归于一个本原之下，它的类型（Typus）呈现出数来。现在看来，除了在某个比喻或某个形象中之外，我们是不能以别的任何方式接近它的存在了（因为对于我们而言，每一个事物的本质性的精确规定是不能以别的任何方式达到的）。原因在于，立于那本原之下的首要的东西，我们在象征的意义上称之为数，因为数是每一种尺度比例的基础；这就是说，如果没有数，就不存在任何尺度比例。然而尺度比例乃是首先将形式的位置赋予形式

---

① 在这里的语境下，卡西尔儿子德译本中的"Einheit"有两种意思：有些地方表示单纯的一，即阿拉伯数字1所表示的意思，在这种情况下我们译作"一"；另一些地方表示统一性，比如一个由30人组成的班集体构成一体，在这种情况下我们译作"统一体"。在正文中不做这种特殊区分的其他地方，我们通常将它译作"统一性"。——译者注
② 迈纳版德译本中译为"全音的几何中项"（des geometrischen Mittels des Doppelten）。——译者注

的东西；因为如果没有与形式协调和相合的某种尺度比例，那形式就无法在可见的现象中出现，而且正如我说过的，如果与勺子相适应的那种尺度比例被毁了，形式就不能持存了，因为那时它就没有它所特有的任何位置了。也就是说，尺度比例是使得能反映出纯粹形式的某个表面能作为某种形象呈现出来的东西，而如果那比例再也不存在，这种呈现也就终止了。那么请看一看，原型的那种无限的统一性是如何只在基于数的那种相应的尺度比例中才能显现出来的，因为永恒精神仿佛一位音乐家一样，这位音乐家要使他内心的观念成为感性的。因为他容纳了各式各样的声音，并使它们服从某种尺度比例，那比例与和声相一致，这样一来，在那个尺度比例中和声便找到了它悦耳又完满的回声，因为在那里，和声就处在它所特有的位置上了；而每当与和声相一致的那种尺度比例改变之后，和声的感性显现也就被改变了，而当那尺度比例的相应的特质终止时，和声也就终止了。因而由于精神的作用，才有了数和其他一切东西。

哲学家：那么如果跳出我们的精神的考察来看，就没有事物的任何多样性了？

平信徒：有这样一种多样性，然而它是永恒精神的某种作品。因而正如就上帝而言，事物的多样性是上帝精神的某种作品，那么就我们而言，事物的多样性是我们的精神的某种作品；因为只有精神才能计数，而且如果设想精神不存在，就根本不存在自顾自持存的数。因为精神持存的关键恰恰在于，它个别地和自顾自地考察的乃是一个且同一个东西（das Eine und das Selbige），所以我们将这一点看在眼里，然后就能谈论元一了；而就精神个别地洞察那一个东西而言，它实质上是统一性的等同性（die Gleichheit der Einheit）。然而，如果它个别地和自顾自地把握元一，同时又使元一多样化了，那么我们就判断说存在着更多的事物，并谈论二分（Zweiheit）^①，因为那时精神个别地两次考察了那一个且同一个东西。

哲学家：难道三不是由二和一聚合而成的，难道我们不是把数称作许多单个东西的合计（Zusammenzählung）吗？那么你如何能将数称作精神的一种造物呢？

平信徒：那些陈述方式必须被归结为认识的方式，因为合计无非就是将作为某个共同因素的一个且同一个东西以多种多样的方式设定下来。因为现在由此可见，如果没有精神中的多样性，二或三就什么都不是，所以由此看来下面这一点也是够清楚的，即数是由精神设定的。

哲学家：在多大的程度上，事物的多样性是上帝精神的数？

平信徒：由于上帝精神以某种特定的方式把握了一个，以另一种方式把握了另一个，事物的多样性便产生了。细察之下人们由此会发现，事物的多样性无非就是上帝精神的某种认识方式。因此，依据我的看法，人们可以不无道理地说，事物在造物主的精神中的第一个原型就是数。可以证明这一点的是，存在于万物之中的消遣和优美，就在于它们的尺度的比例，然而尺度比例自身又基于数。因此数是上达智慧的最卓越道路。

哲学家：这一点最初毕达哥拉斯主义者说过，然后柏拉图主义者说过，追随其后的是波埃修。

平信徒：那么我也与他们一样要说，我们的精神的概念的 241 原型是数。因为如果没有数，精神就什么也完成不了。要是没有了数，就不可能进行任何比较，不可能有任何概念，不可能进行任何区分和度量；如果没有数，各种事物就不可能被理解为种类

---

① 这里谈到的"元一"和"二"，可能与柏拉图学派中的一与不定之二的思想有关联。——译者注

各异的和分离的了，如果没有数，"实体和量是不同的"这类意思就不为人所知了。那么由于数构成了认识方式本身，如果没有了它，就没有任何东西被认识了；原因在于，既然我们的精神所产生的数是上帝的数的一个摹本，而上帝的数又是各种事物的原型，那么前一种数就是各种概念的原型。而且正如在一切多样性之前的情形那样，这里也存在着某种统一性，并且这种起着结合作用的统一性乃是万物在其中合为一体的那种非被造的精神（der ungeschaffene Geist）。而随着这种元一而起的多样性也是那样一种统一性的力量的外展，那种统一性是各种事物的存在（Sein），是存在的等同性（Gleichheit），也是那存在与那等同性的结合（die Verknüpfung des Seins und der Gleichheit）。这种三位一体（Dreieinigkeit）得到祝福，在我们的精神中作为上帝的那种三位一体的形象而存在。因为我们的精神在近似的意义上是某种起着结合作用的统一性，这种统一性先于它所能涵括的一切多样性而运行。只有在那种将一切多样性都在自身中集于一体的统一性之后，才有多样性存在，后者是万物的多样性的一个摹本，正如我们的精神是上帝的精神的一个摹本一样。多样性外展了精神的统一性的力量，而那种力量乃是等同性及其结合状态（Verknüpfung）的存在的摹本。

哲学家：我看到你借助数把握住了奇妙的东西。现在看来，因为神圣的狄奥尼修斯说过，各种事物的本质性是不朽的，那么你不妨试一下，看能否在数上证明这一点。

平信徒：如果你留意到，数是从具有统一性的多样性（der Vielheit der Einheit）中构造出来的，而多样性的那种他异性（Andersheit）只是偶然发生的，如果你从统一性和差异性、偶和奇、可分之物和不可分之物中看出了数的聚合，如果你看到万物的特质的产生使得上帝精神的数成为了现实，那么你就理解了，各种事物的本质性在多大程度上是不朽的，也就理解了，统一性是如何产生数，如何还能成为纯存在的。而且你现在也看出了，各种事物是如何以这种方式或任何别的方式借助那样一种他异性而存在的，那种他异性并不属于数的存在，而是仅仅在偶然的意义上产生于具有统一性的那种多样性，这样一来，那他异性也就不属于任何事物的本质了。因为他异性产生的是短暂性，它是分裂，而通过分裂产生的乃是毁灭，它因此就不属于事物的本质了。你还看出，数和被计数的各种事物根本没有任何差别；那么由此得出，处在上帝精神和各种事物之间的，并不是作为具有其自身的某种现实性的一个中项的数，各种事物的数反而只存在于那些事物中。

第七章

凭借相仿，精神从自身中创造出各种事物的形式，这样也就触及了绝对的潜能（Potentialität）。 243

哲学家：然而请讲一下，你的意思是不是我们的精神是和谐，或者某种推动着自身的数或某种整合（Zusammenfügung），无论那是对相同者还是对不同者的整合，无论那是对可分者还是对不可分者的整合；抑或你的意思是，它是隐德莱希，因为柏拉图主义者们和逍遥学派惯于使用这类术语。

平信徒：我相信，谈论过精神的本质的所有人，都曾可能说过这类的话，因为决定他们的乃是他们凭借体验而在精神的力量中发现的东西。因为他们在精神中发现了关于每一种和谐的判断，所以他们发现，精神从自身中创造出概念，并且推动其自身，正如一种活跃的和进行区分的数仅仅通过自身便进展到对种种区别的巩固；而且他们发现，精神在这里又发生了结合和分离，而且不是依照单纯性和绝对必然性的模式，便是依照绝对潜能的模式或依照结合的必然性的模式，无论那模式是确定的结合的模式还是确定的潜能的模式；他们或者发现，精神凭借其固有的永恒运动能力而取得进展。由于各种各样的这类体验，他们就像人们必定很有理由地相信的那样，便就精神与灵魂说了这一类的话，因为如果人们宣称精神产生于相同者和不同者，这就意味着，它产生于统一性和他异性，正如数就其涉及一个普遍东西而言便是由相同者聚合而成的，就其涉及一个个别东西而言便是由不同者聚合而成的；现在看来，这些都是精神的认识方式。

哲学家：你继续阐明一下，灵魂是一种推动其自身的数。

平信徒：我尽力而为。我相信，没人能驳斥下面这一点，即精神是一种活跃而神圣的数，而且最适合于在其自身反映神圣的和谐，而且它在自身中包含了感性、知性和理性的一切和谐，以及就此还可以说得更美好的东西。这甚至使得我们的精神所产生的每一种数、每一种尺度比例和每一种和谐都在同样的意义上落后于我们的精神，正如我们的精神落后于无限精神一样。因为尽管精神是一种神圣的数，他却就其是一种从自身的力量中创造出数的单纯的同一性而言，才是数。因此我们的精神的作品与精神本身的关系，正如上帝的作品与上帝本身的关系一样。

哲学家：大部分思想家都想将某种神圣的本性归于我们的精神，而且主张，它与上帝的精神最紧密地结合在一起。

245 **平信徒**：我相信，他们想说的无非也是我想说的，尽管他们的表达方式有所不同。上帝的精神和我们的精神之间的区别，有如"做"（Tun）和"看"（Sehen）之间的区别；上帝的精神在思考时进行创造，我们的精神在思考时加以同化，因为它产生了理性的种种概念和思想；上帝的精神是一种创造存在的力量，我们的精神是一种加以同化的力量。

演说家：我看到，留给哲学家的时间很短了，因此我长时间忍住没说话，也听到了许多极其重要的事情。然而我还想听一听，精神是如何凭借它加以同化的能力，从自身中产生出各种事物的形式的。

平信徒：精神在极大程度上是一种自行同化的能力，这样它在看的时候就与可见之物同化，在听的时候就与可听之物同化，在尝的时候就与可尝之物同化，在闻的时候就与可闻之物同化，在触的时候就与可触之物同化，在知觉的时候就与可知觉之物同化，在想象的时候就与可想象之物同化，在理解的时候就与可理解之物同化。原因在于一个想象中的形象要是没有各种感性对象在场，就像一种感官不能区别各种感性对象；原因在于这种形象很可能以不确定的方式同化感性对象，但没有将一个对象的状态与另一个对象的严格区别开来。然而在理智中，它实际上是在严格区分一种状态与另一种状态的情况下同化于各种事物的。而且在所有这些领域中，我们的精神都带着动脉的精气（den arteriellen Geist）在匆匆运行。现在看来，它是由于碰到那些以各种各样的方式从各种对象进入动脉精气之中的形象，才被激发起来的，它还通过这些形象而同化于各种事物，这样就能凭着这种同化做出关于对象的一个判断了。而这样一来，被精神赋予生机的那种细微的动脉精气，便凭借精神而达到了与形式的类同，这种类同便对它的运行进行某种抑制；正如柔软的蜡被运用自身精神的那种塑造力的人拿来模仿事物（艺术家栩栩如生地看得见这种事物）；因为如果没有了精神，在雕刻、绘画或手工业中就根本无法模仿某个形态；精神毋宁是规定一切的东西。如果人们由此便想象精神被压入蜡中，那么居于内部的精神便使蜡模仿呈现给它的每一种形态，正如艺术家的那种受到外部激发的精神忙于做的事情一样，与黏土和其他一些柔软对象的情形也是一样的。这样，在我们体内，精神每次依照动脉精气不同类型的灵活性，而在各个器官中创造出不同类型的塑形，或细微或粗糙，而一处的动脉精气与另一处的都不是在同样的意义上可塑造的，因为视神经中的动脉精气是不能被声音的形象触发的，它只能被颜色的形象触发；因此它只能同化于各种颜色形象，而不是同化于各种声音之类。另一种精神处在想象力的器官中，一般而言它可以向着一切感性形象塑造，只不过那方式比较粗糙而不分明。还有另一种精神处在判断力的器官中，又可以向着一切感性事物塑造，而且有着鲜明的区别。所有这些塑形方式都是对感性事物的同化，因为它们借助动脉精气才产生，而那些精气乃是有形的，如果说它们还能成为有形之物的话。如果说现在看来是精神实现了这些同化，由此它就获得了关于感性事物的那些概念，这样它也就浸入有形的精气之中了，那么它的运行方式就跟那赋予身体生机的灵魂是一样的，通过后者赋予的生机，生物才活起来。因此各种动物的灵魂就以它们的方式引起了近似的、即便有些混乱的同化，这样一来它们甚至能以它们自己的方式达到概念了。而我们的精神的力量则从凭借同化而获得的这些概念出发，创造出种种机械技艺、物理的和逻辑的种种推理和理论，而且它在各种事物那里的运用，就像它被包纳在它们的存在具备的潜能中，因而被包纳在质料中那样，也就像这种潜能被形式规定那样。现在看来，由于精神凭借这种同化从感性事物走向了概念，那时各种事物的形式不是真正的形式，而毋宁由于质料的可变性而变得模糊了，那么所有这些概念毋宁都是猜想，而不是固定真理。因此我还要说，由于知性的种种同化而产生的那些概念是不确定的，因为它们符合的毋宁是各种形式的形象，而不是真正的真理。然而我们的精神——不再是就其浸入身体之中并赋予它灵魂而言，而是作为自在的精神（Geist an sich），即便它可以与身体结合起来——之所以在此运行起来，乃是由于它瞥见了它的不变性，达到了在各种形式上的同化（那些形式不再与质料混合在一起，而是自在自为且不变的），而且精神还包含了各种事物的特质，它充当了它自身的工具，而无须假手于任何有机的精神。比如当精神把握到下面这一点时，情形就是如此：圆是那样一种图形，从它的中点划向圆周的所有直线都是等长的，如果撇开了精神，物质性的圆可能永远都不可能真正具有这种存在特质，因为在物质中哪怕仅仅两条等长的直线都是不可能存在的，在物质中就更不可能形成这样一个圆了。因此精神中的圆乃是比如在地上画出的那种圆的真理的原型和尺度。这样一来，我们就说，各种事物的真理在精神中，而且是在必然的联结中，这样一来，事情的真理就像在圆上所显示的那样自行显示出来。而且由于精神就在自为存在着和脱离物质而存在着的时候实现了这种同化，它在此便同化于种种抽象的形式了。而且凭借这种能力，它创立了种种可靠的数学科学，并且意识到了它所特有的那种力量，那种力量便在于，就它服从于某种必然的联结而言，它同化于种种事物，并从它们那里构造出种种概念。而且它被对于各种形式的想象和那些形式的摹本推动，进行抽象化同化（abstrahierender Assimilation）（那些想象和摹本是它在感官中发现的，而且通过那同化而产生），这完全就像某个人被某个形象的美推动去研究原型的美。而在这些同化现象中，精神表现得就像蜡、黏土、金属以及一般而言一切柔软物体的绝对柔韧性在它的某种精神生命中活跃起来了似的，这样它就能通过它自身而

249

同化于一切图形了，而且就像自在的图形本身那样，而不像图形在质料中那样；因为这样一种精神会发觉，在它活跃的柔韧性的力量中，亦即在它本身中，有着万物的概念，因它自身就能同化于万物。而因为精神在这个意义上并未得到满足（原因在于，它不能看出万物确切的真理，而只能看出在某种特定的强制力内部为每一个事物规定下来的真理，就那种真理在某种意义上是一种真理，在另一种意义上是另一种真理而言），也因为这样一来，每一种真理都是由它的各部分聚合而成的，那么精神就看到，这种类型的存在不是真理本身，而只是对真理的某种分有；这就使得一种存在在这个意义上是真的，而另一种存在则在另一个意义上是差异性，而差异性在其自身而言，就其在无限精确和绝对精确的意义上被考察而言，绝不与真理相一致。因此精神瞥见了它自身的单纯性，即那种不仅与质料相分离，而且根本不能与质料相结合，也不能作为形式与质料相结合的单纯性；而且精神仿佛将这种单纯性作为工具加以利用，以使它不仅抽离于物质之外；而且在它那无法与质料相结合的单纯性中，同化于万物。在这个意义上看，处于其单纯性中的精神就能看见万物了，它仿佛在某个点中看见了一切伟大，也在这点中看见了圆；而且它在这里看到了万物，无须各部分发生任何聚合，并且这里不是一个部分是这一个，另一个部分是另一个，而是正如万物都是一个，一个也是万物。而这就是对绝对真理的观看，如果说某个人在上述意义上看到了存在（Sein）在多大程度上就在一切存在者（Seienden）中，只不过在每一个存在者中的方式不同罢了。而如果它照此超出一切划分和一切个别真理，在上述意义上以单纯的方式看出了绝对存在性（die absolute Seinsheit），那么这样一种精神当然就能超出结合的那种特定的必然性，看见它平时只能看到其多样性的东西本身了，而且它会在没有多样性的情况下，看到那东西最单纯和绝对必然的样子，而没有数、大小以及一切他异性。在这个崇高的意义上，精神如其本然那般利用上帝的某种形象为自己服务；而那能成为万物的上帝，便在它全力追求与它的原型相类同的时候，在它之中反映出来。而在这个意义上，它就能看出万物为一，也看出它自身是与那个一相类同的东西，是产生出关于那个能成为万物的一的种种概念的东西，这样它也是达到了神学上的种种思辨的东西。而在那里，它仿佛在它的所有概念的尽头，在至高的欢乐中、在它生命的极乐真理中得到了休息。而关于此事，永远都是说不够的。然而这一点我希望自己已经粗略而未加修饰地以我自己的方式说出来了。然而你将会通过适当的修饰，把我的话打磨得漂亮些，为的是使它对读者而言更中听。

演说家：我满心希望听到，你如此明白地阐述了的东西是什么，让那些寻求真理的人觉得美妙庄严的东西是什么。

哲学家：还望你阐明一下，精神何以在我们称作"不确定的潜能"的质料上出现。

平信徒：在一定程度上要借助于某种混杂的推理，按照与它从结合的必然性向绝对的必然性攀升的路线相反的方式。原因在于，如果它看到，一切物体在多大程度上由于其形体性，便具有了可被塑造与塑形的特质，那么它就会消除一切形体性，并在某种特定的潜能中看到它先前看见过的一切。而它先前在形体性中看见过的有区别的、特定的和实际存在着东西，如今在它看来便是融汇起来的、非特定的、单纯处于潜能状态的东西。而这便是普遍性类型，在这种类型中万物都只在潜能状态下显现；然而潜能状态——亦即存在的可能性——绝非任何类型的存在，因为仅仅能存在的东西恰恰还不存在。

251

第八章

对于精神而言把握、洞察和概念构造、同化是一回事，这一点被指出了。——感知的实现符合物理学的种种学说。

哲学家：这方面说得够多了。为了不偏离我们已经着手讨论的东西，请阐明一下，精神的把握是不是一种理性的认识。

平信徒：我说过，精神是进行把握的能力。因此当它受到刺激时，它就通过把握抵达理性的认识。因此理性的认识乃是精神的完美运行。

哲学家：那么人们在什么时候才说精神在进行把握？

平信徒：当它抓住了各种事物的等同性，或者用你更喜爱的术语来说，当它将各个种类、区别、类型、特质或偶性固定下来的时候。这样看来，上帝是在灵魂中创造了把握能力，而精神则将我们刚刚说过的事情做出来了。然而无论人们现在谈论精神的能力、对等同性的把握、概念、种类还是类型，那都完全一样。而尽管我们并不说把握和理性认识是一回事，那应当以理性的方式被认识的东西却也是要被把握的，反之亦然；然而最高的现实存在却是以理性的方式被认识，而不是被把握的。

哲学家：你这话是什么意思？

平信徒：把握（Begreifen）只是在质料或形式的模式下，或者在任何其他的某种模式下从事的某种抓握（Erfassen）；然而现实的存在却是以理性的方式被认识的，这就是说，它的独特性是在精神中被抓住的。人们也说，精神进行认识，是因为它被促动了，而这运动的开端毋宁可以被称作某种受动（Erleiden），这运动的完成可以被称作某种认识。然而正如禀赋（*dispositio*）和状态（*habitus*，ἕξις）是一回事（因为只要某种事物还在追求它的成全，人们便谈论禀赋，当它达到这种成全之后，人们便谈论状态），精神的受动与它的认识也是一回事。

哲学家：然而"认识"这个词似乎并没有表达任何成全状态。

平信徒：对。就精神正在运行而言，我们将认识活动归于精神；然而只有当精神达到了它的成全时，我们才谈论认识。

哲学家：因而那些术语说的全都是一回事：把握能力、把握、等同性、概念、受动和认识。

平信徒：它们在下面的意义上是一回事，即把握能力不能以这些术语中的任何一个来单独刻画。因为我们是根据那样的活动来称呼能力的，它与它的创造同在；而我们之所以说到把握，是因为它或者模仿质料，或者模仿形式，原因在于它一会儿在质料的模式下，一会儿在形式的模式下，一会儿又在由两者聚合而成的东西的模式下进行抓握。等同性或某个事情的概念被称呼，就是依据"把握"被称呼的那同一个理由。因而这些词语实质上可以相互述谓，而且它们中的每一个都被称作认识。

哲学家：我感到惊讶的是，把握怎么能被称作认识。

平信徒：尽管在把握中涉及的是模仿，反之在理性认识中涉及的则是成全，然而成全恰恰导致理性认识被称作某种把握。因为恰恰只有当人们说认识得到了成全时，精神才进行把握。

哲学家：或许你还想宣称，精神的受动可以被称作理性认识？

平信徒：是啊，这正是我所想的。因为理性认识是精神的那样一种运行，它的开端便是某种受动。

哲学家：那么把握也是一种受动了？

平信徒：这一点是得不出来的，这你直接就明白了；因为即便有很多种类和类型是认识，它们因此却绝非灵魂的受动。因为灵魂的受动过去了，各种类型和种类保留下来了。

哲学家：我现在听你说这一点可能已经够多的了，因为不同的人是在不同的意义上使用这些名称。然而还是请你说一说，你是如何刻画精神的那种使得它看出万物结合的必然性的能力的，以及你是如何刻画另一种使得它看出万物的绝对必然性的能力的。

平信徒：既然我是一个平信徒，一般我是不会说太多话的；然而在这种情况下，我相信用适当的术语来说，前一种能力可以被称作一种训练（Disziplin），由于这种能力，精神在看到它的不变性时，就会在质料之外考察各种事物的形式，原因在于，正是通过训练和学识（Doktrin），它被引导去考察形式了；然而那样一种能力，借助它精神在看到它自己的单纯性时就能在不进行聚合的情况下看到万物的单纯性，便可以被称作理智（Intelligenz）了。

哲学家：我们读到，你称作学识的那种能力，被一些人称作理智，而你称作理智的那种能力，则被一些人称作"可理解性"（Intellektibilität）。

平信徒：我对此毫无异议，因为这些名称也很中肯。

演说家：我希望从你那里听到，物理学家们是如何想象感受的产生的；我相信你在这一点上比平信徒更在行，而且如果你满足我的请求，他也会很高兴的。

哲学家：我很高兴能复述我听过的某种东西。然而你希望了解的东西，其状况如下。物理学家们说，灵魂与一种特别精细的生气（Lebensgeist）混合在一起，后者通过血管分散开来，而且这就使得生气成了灵魂的媒介；而生气本身的媒介则是血液。因而比如有一种血管，它充满了那种生气，通往眼睛，而且在眼睛部位分成了两根，后者也充满那种生气，通往眼球，直达瞳孔。那么生气便按照这种方式在那根血管中被分散开了，它成了灵魂的工具，借助这个工具，灵魂便可练习视觉了。有两根充满了那种生气的血管被导向双耳，也有两根血管被如此这般导向鼻子；同样也有一些血管被引向味腭。然而被导向眼睛的那种生气最为灵活。因而当它碰到外部的某个障碍时，它便会被弹回去，而灵魂便被推动去观察那个障碍物。这样一来，它在耳朵里会被声响弹回来，灵魂就会被推动去抓住那声响。而正如听觉发生于特别稀薄的空气中，味觉发生于稠密的空气中，或者换种更好的说法，发生于烟雾状的空气中，那种空气在进入鼻腔后，由于是雾状的，便阻碍了生气，这样一来，灵魂便被激发起来，便发觉了烟雾状空气的气味。类似的，当某种潮湿又腐烂的东西触及味腭时，灵魂就被促发去尝味。然而灵魂需要将分散于各处肌肉中的生气当作触觉工具，因为当某种坚硬的东西触及身体时，这种生气便被扰乱，也在某种程度上被阻碍了，由此便产生了触觉。在眼睛里，它利用火的力量；在耳朵里，它利用以太的力量，或者说得更准确些，利用纯净空气①的力量；在耳朵里，它利用稠密的烟雾状气体；在味腭里，它利用水的力量；在肌肉里，它利用土的力量；而且它符合四种元素的秩序。正如眼睛比耳朵的价值更高，导向眼睛的生气也具有更高的价值，而且更好，这样一来它在某种意义上就可以被称作火热的。这样一来，人的各感官的等级秩序便符合四元素的秩序或等级。因此视觉要比听觉快，所以就发生了我们先看到闪电，后听到雷声这样的事情，尽管二者同时发生。②

257

---

① 当时人们认为空气只有稠密与稀薄之别，没有不同性质气体的区别，也没有认识到空气是由几种不同性质的气体混合而成的，故而假定以太是一种最纯净的"空气"。——译者注
② 原文如此。库萨这里没有考虑作为独立物质的光和声本身的速度，而将二者分别纳入"视觉"和"听觉"的大系统了，这种看法与现代物理学的看法显然有差异。——译者注

然而目光投向空气时如此有力，如此精细而又敏锐，这就使得空气一定会避开眼睛，而且除了土和水这类粗糙的东西之外就没有任何东西抵制它。那么由于生气是感觉的一种工具，所以眼睛、鼻子和其他感官就像是窗户和道路，那种生气在这窗户和道路上发现了通往知觉的出口。同样也很清楚的是，如果不是由于存在着那样一种障碍，作为知觉的一种工具的生气在那里受到了阻碍，便没有任何东西被知觉到。而且灵魂抓住那抵抗它的事物，它仿佛被各种感觉阻碍和搅混了一样。因为那些感觉本身并没有界限；我们看见某种事物时便在它本身中设定了某种界限，这种做法毋宁是想象力的成果，那想象力与感觉相伴相生，却并不具有感觉本身。因为在头部的第一个腔室里，在那个为想象力所用的空间里，生气要远比分布于各种血管中的精神①更精细也更活跃；如果说灵魂把它用作工具，那么灵魂要敏感得多，以致灵魂即便在某个事物不在场时，也能抓住它那处于质料中的形式，而灵魂的这种能力就叫作想象力，因为通过这种力量，灵魂塑造出一个不在场的对象的形象。由此灵魂便与单纯的感觉区别开来，后者只有当对象在场时才能抓住质料中的形式。想象力在对象不在场时也能进行把握，然而那是一种含混的把握，也就是说，它不是严格规定事物的状态，而是同时含混地抓住许多状态。然而在头脑的中间部分，即在那个被称作理智腔室的腔室里，有一种更精细的生气，它比那居于想象腔室的生气更稀薄，而且当灵魂将这种精神用作工具时，它就变得更精细了，这就使得它也能将一种状态与另一种状态区别开来，不管那状态是与变动状况有关，还是与

---

① 这里库萨将生气与精神对举，但值得注意的是，生气（Lebensgeist）是就人的整个生命而言的精神（Geist），也属于精神，这一点从德文字面上看很清楚，但在中译文中反映不出来。——译者注

形式有关。然而即便此时，它也没有抓住各种事物的真理，因为它只涵括了与质料混合起来的那些形式；然而质料却歪曲了形式，这样一来，在质料中真理就不能被抓住了。然而灵魂的这种力量却被称作理智。因而灵魂就是以这三种方式利用某种有形工具的。然而只有当灵魂退回到其自身之内时，灵魂才通过其自身进行把握，而且只将其自身用作工具，正如我们从你这里也确实听过的那样。

演说家：那些依据经验为我们讲清这一切的自然科学家，当 259
然配得上最高的称赞。因为这一切都美好而惬意。

平信徒：为这门科学尽心尽力的人，配得上最高的谢意和称赞。

第九章

精神通过设定点、线和面的方式，度量一切。——点是线的统一性、内包和完满性。——内包的本性。——精神创造了与多种多样的事物相配套的各种尺度。——精神如何被引向创造？

哲学家：我注意到，夜晚临近了；因此我请求你，平信徒，洞察许多还未进入考量之列的事物，并阐明精神在多大程度上度量一切，正如你一开始宣称的那样。

平信徒：精神使得点成了线的界限，线成了面的界限，面成了体的界限。它创造了数，因此集合和大小都是精神的造物，而凭着集合和大小，精神便度量万物。

哲学家：请阐明一下，精神是如何产生点的。

平信徒：点是将一条线与另一条线结合起来的东西，或者说是线的界限。因此当人们思考一条线，精神就能考察它的两半的相互结合。如果精神这样做，那就产生了一条带有三个点的线，因为那条线有两端，而它的两半又像精神想象的那样结合起来。这些类别的点（端点和结合点）在类型上并无差别，因为两半的结合点也是那两条线①的端点。然而现在如果精神分给每一半一个其自身的端点，就产生了一条带有四个点的线。因此思想中的那条线能被精神分成的部分越多，人们可以规定这条线带有的点就越多，因为它的各个部分都有端点。

哲学家：精神如何创造出一条线？

平信徒：通过想象没有广度的长度，也通过将一个平面看作没有立体性的单纯广度，虽然在现实中既不可能有点，也不可能有线，也不可能有面存在，因为在精神之外只有形体之物现实存在。因此每一个事物的尺度和界限都仅仅源自精神，而木头和石块的尺度和界限虽然在我们的精神之外，那尺度和界限却源自非被造的精神，一切界限规定都源自那种精神。

261 　　**哲学家**：你相信一个点是不可分的吗？

平信徒：我相信一个点是某种起限定作用的不可分的东西，因为界限如果是可分的，就不是任何界限了（原因在于，那样的话它就不是界限了，因为它有了界限）。这样看来，点就没有任何大小，而且从一些点中不能聚合起任何量来，因为这样一个量是不可能从无大小的东西中聚合起来的。

哲学家：在这一点上你与波埃修②是一致的，他说过：当人们将一个点加到另一个点上，他们所做的不过就是将一个零加到另

---

① 指原先那条线切分后形成的两段线。——译者注
② 波埃修（Anicius Manlius Severinus Boethius，生于480—485年之间，卒于524—526年之间），古代后期罗马学者、政治家，新柏拉图主义哲学家和神学家，以《哲学的慰藉》（*Consolatio philosophiae*）一书闻名。——译者注

一个零上。

平信徒：因而当人们将两条线在它们的端点上拼接起来，虽然他们由此产生了一条更长的线，那两个端点的结合本身却没有产生出任何量来。

哲学家：你是想说两个点放到一块没有增加任何东西吗?

平信徒：既没有产生更多的点，也没有产生更多的一（Einheiten）；因为点毋宁是线的界限，那么人们在线上就处处都能找到点了，然而另一方面在线上又只有一个点，那个点扩展之后就成了线。

哲学家：因而实质上在线上只能找到点?

平信徒：说得对；然而由于物质是多变的，物质又是基础，那么在那个点中就有了某种特定的扩展。在同样的意义上人们说，数是多个一放在一起产生的，因为统一起来的单位是不同的①，尽管实质上只有一个一存在。因此线是点的展开，面就是线的展开，而固定的立体又是面的展开。所以如果人们消除了点，一切大小便都消失了。如果人们消除了一，一切多便都消失了。

哲学家：你说线是点的展开，是什么意思?

平信徒：线是点的展开，这就是说，是它的外展，因为不管人们一次看到多个不可分的东西，还是逐个地将它们结合起来，在它们中都只有一个点。因为同一个点存在于所有不可分的东西中，正如同一个白存在于所有白的东西中。

哲学家：你如何理解一个不可分的东西?

平信徒：依照精神的观察，一个连续体（Kontinuum）被分成某种总是可以再分割的东西，而各个部分的总量可以无穷增加。然而在实际的分割活动中，人们达到的是某种不可分的部分，我

---

① 意即我们称作"一"的各个单位必须是可区分的，比如我们说一只手有五根手指，每根手指虽然都是"一"，但又各不相同。——译者注

称之为原子（Atom）。原子就是那样一种量，它由于它的微小，在现实的意义上就不可再分割了。这样一来，即便对于精神的观察而言，多也没有任何界限，虽然它在现实中是有界限的。因为万物的多都服从于某个特定的数，虽然这个数也可能不为我们所知。

哲学家：那么点就是线的成全了，既然点还是对线的限定？

平信徒：点是线的成全和线的全体（Ganzheit），那整全性将线内包于其自身之内。将某个事物关在一些点中，就意味着给它划定界限；然而如果被限定，就在那里达致成全[①]了。然而线的成全就是它的整全性，因此点是线的界限，也是它的整全性和成全，后者将线本身内包于自身中，正如线将点外展了。就是说，当我在几何学中说一条线的成全和整全性是由点 a 和点 b 规定的，那么我在我从 a 到 b 划出那条线之前，就通过点 a 和点 b 规定好了那条线的整全性，因为那条线不可被延长到它们之外去。然而如果说依照现实来看或在我们的理性认识中来看，线的整体，从它的起点到它的终点，在这个意义上都被包含在自身之内了，那么这就意味着线内包于那些点中了；而外展则意味着从 a 到 b 一段一段地把那条线划出来，而这样看来，线就将点的内包形态外展出来了。

哲学家：我把点当作线的内包，正如一是数的内包，这是因为，在线上到处都只能找到一个点，正如在数中能找到的无非就是一。

平信徒：非常中肯的思索，而且同样的意思换一种表达方式就可以适用于全部内包形态。运动是静止的外展，因为在运动中

---

① 这里的"成全"（Vollendung）含有终结、完成的意思。——译者注

能找到的无非就是静止。现在（Jetzt）也是像这样通过时间外展的，因为在时间中能找到的无非就是现在，其他所有情况同此。

哲学家：你说在运动中能找到的无非就是静止，这是什么意思？

平信徒：运动无非就是从某种状态过渡到另一种状态（因为一个事物如果保持一种状态不变，它是不会运动的），那么在运动中能找到的无非就是静止。运动也就是离开某种状态。因此事物才从一种状态运行到另一种状态中去。这样看来，运动无非就是从一种静止状态过渡到另一种静止状态，这样运动无非就是排列好了的静止，或者换种更好的说法，无非就是成行地排列好了的一些静止状态。然而重视了内包及其外展的人却会从这里得到精神上的巨大收获，主要原因在于，一切内包都是那种无穷单纯性的内包的一些形象，而且它们不是那种内包的外展，而是它们的形象，还在于，它们服从于必然的结合。作为那种无穷单纯性的内包的最高形象的精神，在其力量本身中包含了这种内包的能力，因而它也就是表现那种结合的必然性的地方和真正位置；因为在真正意义上存在的东西，是摆脱了物质的易变性的，而且它不是物质性的，而是精神性的；然而我认为就此多说无益。

演说家：就此说说，即便重复了，也绝非无益，因为经常说一说那从不可能完全被表达出来的东西，是很有用的。

哲学家：我感到惊讶的是，精神（mens）如你所说的那般从度量（mensurare）得名，它居然如此渴求度量各种事物。

265

平信徒：这是为了得到它自己的尺度（Maß）；因为精神是活跃的尺度，这尺度是通过度量其他事物而得以充实其自身的。因为它做这一切都是为了认识它自身；然而如果说它在万物中寻求它自身的尺度，它却只能在那万物合一的地方找到它；真理也在那里具有了精神的准确规定性，因为那里有着精神真正的原型。

哲学家：那么下面这一点是何以可能的，即精神使得自身成了极为不同的各种事物的真正尺度？

平信徒：就在和"绝对面容"使自身成为一切个别面容的尺度相同的意义上。就是说，如果你考虑到，精神是某种确定的绝对尺度，它既不能变大也不能变小，因为那样算起来也不能得到某种量上的大小，如果你考虑到，它是活跃的尺度，这样它就通过其自身来度量自身（正如一个活跃的圆通过其自身来度量一样），那你就把握住了，为什么它使自身成了万物的概念、尺度和原型——这样它就在万物中找到自身了。

哲学家：我在下面这一点上看出了与圆的等同性，即后者就其是一个圆而言，是没有任何特定大小的，然而为了使自身同化于具有特定大小的东西，它却可以被放大和缩小。然而这样精神就同化于各种类型的存在了吗？

平信徒：的确，同化于所有类型。它按照潜能塑造自身，以便以潜能的方式度量万物，它又按照绝对必然性塑造自身，这样它就可以按统一性和单纯性的方式度量万物了（就像上帝做的那样），它还按照结合的必然性塑造自身，这样就可以度量万物的特殊性了；最终它按照特定的潜能塑造自身，这样就可以度量万物的实存了。然而它还以象征的方式通过比喻来衡量，正如它利用数和各种几何图形的时候，以及用它们来打比方的时候所做的那样。因此在敏锐的考察者看来，精神呈现的是无穷等同性（Gleichheit）的那种活跃而非连续的类似性。

第十章

真理是在多和大小中被把握住的。

哲学家：因为我明天不得不启程，但愿大家不要为将对话延续到晚上而恼火，我最好的朋友，这样我便可以一直与你相伴而从中获益。那么请为我解释一下波埃修这位博学多识之士的一句格言，解释一下当他说下面这句话的时候，指的是什么意思，即要抓住万物，都得基于多样性和大小。

平信徒：我相信，他之所以有这样的意思，是因为他将多样性（Vielheit）归结为区分（Unterscheidung），将大小（Größe）归结为全体了。因为那样一个人是正确地抓住了一个事物的真理的，他将这个事物与其他全部事物区别开来，也抓住了事物的整全性（无论多于或少于这种整全性，那个事物都再不能作为一个整体而存在了）。因为在几何学中，研究（Untersuchung）是如此这般规定三角形的整全性的，即三角形既不能超出这种规定，也不能落后于它。在天文学中，研究规定了各种运动的整全性以及这种整全性的个别表现形式。通过大小概念，人们达到了各种事物的整全性的界限和尺度，正如通过数的概念，人们达到了对各种事物的区分。因而数的力量在于，将无规则的杂凑与共同的东西分离开来。在类似的意义上，它的目的在于将事物身上共同的东西总结出来。然而大小则有助于它将各种事物的整全性把握为它们的界限与尺度。

哲学家：如果说大小抓住了万物的整全性，也将整全性与万物区别开来，那么如果人们并不能了解一切，就什么都不能了解了吗?

平信徒: 你说得有道理。因为如果整体不被了解, 就没有任何部分被了解。因为是整体在度量部分。也就是说, 当我一部分一部分小心翼翼地从木头中切削出一把勺子时, 我看到的是整体, 并使这整体适应部分, 这样我就制作出一把比例匀称的勺子了; 这样看来, 我在精神中想象出来的那整把勺子便是我在制作某个部分的时候所看到的原型, 而且只有每个部分都在秩序安排中与整体保持适当的尺度比例时, 我才能制作一把完美的勺子。一个部分在与另一个部分比较时, 必须按照同样的方式保持其整全性。因此关于整体及其各部分的科学必定先于关于一个个事物的科学。因此如果人们完全不了解那位作为全体之原型的上帝, 也就根本不了解大全; 而且很明显, 如果人们根本不了解大全, 也就根本不可能了解它的各个部分。这样看来, 关于"上帝与万物"的科学便先于一切科学。

哲学家: 然而还是请你讲一讲, 为什么人们说如果没有四种基本科学, 就没人能进行哲学思考?

平信徒: 理由已经说过了。原因在于, 既然在算术和音乐中探讨了各种数的意义, 有了那种意义, 才能区别各种事物, 而在几何学和天文学中则有关于大小的学说, 对各种事物的整全性的一切把握都源自那种学说, 那么如果没有四种基本科学, 就没有人能进行哲学思考。

269 哲学家: 如果他本想说, 一切存在的东西都是大小或多样性, 那我会很惊讶的。

平信徒: 我相信他也根本没有这样想过。然而一切存在的东西倒是在某种意义上服从于大小和多样性了, 因为万物的显现全都基于后者或前者。大小进行限定, 多样性进行分离。因此限定和包含了整个存在的一种规定，便有它大小方面的含义，并归属于大小，而这类规定的显现也必然依照大小而发生，然而划分及其显现却基于多样性。即便三段论证明，也基于大小和多样性。这就是说，就从两个陈述中产生出另一个陈述而言，这已经在运用多样性了；然而就从普遍东西和特殊东西出发进行推理而言，这已经在运用大小了。如果有更多的闲暇，就可以弄清楚量、质和其他那些产生了对万物的认识的范畴是如何源自多样性的。因为看清这事如何发生，是很难的。

第十一章

上帝中的一切都在三位一体中，我们精神中的一切也与此类似。我们的精神是由不同的把握方式聚合而成的。

哲学家：你在前面已经隐约谈过上帝的三位一体和精神的三位一体。然而还请说明一下，上帝中的一切何以在三位一体中，我们精神中的一切又何以与此类似。

平信徒：你们哲学家还宣称，十个主要的范畴①就包含了万物。

哲学家：这是毫无疑问的。

平信徒：如果你将它们看作现实存在着的，那它们就相互分离了吗？

哲学家：是的。

平信徒：然而如果你考察一下它们在进入存在之前未曾分离的状态，它们除了是永恒性之外，还能是什么？因为每一种分离

---

① 可能指亚里士多德的十范畴。——译者注

都以某种结合为先导。那么那些范畴在发生任何分离之前必然是一体的和合一的，而先于任何分离的那种结合则是处在最单纯状态的永恒中，那就是上帝。那么由于人们必然将完满性归于上帝，而什么都不缺乏的东西便是完满的，我就要说，万物之全体便基于上帝所是的那种成全状态。然而最高的完满就得是单纯的和一体的，没有他异性和差异性；因此万物在上帝中合一。

271

哲学家：这真是个清楚又漂亮的证明！然而还请说明一下，万物在多大程度上就在三位一体中。

平信徒：在其他一些地方可能是要探讨这一点的，这样就能把事情说得更清楚些；既然我决定尽力满足你对我的请求，那就考虑考虑下面的问题。我们说，万物自永恒以来都在上帝中。那就考察一下时间中万物的全体。你没看到吗，既然只有可能的东西才能生成，那么这个全体自永恒以来都是可能的？

哲学家：我附议。

平信徒：那么你是在精神中把握万物的生成能力（Werden-Kön-nen）了？

哲学家：你说的有道理。

平信徒：而如果万物能生成，那么在它们存在之前，也就必然有一种造就能力（Bewirken-Können）了？

哲学家：是这样。

平信徒：那就很清楚了，在万物的全体于时间中出现之前，万物都处在这种造就能力中？

哲学家：这我看清了。

平信徒：难道生成能力和造就能力这两者的某种结合不是必定发生了吗（由此万物的全体才存在了，那全体你从今往后是以你的精神之眼，看到它的绝对生成能力和它的绝对活动能力

[Tun-Können] 的)？因为否则的话，能生成的东西是永远不能被能造就它的东西产生出来的。

哲学家：你说的完全有道理。

平信徒：这样你就看到了，在事物的一切时间性实存（zeitlichen Existenz）之前，万物都先行结合着，这种结合出自绝对的生成能力和绝对的活动能力。然而这三种绝对状态都是先于时间的，都是单纯的永恒。这样你就看到，万物在单纯的永恒中都是三重的。

哲学家：完美。

平信徒：那么要注意，绝对的生成能力、绝对的造就能力和绝对的结合在何种意义上只是一个无限绝对的东西，也只是一种神性。而照次序来看，生成能力要早于造就能力，因为一切造就都预设了生成能力，而造就能力则是从生成能力中得到它所具有的东西的，即得到造就的可能性。而从这两者便产生了那种结合。然而由于照次序来看，生成能力是在先的，统一性就被归于这种能力，等同性（Gleichheit）就被归于造就能力，而等同性则预设了统一性，而从这二者则产生了结合。如果你觉得这里讲的有道理，那么对于这个问题，说这么多就够了。

哲学家：再补充一点，即上帝作为三重而又合一的，是否进行认识。

平信徒：永恒精神认识万物的统一性，认识统一性的等同性，以及这二者的结合。上帝如何会在永恒中，在没有一切相续（Succession），没有存在性（Seinheit），也没有存在性的等同性（Gleichheit der Seinsheit）以及这两者的结合的情况下进行认识？而这就是统一性中的三位一体①，情况并不是，上帝在质料的意义上预设了某种东西，并且像我们一样在相续的意义上进行认识。由于他的认识就是它的存在性，那么他的认识毋宁必然处在三位一体中。

哲学家：如果上帝的情形如此，那我就理解了我们的精神中在它的那种意义上的情形了。

平信徒：一切隶属于某种本原之下的东西，在其自身都一定与那本原有着某种等同性，因而我认为万物中都一定有三位一体在实体的统一性方面被发现，而且那三位一体与永恒本原的（真正的）三位一体和统一性相类同。因而在隶属于那本原之下的万物中，必然有某种生成能力被发现，它源自统一性或绝对存在性的那种无穷的力量；必然有某种造就能力被发现，它源自等同性的那种无穷力量；也必然有这双方的某种结合被发现，它源自绝对结合的那种力量。因此我们的精神作为永恒精神的一种形象，便到永恒精神中追寻它自身的尺度，正如等同性追寻真理。我们的精神本身就其是上帝精神的某种类同物而言，是要被视作某种高等力量的，在这种力量中，潜在的被同化、潜在的同化和这两者在存在性中的结合就是同一个东西。因此我们的精神只有当其作为三位一体中的一个而言，才进行认识，正如上帝的精神也会做的那样。也就是说，最初当它运行起来以求达到认识时，它便预设了与生成能力、与质料类似的某种东西，它还为这种东西补充与造就能力，亦即与形式类似的某种东西，然后他还以与二者的结合类似的方式进行认识。然而如果它在质料的意义上进行把握，它就构造各个种类（Gattungen）；如果它在形式的意义上进行把握，它就构造各种特殊的区分；如果它在聚合者的意义上进行

---

① 指存在性、等同性以及二者的结合。——译者注

把握，它就构造各个类型（Arten）和个体。这样一来，当它依照特殊的性状进行认识时，它也就构造各种特质；然而当它依照那些偶然的特质进行认识时，它就创造各种偶性（Accidentien）。然而它只在预设了某种特定的质料和另一种形式时才认识万物，或者说它依照聚合者的方式将这两者结合起来。然而在这个序列中（正如我说过的，在这个序列中有某种东西依照质料和形式的方式被预设下来了），你看到了，我们的精神是如何在与永恒精神类似的意义上进行认识的。因为永恒精神在没有相续的情况下同时认识一切，也在每一个事物中使用了每一种认识方式。然而相续是从永恒那里下降，相续是永恒的形象与类同物。因而精神只有在与身体（身体本身服从于相续）合一时才以相续的方式进行认识。此事要慎重考虑，因为一切就其在我们的精神中而言，也在同样的意义上处在质料、形式和聚合物之中了。

哲学家：你说得太有吸引力了；然而你最后建议加以重视的东西，还请为我讲明一些。

平信徒：乐意效劳。比如可以考察一下我们称作生物的那种本性。精神有时将这种本性视作种类，视作动物性，那时它认为生物的本性仿佛是混乱而缺乏形式的，在质料的意义上看待它；有时它又依照形式看待它；有时又依照由那种类概念和附加于该概念的那些特殊差别聚合而成的东西看待它，那时我们就将某种结合归于那个对象（就其在精神中而言），这就使得那质料与那形式，或者换种更好的说法，与质料和形式的那种等同性，和那在聚合者意义上被看待的东西，成了同一个概念和同一个实体。那么我（当我将动物性看作质料，而将人性看作出现于这质料上的形式，进一步再考察两者的结合）便要就那质料、那形式和那结合说，它们构成了同一个实体。或者（当我将颜料看作质料，而将白看作出现于这质料上的形式，进一步再考察两者的结合）我会说，那质料、那形式和二者的结合是同一种偶性；所有（其他范畴）的情形也是如此。下面这一点也不会令你惊讶莫名，即如果精神将它的十个最普遍的范畴设定为最初的本原，那十个范畴就不会有仿佛能作为质料而被当作它们的基础的任何共同范畴了。因为精神可以在质料的意义上看待某种事物；它也能在加于这质料上的形式的意义上看待同一个事物，同样也可以在聚合物的意义上看待，这就像——比如说——它将可能性看作实体或看作那十个范畴中的另外任何一个一样，因为人们很有理由说，质料，存在的可能性，是实体或偶性。这样精神就将同一个东西看作加于如其本然的质料之上的形式，也可以看到它作为一个聚合物的样子，这聚合物或者是实体，或者是那十个范畴中的另外任何一个，这样一来，所有的这三种考察方式都是同一个最高的普遍者。因而在各种事物的那个处在精神之中的全体中，万物都在与处在永恒精神中相同的意义上，处在三重性中，也处在三位一体中。

哲学家：这样说来，那十个范畴仅仅在精神的考察中才有这些类型的存在？

平信徒：是的；因为如果我们就它们说，它们是在形式的意义上或在聚合物的意义上被思考的，那么这话并不适用于它们自在存在的样子，而适用于它们在精神中存在的样子。落于这些范畴中的东西，便在存在的那些意义上被考察了；然而细思之下，它们在其自身而言，却是不可能在精神之外在形式的或聚合者的意义上存在的。如果你注意到下面这一点，这就很清楚了：比如说，质就其自身而言，是不可被刻画为偶性的，这个名称仅仅适用于那属于质的东西。这样，或许人们也不能就存在于精神中的、涉及那些种类的规定说，它是在质料的意义上被看待的；因为这种规定在另一个观点下来看，恰恰也是一种个体性规定。因而我们会说，它在其自身或许并不是在质料的意义上被看待，而是仅仅在居于它之上的东西中被看待的。

哲学家：我很满意；然而还是请你为我指明，依照你说过的意思，现实存在的东西是何以存在于三位一体中的。

平信徒：如果你注意到下面这一点的话，这你是很容易弄明白的，即万物就其现实存在着而言，既在质料中，也在形式中，还在结合中存在。比如我们谈论我们称作"人性"的那种本性，那么就它被理解成人类存在的可能性（die Möglichkeit des Mensch-Seins）而言，它就是质料；如果它被理解成（现实的）人类存在，那么它就是形式；然而如果就它是人而言，它就是由这两者结合而成的某种东西，这就使得人类存在的可能性、形式和由这两者聚合而成的东西是同一个东西，它们只构成了唯一的实体。在同样的意义上，我们用"白"这个词来刻画的那种自然特性，就其是成为白色的可能性而言，也是质料；然而同一个自然特性如果在另一个意义上被看待，就是形式；然而它同时也是由这两者聚合而成的东西，原因在于那质料、那形式和那由两者聚合而成的东西都归于同一种自然性质。

哲学家：既然存在在质料中是可能的存在，而可能的存在又不是现实的，那么现实存在者如何能在质料中存在呢？

平信徒：这一点你不必困惑，因为你可以把握它而不陷入矛盾。原因在于，我并不是那样理解现实存在的，即它就像在质料中那样，与存在相矛盾；它毋宁要理解成那样，即万物就其现实存在而言（亦即在这里，在这些地方和在这些事物上），便在质料中存在。比如在蜡中便有成为蜡烛的可能性，在铜中便有成为盆的可能性。

哲学家：还请再补充说句话！人们为什么说那不可分的三位一体是一体的？

平信徒：人们是这样说上帝的，因为他是起联合作用的统一性，那统一性是真正的实体；对于其他事物，则是由于那样一种本性的统一性才这样说，那种本性仿佛是作为真正意义上的实体而起联合作用的那个统一性的某种形象。

哲学家：如果人们以"一体"这个谓词来论说统一性与等同性，他们是从什么观点出发才这样做的？

平信徒：由于实体的统一性。

哲学家：然而如果我们的神学家在将统一性设定为圣父，将等同性设定为圣子，将结合设定为圣灵时，说了这样的话，那么圣父何以是一个，圣子也是一个，这一点又该如何解释？

平信徒：通过位格（Person）的个别性，也就是说，在一个上帝实体（Substanz）中说出了三个个别位格，正如我们在其他时候小心翼翼地希望事情发生的那样。

哲学家：这样我就理解了你先前说的话，然而还请说一说，你是否愿意被理解成那样的意思，即我们的精神是由那几种（认识）类型聚合而成的？如果我们的精神是实体，那些类型就成了这实体的一些实质性部分。你说一说，你是不是这个意思。

平信徒：柏拉图主张过，精神是由可分的实体和不可分的实体聚合而成的，因为他就像你上面说的那样，从他的那种把握方式中得出了这一点。那么如果精神在形式的意义上被把握，那么他就将某个事物认作不可分的；因为在形式的意义上被认识的某个事物，就是以不可分的方式被把握的。因此我们实质上便不能谈论各种人性，而只能谈论各种人了。那么这样一个对象如果在质料的或聚合物的意义上被认识，就被当作可分的了。然而我们的精神是一种把握能力，而且是由所有把握能力聚合而成的一种虚构的整体。然而由于它的每一个（认识）类型都是它的一个实质性部分，那么整个精神也是一种把握能力。然而照我看来，那些类型的把握何以成为被称作精神的那种把握能力的一些实质性部分，这是很难理解的。原因在于，既然精神在这种或那种意义上被认识，作为它的各部分的种种认识能力就绝非它的偶性；然而它们何以成为一些实质性部分和精神本身，这却很难说清楚，也很难加以认识。

哲学家：在这个艰难的问题上请再稍稍帮助一下我，我最优秀的平信徒！

平信徒：精神就其是能力而言，在如下意义上产生于认识、推理、想象和感觉的能力，即它本身作为整体，可以叫作认识能力、推理能力、想象能力和感觉能力；因此它产生于这些能力，仿佛像是产生于它的各种要素，而且精神以其自己的方式在万物中认识万物（erkennt alles in allem）。并且正如一切就其现实存在着而言，在各种感官中仿佛被叠合起来，也没有分离，而在理智中却分离开了，这样看来，在万物（就其现实存在且在精神中存在而言）的存在方式之间就有某种完全清楚的等同性。因为我们的感觉能力是精神的某种能力，因而也是精神，正如一条线的一部分也是线一样。因为大小自身在质料之外来看，可以作为你所追问的东西的一个适当而充分的例子。因为我就大小的某个部分可以说的意思，也适用于整个大小（正如一条线的部分本身又是线），这样部分和整体就具有了同样的本质性。

哲学家：既然精神还是一个，那么它何以具有这些各不相同的把握能力？

平信徒：它是从统一性那里得到这些能力的。因为它在质料

281

的或聚合物的意义上认作普遍者的东西，它便理解为起着结合作用的统一性；它认作个别之物的东西，它便在作为独一性的统一性的意义上具有；它依照形式加以认识的东西，它便在作为不变性的统一性的意义上具有；因此它是从统一性那里得来它分开加以认识的东西的，因为分割源自统一性。

第十二章

并非所有人中都只有一种理性。——分离的各种精神，其数量我们不知其详，上帝是知道的。

哲学家： 我还想听听你对某些问题的看法。一些逍遥派学者说，在所有人中只存在一种理性。其他人，比如一些柏拉图主义者说，不止存在一种理性的灵魂（ vernünftige Seele ），而是我们的灵魂全都具有同样的实体，因为存在着一种世界灵魂，如他们所说，这种世界灵魂包含了我们所有人的灵魂，然而我们的灵魂是通过数区别开来的，因为它们有着不同的作用方式；可是他们说，在死后这些灵魂便都消散于世界灵魂中了。你对这一点有何评论，还请为我说明!

平信徒： 我的主张是，精神是理性，然而所有人中怎么会只有一种精神，这我是不理解的。因为如果精神应当完成它的使命，鉴于此人们便说它是灵魂，那么它为此便需要一种与那相应地归属于它的那个身体相适应的特质，而且这种特质只在一个身体中被发现，根本不在别的任何身体中。因而正如一种尺度比例的同一性永远不能以多样化的方式被设定，精神的同一性也永远不能，精神如果没有了合适的尺度比例，就永远不能使身体生机勃勃。

正如你的眼睛的视力永远不能变成其他任何人的视觉，即便它与你的眼睛分离而被合并到另外一只眼中时，也是如此，因为它在你的眼中找到的那种尺度比例，它在另一只眼中是找不到的；你的视觉所固有的那种区分力，也不可能是另一个人眼中固有的那种区分力；作为区分能力而存在于某个主体中的理性，也不可能与另一个人的区分能力中含有的理性相重合。因此我也相信，绝不可能所有人中只有一种理性。然而正如从前面所说的来看很清楚的，如果质料的多样性被消除，数明显也被消除了，而且在身体之外的精神的本性脱离了一切质料，或许因此柏拉图主义者才说，我们的灵魂会消散于某个包括了我们所有人的灵魂的共同灵魂中。可是我认为这个推理不正确，因为在消除了差异之后，虽然我们再也把握不住数中的任何多样化了，各种事物的那种基于上帝精神的数的多样性却并未因此而停止。因而关于各种分离的实体，既不能说它们对于我们而言有某种数，也不能说它们没有任何数：因为它们的数对于我们而言是不可计量的。因为那数既不是直的也不是曲的，既不是大的也不是小的，而且在任何地方都不与我们所能计量的数相一致。因此这里的情况就像是，当某个人听到一大群人中发出的一声大喊，然而这人并不知道喊声来自一群人。那么很明显，在他听到的喊声中，每个人的声音都是特殊而有别的，然而他在听到的时候却根本无法判断声音的总数。因此他判断说，只有一声喊叫，因为他根本无从掌握声音的数量。或者当一个房间里有许多蜡烛燃起，那房间也被这些蜡烛照亮时，那么每一支蜡烛的光总是与另一支的光不同的。如果它们一支接一支被拿出去，我们就留意到这一点了，因为当每一支蜡烛被拿出去，其照亮的能力也一同而去，此时房间里的亮光就减少了。那么人们就想，是房间里燃着的蜡烛被灭了，而照亮的能力还是

283

保留着，而且以为当某人走进被照亮的房间时，尽管看见房间里的光亮，还是根本不能将许多光分开，如果他不知道光来自于那被灭掉的蜡烛①，他甚至永远不能认识到那里有许多的光。而即便当他知道了这一点，亦即知道那里有许多蜡烛，他还是永远不能依照蜡烛的数量将一种光与另一种区别开来。你还可以为其他感官举出一些这类例子，并从这些例子澄清下面这种情形是何以可能的，即对于我们而言，即便知道有很多东西存在，还是不能在数量上做出什么区分。然而谁若是注意到，有一些自然事物脱离了我们还可以在某种意义上认出的某种质料的一切杂多性，然而就那唯一在无穷的和单纯的意义上绝对的上帝而言，却根本没有脱离一切易变性（原因在于它们还是可能被上帝改变和消灭，因为只有上帝才在本性上是不朽的），那么他就会看到，没有任何造物能脱离上帝精神定下的数。

第十三章

285　　柏拉图称作世界灵魂（Weltseele）和亚里士多德称作本性的东西，就是那位在万物中造就万物（alles in allem wirkt）和在我们中创造了精神的上帝。

哲学家：这一点说得够多了。关于世界灵魂，你有什么说的?

平信徒：时间不允许面面俱到地说了。依照我的看法，柏拉图刻画为世界灵魂的，就是亚里士多德称作本性的东西。然而我猜测，那灵魂和那本性无非就是那位在万物中造就万物、我们称

———————

① 指减少的那部分光亮来自被灭掉的蜡烛。——译者注

之为万物的精神的上帝。

哲学家：柏拉图说过，那灵魂牢不可破地包含着各种事物的原型，并且推动万物。亚里士多德称本性为理性的和推动万物的。

平信徒：或许柏拉图想说的是，世界灵魂仿佛一个奴仆的灵魂，他了解他主人的意思，并实现他主人的意志。这种知识他称作理念或原型，它们永远不会因为遗忘而彻底黯淡，因为神圣天意得到了实行。而柏拉图刻画为世界灵魂的知识（Wissen der Welt-seele）的东西，亚里士多德则称之为本性的智慧，那本性有着实行上帝命令的智慧。因此他们便将结合的必然性归于那灵魂或那本性，因为它们注定了必然会按照绝对必然性所命令的方式行动。然而如果我们的精神将上帝理解成建筑师的手艺，有另一种执行性的手艺服从于这种手艺，为的是使上帝的思想得到实现，那么这只是一种澄清自己的意思的方式。原因在于，既然万物都必然遵从全能者的意志，这种意志就不需要另一种实行它的意志；因为意愿（Wollen）和造就（Wirken）这两者与全能（Allmacht）是不相干的。这正如当一个玻璃吹制工在制作玻璃的时候，他就往里吹气，用来实行他的意志，而这气息（*spiritus*）中就有他的言语、他的概念和他的力量。倘若玻璃吹制工的力量和概念不在他送出的那股气息中，就绝不会有这类玻璃产生出来。那么你想象一下能自顾自存在的那种绝对的创世者技艺，你会发现这里就有艺术家的技艺和学问家的学问。这种技艺在其存在中必然包含着全能，这样就没有任何事物能抵挡得住它；它是智慧，它了解它所造就的东西，它还是全能与智慧的结合，这样它所想要的东西就得以生成了。因为在自身中包含了赋予生机的那种精神的智慧与全能的那种结合，仿佛就是意志与渴望。因为不可能的东西和完全不知道的东西便不被渴求：因而知识和全能乃是最完满的意志所固

287 有的，而且那意志被比作气息（*spiritus*），这是由于如果没有那赋予生机的气息，便不可能有任何运动，这甚至使得人们将风中引起运动的东西和其他各处的这类东西也称作气息。然而所有艺术家都是通过运动造就他们所希望的东西的。因此，作为绝对而无穷的技艺的那种创世技艺的力量，或者万福的上帝，便在精神和意志中造就万物；圣子的智慧和圣父的全能都在那精神和意志中，这样他的作品便具有了完整的三位一体。柏拉图主义者不了解这种结合、这种精神或意志，他们并不将这种精神理解成上帝，而是理解成被上帝设定的某种东西，因而他们相信，世界灵魂赋予世界生机，正如我们那进行认识的灵魂赋予身体生机。逍遥派学者也不了解那种精神，他们将这种力量理解成各种事物所固有的本性，而且是静止和运动的本原，而那种精神却是绝对精神，它在永恒中享有万福。

演说家：听到如此明如白昼的一种阐发，我多么高兴！然而还请拿一个例子来支援我们，这样我们就可以理解我们的精神在我们的这个身体中的创造了！

平信徒：先前你已经听我论述过这个要点了；但既然有许多例子可以使那不可表达的东西更明白一些，我愿意遂你心愿。你还是知道的，我们的精神是一种力量，因为你看到了我们谈过的那种上帝技艺的一个形象。因此在最高真理中，绝对技艺所固有的一切，都是作为一个形象的我们的精神所固有的。这样一来，精神就是被创造的技艺创造出来的，仿佛那技艺也想创造其自身。现在看来，因为无穷的技艺不能容忍任何多样化，就必定会有某个形象由它产生，仿佛一位画家想描绘他自身。原因在于，既然它自身不能被多样化，当它描绘自身的时候，他的形象就必然产生。而且既然一个可能极其完满的形象永远不会绝对完满（因为它不可能比原件本身更完满和更类似），那么它便是作为一种不完满的形象产生的，然而那个形象还是有可能越来越同化于那不可到达的原型的，没有任何界限。因为形象恰恰是在这种意义上模仿无限性的，这样它就可以越来越接近无限性。比如说，如果一位画家画了两幅肖像，其中一幅没有生气，看起来却更像本人，另一幅不那么相像，却生机勃勃，也就是说，那幅肖像被它的对象带动，可以越来越同化于那个对象，那么每个人都会说第二幅更完满，因为它模仿画家的技艺更多。这样看来，每一种精神，包括我们自己的精神，即便它在禀赋上不如其他精神，也尽其所能地成为那无穷技艺的完满而活跃的形象了。因此它是三位一体的，又是一个，因为它具有力量、智慧以及二者的结合，而且这样便显得是那技艺的一种完满的形象了，因为它运行起来之后，就能越来越同化于原型。这样我们的精神即便在开始创造时，在其自身的三重性和一体性中没有表现出对创造性技艺的任何反映，然而在自身内却有它天生的那种力量，在那种力量的促动之下，它便越来越同化于上帝技艺的实现了。因此在它的存在的统一性中就有力量、智慧和意志，而在它的存在性中，学说和教导者就像在无穷技艺的一个活生生的形象中那样叠合起来，那形象在被促动起来之后，就能无边无界地越来越同化于上帝的现实，虽说对于它而言，无穷技艺的准确规定性愈发远离而不可达到了。

演说家：绝妙之语，极其清晰。然而你还是说明一下，在创世的时候精神是如何被送入身体中的！

平信徒：你已经听我说过一次这件事情了；现在就在另一个例子中再听一遍同样的意思吧。

他拿起一个玻璃杯，又在拇指和食指间夹起一个摆棍，使它向下，又拿那个摆棍碰玻璃杯，发出了一次声响；由于声响持续

289

了一段时间，他打碎了玻璃杯，声响就停止了。就此他说：

平信徒： 在玻璃杯中，由于我拿摆棍触碰，就产生了某种力量，那种力量推动玻璃杯；由此产生了一次声响。现在看来，由于玻璃杯的尺度比例被毁坏了（声响便基于这种尺度比例，而且是依照运动），在那里运动就停止了，而在同样的意义上，随着运动的停止，声响也停止了。然而现在如果那力量（它并不取决于玻璃杯）没有停止，也能在没有玻璃杯的情况下持存，那么你在那里就得到了一个例子，表明那种力量是如何在我们内部被创造的；那力量能造就运动与和声，它又随着尺度比例的消解而停止造就它们，但那力量因此并未停止存在。如果——比如说——我在一架齐特琴上教你演奏齐特琴的技艺，这种技艺尽管被转用到一架特定的齐特琴上，却并不依赖于这架琴——而如果齐特琴毁了，你演奏齐特琴的技艺是不会毁的，即便在整个世界上都找不到一架适合于你的齐特琴，也是如此。

第十四章

人们说，精神是从行星之上的银河来到身体中的，也会回到那里去。——接着谈到各种圣洁精神的概念的不可毁坏性，谈到我们的精神的虚弱性。

哲学家： 对于罕见的和感性知觉达不到的那些事物，你给出了一些最简洁和最漂亮的例子。既然日落将近，这就不允许我们逗留更久了，还是请你为我说明，哲学家们想说的是什么，他们宣称：我们的灵魂通过那些行星，从银河降到身体中，又沿着同样的道路回到银河中去。我还想知道，为什么亚里士多德要描述

291

我们的灵魂的力量时，便从知性开始探讨，因为他说过，灵魂从知性攀升到科学，从科学攀升到理智直观（intelligiblen Schau）。而柏拉图由于将理智直观设定为原初要素，却在相反的方向上教导说，理智直观通过退化，变为科学或理性，理性则通过退化，成为单纯的知性。

平信徒：我不了解他们的著作。然而或许谈论过灵魂的下降和上升的那前一批人要说的，正是柏拉图和亚里士多德所说的。也就是说，柏拉图在瞥见创世者的形象（那形象在精神同化于上帝的那种单纯性时，最是居于理智直观的领域中）时，看到了精神的原初要素和实体，他说这原初要素和实体在人死后还存留着。在理性的本性的秩序中，那实体居于前列；然而当那实体脱离上帝的那种单纯性（在其中万物合为一体），又想在自身中直观万物（正如每一个事物都具有与别的事物不同而为它所特有的存在性）时，它就退化为理性了。然后当精神凭借知性的某种运动，不是考察事物在其本身的情形，而是考察形式在易变的质料中的情形，精神还会进一步退化；因为形式在那里不再具有真理，而是转变为某种形象了。然而那位考察万物如何归属于通过知性的某种运动而被设定下来的语词含义（Wortbedeutung）之下的亚里士多德，却把知性弄成了要素，他或许还想说，知性借助某种讨论语词含义的科学，攀升到理性，然后达到最高点，直至达到理智直观。因此他将知性设定为向理性攀升的要素，而柏拉图则把理智直观设定成向知性下降的要素。这样看来，他们的学说的差异仅仅在于考察的方式不同。

哲学家：可能是这样。然而还请为我说明，所有哲学家的那个命题，即认识产生于实体与各种偶性，在多大程度上切合于对上帝以及最初质料（der ersten Materie）的认识。

平信徒：对上帝的认识是认识的某种以存在为指向的扭曲（Umbiegung），因为上帝就是那并不存在者的存在（das Sein des Nichtseienden），亦即没有任何分划的情况下便被认识的东西。那种被扭曲的认识与人们对实体与偶性的认识类似，当然它是以另一种方式，即以扭曲的方式进行的。因此对上帝的认识便是对实体与偶性的所有认识方式的汇总，然而它却是单纯的和唯一的。然而对最初质料的认识却是人们对形体的认识的某种扭曲。也就是说，当人们以非形体的方式——亦即在一切形体形式之外——认识形体时，人们认识的恰恰是形体的意义，然而在另一种意义上说，由于那意义是以非形体的方式被认识的，那无疑又是对质料的某种认识。

哲学家：你是相信，天体的那些精神是依照理性的各层级被创造出来的，而且有着不可毁灭的概念吗？

293 　　**平信徒**：我相信，有一类天使是理智性的，他们属于第一位阶，另一类天使属于理性，处在第二位阶，还有一类是第三位阶的，被归于知性之列。而在三个位阶的每一个中又有许多层级，总共有九个层级或九层圣坛。而由于我们的精神还处在这些精神的最低一级之下，然而高于形体本性的所有等级，这样看来我们的精神仿佛存在者的大全中的纽带，这样它就成了下面的那些本性的成全目标，也是更高的那些本性的起点。我还相信，位于形体之外而居于永恒宁静之中的那些圣洁的精神，它们的概念本身是不变的，也不会被忘记，这是由于永远以对象的方式立于它们对面的那种真理的在场，而且这还是理应欣赏到各种事物的原型的那些精神所得到的奖赏。而我们的精神由于是不定型的，常常忘了它们已知的东西，尽管它们还有它们天赋的那种能力，即重新认识那东西的能力。因为尽管没有形体，它们就不能受到促动，进展到理性，然而由于它们草率行事，离开那对象，转向多样与差异的东西，也转向形体的苦楚，它们就失去了它们的概念。因为我们在这个变化不定的世界里达到的那些概念，受制于易变的世界的种种条件，也就不是固定的了。也就是说，它们就像经院主义者和那些才刚开始取得进步的学生们的概念，而且还没有被推引到那个学说的终点。然而如果精神出离易变的世界，攀升到不变的世界中，这里获得的这些概念也会按照同样的方式达到那不变的学说。也就是说，如果那些分离的概念进入那完美的学说中，它们在那无所不包的学说中就不会再变动了——它们过去在分离状态下还是流变而不稳定的。这样看来，我们在这个世界里是学徒，在那个世界里却是大师。

第十五章

我们的精神是不朽的和不逝的。

哲学家：还有一桩事，你说说你对精神的不朽的看法吧，这样我今天在精神的本性这个问题上就得到了尽可能多的教导，我特别高兴在如此之多的问题上增广见闻了。

平信徒：谁若是将理智之物设定为达成理性下降的要素，他便是以此在主张，精神绝不依赖于形体；谁若是将知性设定为达成理性下降的要素，而将理智之物设定为知性的终结，他便是承认了，精神绝不是形体的基础。我却毫不迟疑地主张，任何有些智慧火花的人都无法否认的是，精神是不朽的，正如我在另一个地方就此阐明过我那时想到的东西那样。因为如果某个人认为精神的观看能达到那不变的东西，认为通过精神的力量，各种形式脱离了易变性，又被送回到不变性和必然结合的领域了，那么他提出如下主张而不必迟疑，即精神的本性脱离了一切易变性。因为它将一切摆脱了易变性的东西都吸引到自身这里来了。这样看来，各种几何图形的那种不变的真理并不处在（它被刻画时依据的）那个基础上，而在精神中。灵魂如果通过各种感官进行探究，那么它发现的东西就是易变的；如果它反过来通过它自身进行探究，那么它发现的东西就是稳定的、清晰的、透明的和坚固的；因为那时它关注的就不是它通过感官而接近的、易变事物的那种本性，而是它在自身中发现的那种不变的事物。这样一来，基于数的本性就能适当地澄清对不朽的证明了。原因在于，既然活跃的数，即计数的数（die zählende Zahl）和每个个别数（einzelne Zahl）在其自身都是不逝的，而且仅仅就它们在易变的质料中被考察而言才显得是易变的，那么我们精神中的数就不可被理解为易逝的。然而这种数的原型如何能显得是易逝的呢？也没有任何数能在任何时候耗尽精神的计数能力。现在看来，由于天体的运动是由精神来计数的，而时间又是运动的尺度，那么时间就不会毁灭精神的力量，精神反而会保持为一切可度量之物的界限、尺度和规定。人类精神创造出的那些度量天体运动的工具表明，不是运动在度量精神，而是精神在度量运动。因此精神在其合乎理性的运动中似乎内包了一切相继而起的运动。精神从自身中创造出一种判断活动，因而它也是运动的纯粹形式。现在看来，如果说有某种东西被消解了，那么这就是通过运动而发生的。然而运动的纯粹形式如何能被运动消解呢？还有，既然精神是合乎理性的生命，并推动自身，换句话说，既然它甚至还从自身中外展出那存在于认识中的、它自己的生命，它如何能不以永恒的方式活着呢？一种推动着自身的运动如何会衰减呢？因为精神具有某种与其结合在

一起的生命，通过这种生命它才能生生不息，正如一个球由于属
于它的圆而总是圆的。^①如果说精神就像数一样，是统一性和他异
性的相合，那么既然它具有的是与不可分的统一性相合的某种可
分性，它如何能成为可分的呢？如果说精神在其自身就包含了同
一之物和差异之物，而且通过分割和结合而进行认识，那么它如
何能被毁坏呢？如果说数是精神的认识形式（Erkenntnisform），而
且在计数的时候是外展和内包的相合，那么它如何能在某个时候
停止呢？那么那种在外展的同时进行内包的能力是永远不可能减
损的。然而很明显，精神就做到了这一点；因为谁在计数，他就
在外展了统一性能力（das Vermögen der Einheit）的同时，将数内
包在这种统一性中了。因为"十"是由十个一内包而成的统一性，
因此那个计数的人在外展的同时也内包了。精神是永恒的形象，
时间却是永恒的外展；然而一种外展总是要少于永恒的那种内包
的形象。然而谁如果留意精神天生就有的判断力（凭借这种判断力，
它才能超越一切知性概念进行判断），并注意到一切知性概念都源
自精神，他就看到了，没有任何知性概念能达到精神的那种尺度。
因而我们的精神是一切知性都不可度量、不可规定和不可界定的，
而能度量、界定和规定它的只有那非被造的精神，这正如真理度
量那从自身中、在自身中和通过自身被创造出来的活跃形象。然
而作为不朽真理的反映的那种形象如何会毁灭呢，如果真理本身
没有消除那在形象上中介过的反映的话？然而正如无穷真理不可
能因为是绝对的善，便减少那在形象上中介过的反映，它那形象
（这形象无非就是被它传播的那种反映）也永不可能停止；这样看
来，正如白日开始于太阳的照耀，只要太阳在照耀，白日也不可

297

---

① 指一个球的外围在每个方向上都是一个圆，这球就总是圆的。——译者注

能停止。今年引导无数人众去往罗马（这使你这位哲学家大为惊讶），又在世界上表现出最为不同的各种形式的那种传统宗教表明，我们在本性上就被赋予了我们的精神的那种不朽，这就使得我们通过所有人的普遍赞同，对我们精神的不朽感到确信，就像对我们人类的本性感到确信一样。原因在于，我们对于我们是人类这一点的知识，无非就是对于我们具有不朽精神的知识，因为所有人在这两点上的看法都是一致的。友好地接受一个平信徒说的这一点吧。如果说它不是你过去可以期待一位演说家说的那些事情，或许它可能就像辅助物一样可以引导你达到更高洞见。

演说家：我见证了这场崇高而最富吸引力的谈话，也一直惊叹于你那种就精神的本质展开精深研究的精神。而且现在我通过一个可靠的例子，完全确知精神就是万物的尺度。我要向你，我最优秀的平信徒，表达谢意，既是为我个人，也是为我带来的这位外地的哲学家，我希望他会满心安慰地离去。

哲学家：我相信自己还没有经历过比今天更幸福的日子；我不知道从中会生成什么。你，演说家，还有你，平信徒，由于你是一个具有最高理论天赋的人，我将永不熄灭的谢意归于你，并祈祷我们那些通过这场漫长的对话而满足了它们奇妙的渴望的精神，会有幸得到指引，去享用永恒的精神。

阿门。

8月23日结束于法布里亚诺①的瓦尔迪卡斯特（Val-di-Castor）。圣彼得大教堂红衣主教尼古拉②。

---

① 法布里亚诺（Fabriano），意大利地名。——译者注
② 指库萨本人，库萨全名为 Nicolaus von Cues。——译者注

术语译名表

A

Abbild　写照，摹本

Aberglauben　迷信

Abgrenzung　划界

Abstammung　衍生物

Abstufung　等级

Affekt　情感

Aggregat　集合

Ähnlichkeiten　类似性

Akt　活动

Aktivität, die　活动

Aktuierung　实现

All　万物，万有

Allgemeine, das　共相

allumfassend　无所不包的

Analogon　类比物

Anamnesis-Lehre　回忆说

Andersheit　他异性

Anders-Sein　别样－存在

angleichen　相仿

Ansatz　端倪

Anschauung　观点，见解，观察

An-Sich　自在形态

Ansicht　观点

Anstoß　推动力

Antinomie　二律背反

Antlitz　容貌

Aperçu　瞥见

Apriorismus　先天主义

assimilieren, sich　适应

Astrologie　占星术

Astronomie　天文学

Aszendent　上升星座

Aufstieg　上升

Ausdehnung, die　延展

Auseinandersetzung　争执

Aussage　陈述

Ausschluss　排斥

Ausstrahlung　流射

Autarkie　自足

Autonomie　自律

B

Bedingte, das　受限定者，受限者

Bedingung　条件

Begrenzte　限定物

Begriffsunterschiede　概念区分

Bescheidung　决断

Beseelung　赋灵

Besinnung　思索

Besonderung 分殊，分化
Bestimmbarkeit 可规定性
bestimmt 特定的
Bestimmtheit 确定性
Bestimmung 规定
Betrachtung 考察
Beurteilung 评判
bewegende Ursache, die 动力因
Beziehung 关系
Bezogenheit 关联性
Bild 形象，具象
Bindeglied 关联环节

C
Charakter 特征
Chiromantie 手相术
Chorismos 分离

D
Dasein 定在
Dämon 魔鬼
Daß 如是
Denken 思维
denkende Bewußtsein, das 思维意识
Denkbarkeit 可思议性
Determinismus 决定论
Dichtung 诗作
Diesseits 此岸
Differenz 差别
Dingwelt 物的世界
Diskretion 辨别力
Dreieinheit 三一性
Dualität 二元性
durchgängig 通盘的
Durchmessen 测量

E
Ebenblid 相像物
Ebenbildlichkeit 相像性
Eigenart 特质
Einfühlung 移情
Eingriff 干涉
Einheit 统一性
Einigung 合一
Einschränkung 限定
Einzigkeit 独一性
Ekstase 出位
Element 元素
Emanation 流溢
Empirie 经验
Empirisches 经验之物
Ende 目的
entfalten 展开
Entrückung 出神
Entscheidung 抉择
Entstehen 产生
Entwurf 构思
Erhebung 提升
Erkennen, das 认识
Erkenntnislehre, die 认识论
Erkenntniswillen 认知意志
Erleuchtung 启迪
Erlösung 救赎
Eros 爱欲
Erwägung 考量
Explizieren 外展
Existenz 存在，实存

F
Faktizität 事实性
Faktum 事实
fatum 天命

Folge　序列

Formel　公式

Formgebung　赋形方式

Formung　构形

Formwille　形式意志

Fortgang　进展

fortuna　命运，命运女神

Frömmigkeit　虔敬

G

Ganzheit　全体

Gattungsbegriffe　类概念

Gebiet　领域

Gedanke　思想

Gegensatz　对立

Geister　精灵；心灵

Geistige, das　精神性事物，精神的东西

Gerechtigkeit　正义

Geschaffene, das　被造物

Geschlossenheit　封闭性

Gesetz　规律

Gesetzlichkeit　规律性

Gesicht　面孔

Gestalt　形态

Gestaltung　塑形

gestalten　赋形

Gestirn　星辰

Glaubensvereinigung　信仰的联合

Gleichförmigkeit　均衡性

Grade　等级

Grenze　边界

Größte, das　极大 / 最大

Grund　根据

Grundanschauung　根本直观

Grundstimmung　基本情志

H

Handlung　行动

Heidentum　异教信仰

Heil　救赎

Heilslehre　救赎学说

Heilsordnung　救赎秩序

Heroskop　星象图

Hierarchie　阶序

Himmel　天界

Himmelskreis　天体圆周

Hinwendung　投身

I

Ich　自我

ideal　观念性的

Ideal　理想

Idealismus　观念论

ideell　观念的

Ideelle, das　观念之物

Identität　同一性

implizieren　内含

Indefinites, das　无定者

Individualisierung　个体化

Individualismus　个体主义

Individuum　个体

Ineinander　交融

In eins fallen　合一

Induktion　归纳法

Infinites, das　无限者

Intellekt　理智

intellektuell　理智的

Intelligenzen　理智生命

Intelligible, das　理智之物

Intention　意向

K

Katholizität （普世）天主教信仰

Kausalität　因果性

Kausalnexus　因果关联

komplizieren　内包

Konnex　联结

Konstellation　星座

Kontemplation　沉思

Kontraktion　收缩

Konzeption　构想

Konzequenz　后果

Körper　物体

kopulativen Theologie　联合神学

Korrelation　相关性

Kosmologie　宇宙论

Kreatur　受造物

Kreis　圈子，范围，界域

Kreisbahn　圆形轨道

L

Lebensgefühl　生命感受

Lebenszusammenhang　生命整体关联

Logik　逻辑；逻辑学

Lust　欢乐

Lyrik　抒情诗

M

Magie　魔法

Makrokosmos　大宇宙

Maß　尺度

Material　物质

Materie　质料

Maximum　极大

Menschentum　人类

Menschenwelt　人的世界

Menschheit　人类

Menschwerdung　道成肉身

Messen　度量

Methexis　分有

Methodik　方法论

Mikrokosmos　小宇宙

Monismus　一元论

Musterbild　范型

N

nachbilden　仿制

Natur　本性，自然

Naturgefühl　自然感

Nuturgesetzlichkeit　自然规律性

Naturnotwendigkeit　自然必然性

Nekromantie　通灵术

Nichtigkeit　虚无

O

Objekt　客体

Objektivierung　客体化

okkulter Qualitäten　隐秘的质

Organ　工具

Orientierung　定位

Ordnung　秩序

Ort　位置

P

Panpsychismus　泛心论

Pathos　激情

Periode　周期

Phase　阶段

Planet　星球

Planetensphäre　星体

Polarität　两极性

Potenz　潜能

Prädikat　谓词

Prädikament　谓词

Prädikation　称谓

praedestinatio　宿命

Praeszienz　预见

Prinzip　原则，本原

Problematik　问题格局

Prototyp　原型

providentia　天意

Prozeß　过程

R

Radikalismus　激进主义

Rahmen　框架

Rätsel　谜语

real　实在的

Realgrund　实在根据

Recht　权利

Rechtfertigung　称义

Reduktion　还原

Reformation　宗教改革

Regel　规则

regnum gratiae　恩典的王国

regnum naturae　自然的王国

Rettung　拯救

Rückwendung　回转

S

Säkulasierung　世俗化

Satz　定律

Schatten　幽灵

Schätzung　评价

Schauen　观看

Schema　图式

Schicht　层，层次

Schicksal　命运

Schnitt　切口

Schöpfung　创世

Schrank　界限

Seele　灵魂

Selbst, das　自身

Selbstgefühl　自身感

Selbstgewißheit　自身确定性

Seligkeit　极乐

setzen　设定

Sicherheit　可靠性

Sinnbild　意象

Sinnliche, das　感性之物

sittlich　伦理的，伦常的

Sonderung　分类

So-Sein　这样－存在

Species　种属

Speziphisch　典型的

Spiegel　镜子

Sphäre　天球，层面

Spiegeln　映照

Spiritualismus　唯灵论

Stern　星象

Strahlung　照射

Streitigkeit　争端

Stufe　层级

Stufenfolge　层级序列

Stufenkosmos　层级宇宙

Stufenleiter　层级阶梯

Subjekt　主体

Subjektivität　主体性

Substanz　实体

Substantialität　实体性

Substrat　基质

sui generis　自成一格

Sündenfall　原罪

Syllogistik　三段论

Sympathie　同感

Symbol　象征

T

Tapferkeit　勇气

Tat　行动

Teilhabe　分有

Teilbestand　组成部分

Tendenz　趋向

Theodizee　神正论

Totalität　总体性

Transzendenz　超越性

Traumdeutung　释梦术

Trennung　分离

Trinitätslehre　三位一体学说

Typus　类型

U

übertragen / Übertragung　传导

Umkehr　反转

Umgestaltung　变形

Umwandlung　转化

Unbedingte, das　无条件者

Unbestimmte　不确定者

Ungenügen　不满足

Universalien　共相

Unterscheidung　区分

Unterschied　区别

Unterweisung　教示

Unzerstörlichkeit　不灭性

Urbild　原型

Urphänomen　原初现象

Ursprung　本源

V

Veränderung　变化

Verfahren　程序

Verfinsterung　晦蚀

Vergleich　比较

Vereinigung　结合

Vereinzelung　孤立状态

Vergehen　消逝

Verhältnis　比例，关系

Verinnerlichung　内心化

Verkündigung　宣示

Vermittlung　中介

Vermutung　猜想

Verschiedenheiten　差异性

Verstand　知性

virtus　美德

Vision　幻景

Volksglaube　民间信仰

Vollkommen　完满的

Vorsehung　天意

Vorstellungen　想象

Vorzeichen　预兆

W

Wägen　称重

Wahrheitswert　真理价值

Wahrnehmung　知觉

Warum　因由

Welt　世界，俗世

Weltlage　世界形势

Welterklärung　解释世界，对世界的
　解释

Weltgefühl　世界感

Weltkörper　天体

Werden　生成，变易

Wesensgemeinschaft　本质共同体

Wesensunterschiede　本质区分

Widerschein　反映

Wissen　知识

Wirkung　作用

Wollen　意愿

Wunder　奇迹

Z

Zählen　点算

Zeichen　符号

Ziel　目标

Zusammenfallen　相合

Zusammenfassen　综合

Zusammenhang　整体关联

Zusammennehmen　收拢

Zusammenfügung　整合

Zusammenschau　综观

Zusammenschluß　联合

Zusammensetzen　聚合

Zweckursache　目的因

Zweiheit　二分

图书在版编目（CIP）数据

文艺复兴哲学中的个体和宇宙 /（德）恩斯特·卡西尔著；
李华译 . — 北京：商务印书馆，2021
（德国学术经典译丛）
ISBN 978－7－100－19429－7

Ⅰ.①文…　Ⅱ.①恩…②李…　Ⅲ.①哲学史—欧洲—
中世纪　Ⅳ.① B503

中国版本图书馆 CIP 数据核字（2021）第 023724 号

文艺复兴哲学中的个体和宇宙
〔德〕恩斯特·卡西尔　著
李　华　译

商　务　印　书　馆　出　版
（北京王府井大街 36 号　邮政编码 100710）
商　务　印　书　馆　发　行
山东韵杰文化科技有限公司印刷
ISBN　978－7－100－19429－7

2021 年 6 月第 1 版　　　　开本 640×960　1/16
2021 年 6 月第 1 次印刷　　　印张 22

定价：88.00 元